Bibliografische Information der Deutschen Nationalbibliothek:
Die Deutsche Nationalbibliothek verzeichnet diese Publikation in der
Deutschen Nationalbibliografie; detaillierte bibliografische Daten sind im
Internet über dnb.dnb.de abrufbar.

Lektorat:	Andreas Schlatter, ChatGPT
Korrektorat:	Andreas Schlatter, ChatGPT
Inhalte / Rezepte:	Monica Schlatter Fachberaterin für holistische Gesundheit®
Cover-Bild:	Pixabay: stux

Verlag: BoD · Books on Demand GmbH, Überseering 33, 22297 Hamburg,
bod@bod.de
Druck: Libri Plureos GmbH, Friedensallee 273, 22763 Hamburg

ISBN: 978-3-7693-1472-4

SCHLUSS MIT MIGRÄNE

Schmerzfrei dank dem 3E - Programm

HAFTUNGSAUSSCHLUSS

Die hier vorgestellten Informationen dienen ausschliesslich zu Informationszwecken. Sie spiegeln lediglich die Erfahrungen und Meinungen der Verfasserin wider und sind daher nicht zur Diagnose, Behandlung oder Heilung von Krankheiten oder Befindlichkeitsstörungen geeignet. Die dargestellten Massnahmen sind nicht als Therapieempfehlungen zu verstehen. Wiederkehrende Migräneanfälle sollten stets ärztlich abgeklärt werden, da diesen möglicherweise schwerwiegende Ursachen zugrunde liegen können.

Die Autorin hat die von ihr als zuverlässig erachteten Quellen nach bestem Wissen und Gewissen geprüft. Da jedoch menschliche Fehler möglich sind und sowohl die Migräneforschung als auch die Forschung in den anderen hier aufgeführten Bereichen einer ständigen Weiterentwicklung unterliegen, übernimmt die Autorin keine Garantie dafür, dass die enthaltenen Informationen in jeglicher Hinsicht fehlerfrei, genau oder vollständig sind und dem aktuellen Wissensstand entsprechen.

Die Autorin übernimmt ausdrücklich keinerlei Verantwortung für nachteilige Auswirkungen, die sich möglicherweise direkt oder indirekt aus der Anwendung oder Umsetzung der im Buch enthaltenen Informationen ergeben.

Dieses Buch ist auch als E-Book erhältlich.

Monica Schlatter

Inhaltsverzeichnis

MEINE GESCHICHTE

Liebe Leserinnen, liebe Leser

Diesem Buch liegt die Absicht zugrunde, meine Geschichte zu teilen und die Methoden zu erläutern, die ich angewandt habe, um vor einigen Jahren migränefrei zu werden. Die Informationen, die mir dabei halfen, habe ich durch meine eigenen jahrelangen Recherchen, Erfahrungen und den Austausch mit anderen Migränebetroffenen zusammengetragen.

Auf meinem Weg zur Beschwerdefreiheit musste ich allerdings bereit sein, alles infrage zu stellen, was ich bis dahin über Migräne als allgemeingültig gehalten hatte. Es folgte eine Phase des Lernens und Staunens, in der ich erkannte, dass die Lösung oft nicht dort lag, wo ich sie ursprünglich gesucht oder mir gewünscht hatte. Überraschenderweise waren es meist ganz einfache Dinge, die entscheidende Veränderungen brachten.

Daher ist es kaum verwunderlich, wenn auch Ihnen einige der Strategien, die ich Ihnen vorstellen werde, zunächst simpel, ungewohnt, übertrieben oder sogar absurd erscheinen mögen. Ich möchte Sie dennoch ermutigen, offen zu bleiben und sich für ein paar Wochen darauf einzulassen. Denn wie Albert Einstein einst so treffend sagte: „Die reinste Form des Wahnsinns ist es, alles beim Alten zu lassen und gleichzeitig zu hoffen, dass sich etwas ändert."

Aller guten Dinge sind drei

Auch wenn jeder Mensch eine unterschiedliche „Ausstattung" besitzt und es deshalb keine allgemein gültige Regel gibt, welche Ernährung und welcher Lebensstil optimalerweise einzuhalten sind, so kann man speziell bei Migräne auf Basis der vorliegenden Untersuchungen gewisse Empfehlungen aussprechen.

Es gibt verschiedene Arten von Kopfschmerzen, und jeder Mensch empfindet sie anders. Daher lässt sich die Symptomatik nicht immer zweifelsfrei einer bestimmten Art zuordnen. Ich verwende in diesem Ratgeber die Ausdrücke „Migräne" und „Kopfschmerzen". Mit „Migräne" meine ich einen halbseitigen, wiederkehrenden Schmerz, der häufig von vegetativen Symptomen wie Übelkeit, Erbrechen sowie einer Überempfindlichkeit gegenüber Lärm, Licht und Gerüchen begleitet wird. „Kopfschmerzen" verwende ich als Überbegriff.

Ich stelle Ihnen in diesem Buch die drei Hauptverdächtigen vor, die meiner Meinung nach mit der Entwicklung und Chronifizierung der Kopfschmerzen zu tun haben. Es handelt sich um die Formel: **E**rnährung, **E**lektrosmog und **E**motionen. Mittlerweile werden diese auslösenden Reize auch durch aktuelle Studien bestätigt. Anschliessend erkläre ich Ihnen Schritt für Schritt, was Sie tun können, um eine Remission zu begünstigen. Jedem dieser Punkte ist im Buch ein eigenes Kapitel gewidmet.

Die Reihenfolge entspricht dem Vorgehen, mit dem ich meine Heilungsgeschichte angegangen bin. Nach heutigem Wissensstand würde ich von Anfang an alle drei Hauptfaktoren berücksichtigen, um den Prozess zu beschleunigen.

Aber machen Sie es so, wie es für Sie passt. Wichtig ist, dass Sie überhaupt Änderungen in Ihrer Lebensführung vornehmen und diese konsequent umsetzen. Denn nur so kann sich eine Verbesserung einstellen. Die Erfolge müssen im Verhältnis zum Aufwand betrachtet werden. Für eine deutliche und nachhaltige Besserung Ihrer Situation sind alle drei Interventionen erforderlich, um die Schwelle zu überschreiten, ab der es dann zur Umkehr der Beschwerden kommen kann. Und je konsequenter Sie die Richtlinien befolgen, desto schneller stellen sich positive Resultate ein.

Die Massnahmen und Empfehlungen dazu habe ich möglichst konkret und alltagstauglich gestaltet, damit die Umsetzung problemlos gelingt. Ich hoffe, dass auch Sie damit Ihre Gesundheit zurückerlangen. Denn alles, was ich gemacht habe, können auch Sie tun. Und es hat funktioniert!

Ein schmerzhafter Weg

Schon in meiner Kindheit hatte ich mit Beeinträchtigungen zu kämpfen. Ich war schlapp, energielos und manchmal in einem Zustand permanenter Erschöpfung, die auch bei noch so viel Nachtschlaf nicht nachlassen wollte. Meine Mutter meinte, ich sei bereits „müde" auf die Welt gekommen.

Nach dem Essen hatte ich sehr oft einen Blähbauch. Als ich in die Pubertät kam, bekam ich Akne und die grässlichen Kopfschmerzen begannen. Letztere sollten mich rund 30 Jahre lang begleiten.

Gelegentlich bauten sie sich schleichend auf, manchmal entstanden sie jedoch anfallsartig. Oft kamen sie erst, wenn ich nach einem stressigen Tag entspannte – häufig am Wochenende. Nicht selten wachte ich bereits am Morgen mit Migräne auf. Manchmal musste ich mitten in der Nacht aufstehen und nach der Einnahme einer Schmerztablette ein bis zwei Stunden sitzend auf einem Stuhl oder Sofa verbringen, bis die Schmerzen vorbei waren, sodass ich mich wieder hinlegen konnte.

Die stechenden und pulsierenden Schmerzen waren immer linksseitig und stets begleitet von weiteren Symptomen wie Licht-, Geruchs- und Geräuschempfindlichkeit, starken Verspannungen im Kiefer-, Schulter- und Nackenbereich sowie plötzlich auftretendem Frieren oder Schwitzen. Tagsüber musste ich mich vielfach übergeben. In der Erholungsphase fühlte ich mich ein bis zwei Tage kraftlos und reduziert.

Es wurde schlimmer

Die Migräneanfälle häuften sich und erreichten eine hohe Regelmässigkeit – sie wurden chronisch. Es verging praktisch keine Woche mehr ohne Schmerzen. Da ich Triptane ablehnte, wich ich auf nichtsteroidale Antirheumatika (NSAR) aus, was jedoch nicht immer half. Auch musste ich eine Tablette bei jedem potenziellen Schub frühzeitig einnehmen, sonst riskierte ich, dass sie nicht mehr wirkte. Schmerzmittel hatte ich immer und überall dabei.

Ich hatte zwei klare Auslösereize identifiziert: Rotwein und olfaktorische Reize wie Parfüm, Duftkerzen oder Duftbäume im Auto, Räucherstäbchen und Zigarettenrauch – und vermied diese so gut es ging. Trotzdem konnte ich die Häufigkeit meiner

Migräneepisoden nicht reduzieren. Nur während Schwangerschaft und Stillzeit gingen die Beschwerden deutlich zurück.

Gesundheit ist nicht alles – aber ohne Gesundheit ist alles nichts

Mit den Jahren kamen Gelenkschmerzen (Knieschmerzen und Tennisarm), Gehirnnebel („brain fog"), Haarausfall, verfärbte Zähne und hin und wieder attackenförmig auftretender Schwindel - der sich übrigens ebenfalls einer Migräne zuordnen lässt - dazu. Auch häufige Erkältungen suchten mich mittlerweile heim.

Ich konsultierte verschiedene Spezialisten für meine vielen „Zipperlein". Alle versuchten ihr Bestes – doch nichts wirkte nachhaltig. Schliesslich musste ich sogar mein Krafttraining aufgeben, weil ich jedes Mal danach Migräne bekam.

Auch mein Sozialleben richtete ich nach meinen Migräneanfällen aus: Ich sagte jede Veranstaltung ab, die nicht unbedingt nötig war – und verlor dadurch viel Lebensqualität.

Der grosse Aha-Moment

Im Jahr 2015 fiel es mir wie Schuppen von den Augen. Wir alle wissen, dass ungesunde Ernährung zu Übergewicht oder Diabetes führen kann. Doch dass sie auch das Gehirn beeinflussen und neurologische Beschwerden wie Migräne begünstigen kann – daran hatte ich nie gedacht. Warum auch? Ich war mein Leben lang schlank und hatte mir deshalb keine Gedanken darüber gemacht, was ich ass. Ausserdem hatte mir bis dahin niemand gesagt, dass bestimmte Nahrungsmittel oder Essgewohnheiten Migräneattacken auslösen oder verstärken können.

Doch der Reihe nach: Mein Mann bekam irgendwann nach seinem 45. Geburtstag Gewichtsprobleme und fühlte sich zunehmend unwohl. Ich selbst hatte mich nie mit Ernährung beschäftigt – einfach, weil ich nicht abnehmen musste. Deshalb war ich ziemlich ratlos, als wir gemeinsam einen Plan aufstellen wollten, um Gewicht zu verlieren.

Einen Spruch hörte ich jedoch immer wieder, wenn es ums Abnehmen ging: „Weniger essen und mehr bewegen." Mein Mann wollte nicht hungern, und für mehr körperliche Aktivität fehlte ihm die Zeit. Ich nahm darauf keine Rücksicht und kochte ihm kleinere Portionen – was dazu führte, dass er sich ständig am Kühlschrank und an den Süssigkeiten der Kinder bediente. Nach ein paar Wochen hatte sich beim Gewicht nichts verändert, also warfen wir frustriert das Handtuch.

Meine fatale Einschätzung

Ich wandte mich an meine Kollegin, die Personal Training und Ernährungscoaching professionell betreibt. Als Erstes mussten wir zwei Wochen lang ein Ernährungsprotokoll ausfüllen.

Ich war ganz stolz darauf, zu jeder Mahlzeit ein anderes Gericht zu kochen – und das über Wochen! Daher war ich mir sicher, dass wir uns ausgewogen ernährten und es nur noch kleinerer Anpassungen bedurfte.

Morgens starteten wir mit einem Marmeladen- oder Käsebrötchen, mit Croissants oder mit Müsli in den Tag. Zum Trinken gab es Milch oder Orangensaft vom Supermarkt. Unter der Woche assen die Kinder und ich mittags am liebsten ein Gnocchi- oder Nudelgericht. Mein Mann besorgte sich ein belegtes Brötchen, ein kleines Dessert und trank eine Apfelschorle.

Abends und am Wochenende kochte ich fast immer ein neues Risotto- oder Nudelgericht. Manchmal gab es Pizza, Flammkuchen oder Fleisch bzw. Fisch mit einer Beilage aus Kartoffeln, Polenta oder Reis. Hin und wieder kam ein Salat oder etwas gedämpftes Gemüse dazu. Zwischendurch naschten wir Kekse, Schokolade oder Gebäck. Getrunken wurde nur stilles Wasser.

Ich erinnere mich noch genau an den Abend, als meine Kollegin vorbeikam und das Ergebnis ihrer Analyse vorstellte. Viele Gerichte waren im Protokoll rot markiert. „Was bedeutet das?", fragte ich sie. „Ganz einfach", antwortete sie. „Die roten Markierungen sind Kohlenhydrate*, und sie machen etwa 80 % eurer Gesamternährung aus. Wenn man bedenkt, dass Stärke und Zucker im Körper zu Glukose (auch Traubenzucker genannt) abgebaut werden, habt ihr erstens eine ganze Menge Zucker auf dem Teller und zweitens ist das eine ziemlich einseitige Ernährung. Damit könnt ihr euren Nährstoffbedarf kaum decken. Wir müssen dringend mehr gesundes Eiweiss, hochwertige Fette und Ballaststoffe, wie sie in Salat, Gemüse und Obst vorkommen, einbauen."

Somit war eine komplette Umstellung unserer Essgewohnheiten nötig – ein ziemlicher Schock für mich.

Zurück zu den Wurzeln

Meine Kollegin empfahl uns, auf die Paleo-Ernährung - auch Steinzeiternährung - umzusteigen. Sie ernährte sich selbst so und hatte auch bei ihren Kunden nur beste Erfahrungen damit gemacht.

Erlaubt ist - wie der Name bereits andeutet - all das, was unsere Vorfahren früher pflücken, sammeln, jagen oder fischen konnten. Diese Kost ist der mediterranen Ernährung ähnlich, da viel Salat und Gemüse, Pilze, Obst, gutes Fett wie Olivenöl, Avocado, Nüsse und Samen, aber auch regelmässig Eiweiss wie Eier, Fisch und Fleisch auf den Tisch kommen. In der Summe entspricht die Speisekarte unserer Vorfahren einem ausgewogenen Menü.

Verzichtet wird auf Gluten, Zucker sowie auf das Trinken tierischer Milch – also genau die drei Dinge, von denen wir uns bisher hauptsächlich ernährten.

Wir bekamen einen genauen Ernährungsfahrplan, den mein Mann - mit meiner Unterstützung - penibel umsetzte. Die ersten zwei Monate ernährte er sich aus-

---

* Kohlenhydrate sind ein Oberbegriff und umfassen drei Arten von Stoffen: Zucker, Stärke und Ballaststoffe. Im Allgemeinen meint man mit „Kohlenhydrate" aber oft nur Zucker und Stärke (z. B. Getreide, Hafer, Kartoffeln, Mais, Reis). Ballaststoffe werden häufig aussen vor gelassen, da sie nicht in Zucker umgewandelt werden. Ich werde mich an dieser verbreiteten Sprechweise orientieren und mit „Kohlenhydrate" nur Stärke und Zucker meinen. Wenn ich von Ballaststoffen spreche, werde ich das explizit so nennen.

schliesslich nach der Paleo-Ernährung – mit einer Ausnahme pro Woche. Meistens gönnte er sich am Samstagabend eine Pizza oder einen Teller Nudeln und ein Dessert. Nach dieser Zeit erlaubte er sich vier Mahlzeiten nach Wahl.

Sehr bald bemerkte er einen riesengrossen Unterschied: Sobald er zucker- und stärkehaltige Lebensmittel ass, fühlte er sich danach gebläht, schlapp und schlief schlecht. Dies führte dazu, dass er immer weniger Lust darauf verspürte.

Der Umstieg wurde ein voller Erfolg. Er konnte ohne Hungern und ohne Sport jede Woche mühelos ein Kilo verlieren, bis er nach zehn Wochen sein Wunschgewicht erreichte. Aber viel entscheidender waren die gewonnene Energie und die vermehrte Lust auf Bewegung, sodass er am Wochenende wieder mühelos seine geliebten Wanderungen machen konnte.

Am Wendepunkt: Endlich wieder gut fühlen

Anfangs nahm ich nur am Rande teil, und das auch lediglich aus Solidarität. Abnehmen musste und wollte ich nicht. Doch nach etwa zwei Monaten fiel mir auf, dass ich deutlich seltener unter Migräne und Blähbauch litt. Zum ersten Mal fragte ich mich, ob meine Ernährung womöglich etwas damit zu tun haben könnte.

Obwohl ich den Zusammenhang noch nicht verstand, faszinierte mich die Idee, und ich beschloss, ein Experiment zu wagen: Für die nächsten acht Wochen hielt ich mich ebenfalls strikt an die Ernährungsvorgaben. Schliesslich hatte ich nichts zu verlieren, ausser vielleicht ein bisschen Gewicht.

Das Ergebnis war erstaunlich! Meine Migräneepisoden wurden immer seltener, und zwar verblüffend schnell – parallel dazu verschwanden Blähbauch, Gehirnnebel, Knieschmerzen und mein Tennisarm. Ausserdem bemerkte ich eine allgemeine Verbesserung meines Wohlbefindens: mehr Energie, eine bessere Darmtätigkeit und geistige Klarheit. Ich schlief auch besser und wachte morgens vital und energiegeladen auf. Das war ein grossartiges Gefühl und es motivierte mich, weiterzumachen. Dabei stellte ich fest, dass es weitere erfreuliche Auswirkungen gab: Ich wurde nur noch selten krank und machte optisch eine positive Veränderung durch – meine Haut wurde klarer, mein Haar voller und meine Zähne wieder weiss.

Das Beste daran war jedoch, dass ich im Umgang mit Essen deutlich entspannter wurde. Mir wurde plötzlich klar, dass ich all die Jahre - ohne es zu merken - ständig gestresst war, getrieben von Heisshunger, manchmal sogar begleitet von Händezittern. Wer Heisshunger kennt, weiss, wie machtlos man sich fühlt: Die Gedanken kreisen nur noch ums Essen – besonders um Kohlenhydrate. Deshalb hatte ich immer und überall Snacks dabei. Am schlimmsten war es im Urlaub. Bevor ich die freien Tage geniessen konnte, musste ich mich mit Zwischenmahlzeiten eindecken und die Öffnungszeiten von Restaurants abklären.

Plötzlich war ich gelassen. Essen rückte in den Hintergrund. Ich konnte problemlos längere Phasen ohne Nahrung auskommen – sogar eine Hauptmahlzeit auslassen, ohne gleich in eine Krise zu geraten. Selbst an der Bäckerei vorbeizugehen, ohne den Drang nach etwas Süssem, war möglich. Es war so befreiend.

Essen ist Information

Dieses Experiment führte mir eindrucksvoll vor Augen, wie gross der Unterschied ist zwischen einem Teller Nudeln mit anschliessender Torte oder einer Mahlzeit aus Lachsfilet mit Gemüse und etwas Obst. Obwohl beide Gerichte die gleiche Kalorienzahl haben können, wirken sie sich völlig unterschiedlich auf den Stoffwechsel aus – denn es kommt nicht nur auf die Kalorienmenge an, sondern auf deren Herkunft. Die Quelle der Kalorien beeinflusst unsere Hormone und damit auch, wie unser Körper darauf reagiert.

Diese chemischen Botenstoffe wirken als Nachrichtenüberträger, die im Körper die Steuerung und Regulation verschiedener Organfunktionen übernehmen. Kurz gesagt: Hormone sagen dem Körper, was zu tun ist. Man kann sich den Organismus wie einen Computer vorstellen – je nachdem, wie wir ihn „füttern", liefert er unterschiedliche Ergebnisse. Ein Konzept aus der Informatik bringt es auf den Punkt: „garbage in, garbage out" (wörtlich: „Müll rein, Müll raus"). Entscheidend ist also nicht die Kalorienzahl, sondern die Wirkung auf unseren Stoffwechsel.

Diese Erkenntnis stellte die Weichen, die den Gang meines Lebens komplett veränderten. Ich recherchierte jeden Tag, verschlang unzählige Ernährungsratgeber und wandelte konventionelle Rezepte in Paleo-Gerichte um – daraus entstanden später zwei Paleo-Kochbücher.

Anschliessend absolvierte ich die Ausbildung zur Fachberaterin für holistische (ganzheitliche) Gesundheit. Währenddessen entdeckte ich Literatur über weitere Themen, die unsere Gesundheit beeinflussen können. Es waren für mich neue und spannende Erkenntnisse, die ich gerne ausprobierte.

Raus aus der Migräne-Falle und zurück ins Leben

Ich experimentierte mit verschiedenen Methoden, Ideen und Ansätzen, denn es ist bekannt, dass Migräne mit einem Bündel an Einflussfaktoren zusammenhängt. Es reicht daher nicht, nur an einem Punkt anzusetzen. Um wieder ins Gleichgewicht zu kommen, braucht es einen ganzheitlichen Ansatz.

Für mich waren es letztendlich drei Modifikationen, die den entscheidenden Unterschied machten und mir das qualvolle Leiden endlich ersparten. Seither bin ich seit vielen Jahren migränefrei und kann auch wieder alles essen.

Dennoch spüre ich einen deutlichen Unterschied, wenn ich Dinge zu mir nehme, die mir nicht guttun. Übertreibe ich es über längere Zeit und kommen weitere belastende Situationen hinzu, kann es vorkommen, dass ich wieder Kopfschmerzen bekomme. Der Kopf ist eben meine Schwachstelle.

Es handelt sich jedoch nicht mehr um eine Migräne von früher, die mich komplett aus dem Verkehr zog, sondern um erträgliche Kopfschmerzen, die ich mit einer entzündungshemmenden Tablette wie Algifor forte 400 mg rasch lindern kann.

Weil ich heute die Mechanismen eines Migräneanfalls besser verstehe, gelingt es mir oft, erste Anzeichen so zu beeinflussen, dass die Kopfschmerzen gar nicht erst entstehen.

STRESS HAT VIELE GESICHTER

Schon lange ist bekannt, dass Kopfschmerzen und Stress unweigerlich zusammengehören. Viele PatientInnen erleiden während einer Belastungsphase eine Attacke, andere bekommen sie in der Erholungsphase. Es ist erwiesen, dass stressreduzierende Therapien einen Schutzeffekt gegen Kopfschmerzen haben. Doch was ist Stress eigentlich?

In der Regel verstehen wir darunter die nervöse Unruhe angesichts übermässiger Anforderungen in den Bereichen Arbeit, Familie, Beziehungen, Finanzen oder Gesundheit. Das ist zwar korrekt, aber Stress ist weit mehr. Nicht nur das wahrgenommene subjektive Empfinden definiert Stress, sondern auch eine Reihe messbarer physiologischer Vorgänge im Körper, an denen das Gehirn sowie das Nerven-, Hormon- und Immunsystem beteiligt sind.

Das Reiz-Reaktions-Modell

Der bedeutende, in Ungarn geborene Endokrinologe Hans Selye (1907-1982) war der erste, der den Zustand der Sub-Gesundheit beschrieb, das heisst weder krank noch richtig gesund und fehlende Vitalität.

Für ihn war Stress eine Folge von schädigenden physikalischen, psychischen und sozialen Einflüssen („Stressoren" genannt), die bei Betroffenen innere Veränderungen zur Folge haben. Diese können sichtbar beziehungsweise spürbar sein oder auch nicht, wenn der Organismus eine Bedrohung seiner Existenz oder seines Wohlergehens wahrnimmt.

Die Stressoren selbst können vielfältig sein und führen dazu, dass der Körper aus seiner Homöostase gerät. Diese bezeichnet das Gleichgewicht der physiologischen Körperfunktionen und dessen Erhaltung. Sind beispielsweise Körpertemperatur, Blutzucker oder pH-Wert im Blut ausgeglichen, spricht man von homöostatischen Systemen. Das Wort stammt aus dem Altgriechischen und bedeutet „Gleichstand". Der Körper arbeitet kontinuierlich daran, diesen Zustand aufrechtzuerhalten.

Beispiele für Stressoren sind:
- Mangel an Nahrung, Nährstoffen, sauberem Wasser und sauberer Luft
- Mangel an Schlaf, Bewegung, Sonnenlicht und natürlichem Licht
- Mangel an sinnvoller Arbeit, Ruhe, Erholung und sozialer Bindung
- Überforderung, Unterforderung, geringes Selbstvertrauen, Gefahrensituationen
- Toxine (z. B. Genussmittel, Arzneimittel, Zusatzstoffe, Pestizide, Schwermetalle)
- Krankheitserreger, schädliche Strahlung
- Verletzungen, Prellungen, Verbrennungen, Fremdkörper (z. B. Dornen, Splitter)
- Extreme Temperaturen (Hitze, Kälte)
- Lärm und Platzmangel („Dichtestress")

Tiere und Pflanzen können ebenfalls Stressreaktionen zeigen, obwohl Letztere keine Nervenzellen haben. Selbst bei bewusstlosen PatientInnen unter Vollnarkose oder in ausserhalb des Körpers gezüchteten Zellkulturen lässt sich Stress auslösen – er kann also auch unbewusst entstehen.

Im Gegensatz zu Tieren ist der Mensch in der Lage, eine Stressreaktion allein durch Gedankenkraft hervorzurufen – diese kann also vollständig auf Einbildung beruhen. Auch Menschen, die überzeugt sind, „positiv" gestresst zu sein, erzeugen eine physiologische Stressantwort.

In verschiedenen Anforderungssituationen wird eine Reihe hormonell gesteuerter Prozesse in Gang gesetzt, um den Gesamtorganismus an die störenden Einflüsse anzupassen. Der Begriff „Stress" kommt aus dem Englischen und lässt sich mit „Druck" oder „Anspannung" übersetzen.

Die Kampf-oder-Flucht-Reaktion

Eine wichtige Anpassungsleistung ist die „Kampf-oder-Flucht-Reaktion". Der geläufige Begriff des amerikanischen Physiologen und Psychologen Walter Cannon (1871-1945), der neben Hans Selye zu den Pionieren der Stressforschung gehört, beschreibt einen hohen Erregungszustand, der als Schutz und Überlebensstrategie für Menschen und Tiere dient.

Die im Englischen als „fight-or-flight response" bekannte Reaktion beschreibt die rasche physiologische und psychologische Verhaltensänderung von Lebewesen in stressigen, unsicheren und gefährlichen Situationen. Sie ist eine evolutionäre Errungenschaft, die unseren Vorfahren half, Gefahrensituationen zu bewältigen – etwa vor Raubtieren wegzurennen oder sie zu konfrontieren.

Während der „Kampf-oder-Flucht-Reaktion" veranlasst das Gehirn durch Impulse entlang der Nervenbahnen die rasche Ausschüttung von Stresshormonen, um der Situation Herr zu werden. Bei akutem Stress spielt vor allem Adrenalin eine entscheidende Rolle. Hält die Stressphase länger an, wird „Verstärkung" in Form von Cortisol geliefert.

Wenn diese Stresshormone in höheren Konzentrationen durch den Körper zirkulieren, wird die Freisetzung von Zuckerreserven angestossen. Durch die erhöhte Durchblutung wird diese Energie gezielt in die für die Notsituation wichtigen Organe wie bestimmte Hirnareale, Muskeln und das Herz geleitet, damit sie leistungsfähiger und kraftvoller arbeiten können.

Auch die Lungenfunktion wird gesteigert, damit mehr Sauerstoff in den Körper gelangt. Die Muskulatur von Rücken, Schultern und Nacken spannt sich an, um die motorischen Reflexe schneller aktivieren zu können. Der physische und emotionale Stress verkürzt die Reaktionszeit, das Gehirn ist hellwach, und auch die Seh- und Hörfunktionen werden geschärft. So steigt die Wahrscheinlichkeit, der Gefahr zu entkommen und zu überleben.

Die Stresshormone drosseln ausserdem energieverbrauchende Organtätigkeiten wie jene des Magens und Darms, des Immunsystems sowie der Haut und der Extremitäten, um kurzfristig möglichst viel Energie für schnelles Reagieren zur Verfügung zu haben. Denn wer benötigt in einer Situation, in der es um Leben oder Tod geht, schon warme Hände, ein schlagkräftiges Immunsystem und einen optimal funktionierenden Verdauungstrakt?

Im Gegenteil: Je schneller wir uns „erleichtern", desto geschwinder können wir davonlaufen. Nicht umsonst ist es in Angstsituationen Teil unserer Alltags-sprache geworden, zu sagen: „Ich habe Schiss" oder „Ich habe die Hosen voll".

Stress ist super – aber nur bei Gefahr

All diese uralten Körperreaktionen haben einen einzigen Zweck: unsere Haut zu retten. Ist die Gefahr vorüber, beruhigt sich das Stresssystem wieder. Es kommt zurück in seine Ruhelage, auch „rest and digest" genannt, auf Deutsch: „Ruhen und Verdauen". In dieser Phase widmet sich der Körper seinen normalen Organ-funktionen wie Verdauung sowie dem Aufbau und der Reparatur.

Produzieren wir ständig Stresshormone, wird dieser Ruhezustand nicht mehr erreicht und bestimmte Organe werden in Mitleidenschaft gezogen. Ihre Durch-blutung - und damit die Versorgung mit Nährstoffen und Sauerstoff sowie der Abtransport von Abfallstoffen - funktioniert nicht mehr reibungslos. Infolgedes-sen nimmt ihre Funktionsfähigkeit ab, und es kommt zu Entzündungsprozessen.

Eine Entzündung ist zunächst nichts Schlechtes, sondern ein wichtiger Teil unserer menschlichen Physiologie und für das Überleben sogar hilfreich. Das Immunsystem erkennt Ungereimtheiten wie Fehlfunktionen, Verletzungen oder Keime und „entzündet" einen Heilungsprozess, indem es einen schädlichen Reiz eingrenzt, abwehrt und anschliessend den Schaden wieder repariert. Ist die Bedrohung beseitigt und die Reparatur erfolgreich abgeschlossen, gehen die Ent-zündungsreaktionen zurück, und der Körper arbeitet wieder normal.

Ist das Missverhältnis zwischen den persönlichen Anforderungen und den Bewältigungsmöglichkeiten nur vorübergehend, entstehen in der Regel keine Schäden. Unser Körper ist ein genialer, selbstregulierender Organismus, der ein-zelne oder gelegentliche Herausforderungen oder Ausnahmesituationen gut ver-kraftet.

Wenn das Gleichgewicht kippt

Hält der Konflikt zwischen Abwehrsystem und schädlichem Reiz über längere Zeit an oder tritt er wiederholt auf, fehlen dem Körper wichtige Erholungsphasen – entzündliche Prozesse stellen sich dauerhaft ein. Sie können sich über das Blut im ganzen Körper ausbreiten. Das Immunsystem muss dann an mehreren Stellen gleichzeitig gegen Angreifer und Entzündungsstoffe kämpfen.

Im Dauerstress-Modus wird vermehrt Cortisol ausgeschüttet – ein lebens-wichtiges Hormon, das stressbedingte Reaktionen im Gehirn dämpft und, ähnlich wie das Medikament Cortison, das Immunsystem unterdrückt. Langfristig kann ein gedrosseltes Abwehrsystem jedoch die Immunfunktion schwächen und die Anfälligkeit für Infektionen erhöhen.

Kaskadierende Entzündungsreaktionen

Ständige Entzündungsherde im Körper führen langfristig zu oxidativem Stress, einer Stoffwechsellage, bei der reaktive Sauerstoffverbindungen (freie Radikale) produziert und akkumuliert werden. Sie sind Teil der normalen Physiologie und wichtig für Signalketten, die das gesunde Zellverhalten steuern. Übersteigt jedoch die Konzentration oxidierender Stoffe die Menge reduzierender Substanzen, werden Moleküle innerhalb und ausserhalb der Zelle geschädigt, was zu bleibenden Schäden an Zellstrukturen und deren Funktionen führt.

Die Schädigung biologischer Strukturen induziert weitere Entzündungen, die wiederum oxidativen Stress verursachen. Da diese beiden pathogenen Prozesse untrennbar miteinander verknüpft sind, entsteht eine Kettenreaktion, die sich perpetuiert. Die Entzündungsprozesse können trotz oder gerade wegen des dauerhaft hohen Cortisolspiegels nicht mehr ausreichend gestoppt werden und somit ausser Kontrolle geraten (Stichwort: Autoimmunerkrankungen).

Irregeleitete Reaktionen im Körper sind Ursache vieler Zivilisationskrankheiten, die uns heute heimsuchen. Laut der WHO stellen chronisch entzündliche Erkrankungen derzeit die grösste Bedrohung für die menschliche Gesundheit dar.

Es brodelt im Inneren

Unglücklicherweise breiten sich Entzündungen, die nicht mit den klassischen Symptomen wie Hitze, Rötung oder Schwellung einhergehen, schleichend und unbemerkt aus – wie ein unterirdischer Schwelbrand. Dieser ist vergleichbar mit einem Vulkan, der noch nicht ausgebrochen ist. Im Inneren brodelt und kocht es, was aber für das blosse Auge nicht erkennbar ist. Man nennt sie deshalb „stille Entzündungen". Diese verborgenen, unterschwelligen Herde werden oft über Jahre hinweg nicht bemerkt, weil sie lange Zeit keine offensichtlichen Symptome auslösen und auch die Lebensqualität nicht stark einschränken.

Dieser Zustand benötigt jedoch viel Energie, weil das Immunsystem ständig aktiviert ist. Diese fehlt dann an anderen Stellen. Mit der Zeit fühlen sich Betroffene müde und erschöpft, bekommen Verdauungsprobleme und haben eine höhere Infektanfälligkeit. Wird dies nicht erkannt und entsprechend gehandelt, führt ein fehlgeleiteter Stoffwechsel früher oder später zu sicht- und messbaren Erkrankungen. Diese können sowohl die Psyche als auch den Körper betreffen – letztlich beides, da diese zwei „Einheiten" perfekt aufeinander abgestimmt sind und sich gegenseitig beeinflussen.

Migräne reagiert auf Veränderungen in der Hormonlage

Während Wissenschaftler noch nach den genauen Ursachen forschen, gibt es starke Hinweise darauf, dass Hormone einen grossen Einfluss auf das Migränegeschehen haben. Hormone sind Substanzen, die durch den Blutkreislauf zu verschiedenen Geweben und Organen gelangen und den Zellen mitteilen, was sie wann und mit welcher Geschwindigkeit tun sollen. Sie steuern praktisch alle Prozesse, unter anderem Appetit, Schlaf, Stresspegel und Fortpflanzungszyklen.

Alles, was man tut, beeinflusst die Hormone, und alles, was die Hormone tun, wirkt sich auf den gesamten Organismus aus. Sind die verschiedenen Hormontypen harmonisch aufeinander abgestimmt, funktioniert der Körper wie ein eingespieltes Symphonieorchester. Gerät dieses Gleichgewicht jedoch aus der Balance, kommt auch der gesamte Organismus aus dem Takt.

Hormonelle Veränderungen sind dafür bekannt, Migräneanfälle auszulösen oder zu verstärken. Dies zeigt sich besonders in den folgenden Situationen:

– *Pubertät*: Ab der Pubertät steigt die Migräne-Prävalenz bei Mädchen verglichen mit Jungen um das Zwei- bis Dreifache, während sie vorher etwa gleich hoch ist. Mit der Pubertät kommt für Frauen ein weiterer Hormonzyklus hinzu, den Männer in dieser Form nicht erleben.

– *Menstruationszyklus*: Viele Frauen berichten von erhöhter Migräneneigung vor der Menstruation. Studien legen nahe, dass schwankende weibliche Sexualhormone, insbesondere Veränderungen des Östrogenspiegels, relevante Auslösefaktoren sein könnten.

– *Schwangerschaft*: Für die meisten Frauen ist die Schwangerschaft eine schmerzfreie Zeit. Untersuchungen zeigen, dass bei fast 70 Prozent der betroffenen Patientinnen eine deutliche Verbesserung oder sogar völlige Migränefreiheit, insbesondere in den letzten zwei Dritteln der Schwangerschaft, zu beobachten ist. Vermutlich sorgt das Ausbleiben der Menstruation und die stabileren Hormonverhältnisse dafür. Dieser Zustand kann manchmal auch in der Stillphase anhalten.

– *Wechseljahre*: Mit Beginn der Wechseljahre stellt sich der Hormonhaushalt im Körper um. Diese hormonellen Schwankungen können dazu führen, dass Frauen dann vermehrt unter Migräneanfällen leiden.

– *Nach der Menopause*: Bei vielen Migränepatientinnen kommt es nach der Menopause zu einem Rückgang der Kopfschmerzen. Das Ausbleiben der Menstruation und die Stabilisierung der Hormone führen dazu, dass die Prävalenz wieder ähnlich hoch ist wie bei Männern.

– *Stress und Entspannung*: Bei vielen Migränebetroffenen treten die Kopfschmerzen nicht während einer Belastungsphase auf, sondern erst in der Entspannung. Forschungen haben gezeigt, dass in Phasen von nachlassendem Stress das Risiko für Migräneattacken erhöht ist. Ein möglicher Erklärungsansatz ist ein sinkender Cortisolspiegel. Studien belegen, dass MigränikerInnen oft eine ungewöhnlich hohe Konzentration des Stresshormons Cortisol aufweisen. Dieses Hormon besitzt eine stress- und schmerzlindernde Wirkung und sorgt dafür, dass im Blut mehr Glukose - also Traubenzucker - als Energielieferant für die Zellen bereitgestellt wird. Wenn der Stress nachlässt und der Cortisolspiegel sinkt, fällt auch der Blutzuckerspiegel, was möglicherweise Kopfschmerzen auslöst.

WIE ENTSTEHT MIGRÄNE?

Die Prozesse, die bei einer Migräneattacke im Gehirn ablaufen, sind komplex und noch nicht vollständig erforscht. Langjährige Forschung hat jedoch viele Erkenntnisse über die zugrunde liegenden Mechanismen geliefert.

Das Gehirn von MigränikerInnen „tickt" anders

Untersuchungen mit bildgebenden Verfahren zeigen, dass Migränebetroffene eine erhöhte Aktivität in den auditorischen, visuellen und sensorisch-motorischen sowie den emotionalen Schaltkreisen des Gehirns haben. Ihr Gehirn nimmt Reize schneller wahr, und die Schwelle, ab der diese als unangenehm empfunden werden, liegt niedriger als bei Menschen ohne Migräneneigung. MigränepatientInnen gewöhnen sich auch nicht an wiederkehrende Reize, was eine Abschirmung gegenüber Stressoren erschwert.

Diese gesteigerte Reizempfindlichkeit wird als Hypervigilanz bezeichnet. Sie lässt sich mit einer Suchmaschine vergleichen, die permanent zu viele Ergebnisse liefert und dadurch überfordert ist. Strömen zahlreiche Sinneseindrücke gleichzeitig ins Gehirn, werden viele Nervenzellen auf einmal aktiviert, was den Energiebedarf stark erhöht. Kann dieser nicht gedeckt werden, führt das zu einer nervlichen Erschöpfung bis hin zum vollständigen „Shutdown".

Dabei werden Botenstoffe freigesetzt, insbesondere das Eiweiss Calcitonin Gene-Related Peptide (CGRP). Es zählt zu den stärksten gefässerweiternden Substanzen und wurde während Migräneschüben in erhöhter Konzentration im Blut von PatientInnen nachgewiesen. Erhöhte CGRP-Spiegel gelten als Schlüsselfaktor bei der Migräneentstehung – was sich bestätigte, als man durch CGRP-Injektionen Migräneattacken auslösen konnte.

Migräne als neurogene Entzündung

Die Erweiterung der Hirngefässe durch den Botenstoff CGRP erhöht deren Durchlässigkeit. Dadurch werden Substanzen freigesetzt, die eine leichte Entzündung und Schwellung der schmerzempfindlichen Hirnhäute verursachen (neurogene Entzündung). Schmerzaktive Moleküle steigern die Empfindlichkeit derart, dass selbst das Pulsieren des Blutes als Schmerz wahrgenommen wird – ähnlich wie bei einem Sonnenbrand, bei dem schon leichte Berührungen schmerzhaft sind. Betroffene empfinden dies als pulsierenden Kopfschmerz, der sich bei Anstrengung verstärkt.

Da äussere Erschütterungen die Gefässinnenhaut zusätzlich reizen, meiden MigränepatientInnen häufig jede Bewegung. Wird auch das Sehzentrum einbezogen, kann es zu optischen Trugbildern und Verzerrungen kommen, wie sie typischerweise während einer Migräne-Aura auftreten.

Dieses Wissen über die entzündlichen Prozesse hat zur Entwicklung von Medikamenten geführt, die entweder den CGRP-Rezeptor blockieren oder den Botenstoff CGRP selbst abfangen.

Migräne ist ein Selbstschutzreflex

Laut einer verbreiteten Hypothese ist der Migräneanfall eine besondere Form der Gefahrenreaktion. Er zwingt die Betroffenen, sich aus dem Einflussbereich einer schädlichen Übererregung zurückzuziehen, damit das Gehirn sich erholen und seinen Energiehaushalt wieder ins Gleichgewicht bringen kann. Eine Attacke stellt somit einen Hilferuf eines Gehirns dar, das unter Energiemangel leidet.

Die Erholungsaspekte der Migräne zeigen deutliche Parallelen zum Schlaf und wurden vom polnischen Neurophysiologen Jerzy Konorski (1903-1973) als klare Überlebensreflexe beschrieben.

Die genetische Komponente

Mehr als 70 Prozent der Betroffenen haben Familienangehörige ersten Grades (Eltern, Geschwister), die ebenfalls unter Migräne leiden. Studien zeigen, dass Kinder von MigränepatientInnen im Vergleich zu Gleichaltrigen ein bis zu vierfach erhöhtes Risiko haben, selbst an Migräne zu erkranken. Dies deutet auf Vererbungsfaktoren hin.

Tatsächlich konnten Wissenschaftler genetische Risikofaktoren identifizieren, die sowohl mit Migräne mit Aura als auch mit Migräne ohne Aura in Verbindung stehen.

Gene sind kein Schicksal

Anders als lange Zeit angenommen, bestimmen nicht nur Gene unsere Eigenschaften. Wir werden auch stark von unserer Umgebung beeinflusst – von der Nahrung, die wir aufnehmen, der Luft, die wir atmen, der körperlichen Aktivität, die wir ausüben, den Erfahrungen, die wir machen, und den Gefühlen, die wir empfinden. Diese Einflüsse hinterlassen biologische Signaturen, die das Ablesen der Erbinformationen und somit die Produktion von Proteinen beeinflussen. Dieser Prozess wird unter dem Begriff „Epigenetik" (wörtlich: „Übergenetik") zusammengefasst.

Epigenetische Programme steuern den Funktionsmodus einer Zelle, ohne die DNA selbst zu verändern. Man kann es mit einem Computer vergleichen: Die DNA ist die Hardware, die Epigenetik die Software, die ihre Nutzung steuert.

Ein eindrucksvolles Beispiel für die Auswirkungen von Umweltfaktoren auf die Epigenetik liefert eine bekannte Studie des Karolinska-Instituts in Stockholm. 23 untrainierte ProbandInnen trainierten drei Monate lang einbeinig auf speziellen Ergometern mit nur einer Kurbel. Sie radelten viermal pro Woche jeweils 45 Minuten. Die entnommenen Muskelproben zeigten, dass sich am trainierten Bein die Aktivität von 4.076 Genen veränderte – also fast ein Fünftel aller Gene. Das Training beeinflusste also nicht nur Gene, die direkt am Muskelaufbau beteiligt waren, sondern auch viele andere.

Damit wird deutlich, wie körperliche Aktivität die Genexpression steuern und epigenetische Veränderungen im Körper auslösen kann.

Eine weitere Studie desselben Instituts legt nahe, dass kurzfristige Reize wie Sport oder Stress die Zellen nicht dauerhaft umprogrammieren. Bleiben Sie jedoch regelmässig bestehen, können sich epigenetische Muster verfestigen – und sogar an die nächste Generation weitergegeben werden.

Die Risikogene laden das Gewehr, doch unser Lebensstil drückt den Abzug
Einfach ausgedrückt: Es kommt nicht nur darauf an, welches Genom wir besitzen, sondern auch darauf, welche Gene in verschiedenen Situationen an- oder abgeschaltet werden. Bildlich gesprochen ist das mit einem Lichtschalter vergleichbar.

Bei der Auslösung von Migräneattacken müssen also sogenannte Triggerfaktoren - im Sinne eines „Anschaltens" - von den grundlegenden Ursachen unterschieden werden. Wie erwähnt, belegen neue Untersuchungen, dass das Gehirn von MigränepatientInnen durch eine besonders empfindliche Reizverarbeitung gekennzeichnet ist. Ihr Nervensystem steht ständig unter „Hochspannung".

Diese Disposition erhöht zwar das Risiko für eine Erkrankung wie Migräne, doch massgeblich für Latenz und Ausbruch sind unmittelbare Stresseinflüsse. Das bedeutet, dass wir durch bewusste Entscheidungen hinsichtlich unserer Lebensgewohnheiten die Aktivität unserer Gene - und damit auch unsere Migränegeschichte - positiv beeinflussen können.

Das Fass-Modell
Die individuelle Belastbarkeitsgrenze lässt sich vereinfacht mit dem „Fass-Modell" veranschaulichen. Dabei wird der menschliche Körper mit einem Fass verglichen, dessen Fassungsvermögen von Person zu Person unterschiedlich ist. Stress entspricht dem Wasser, das in das Fass strömt. Füllt sich das Fass bis zum oberen Rand, zeigt der Körper keine Reaktion. Fiesst jedoch ein Tropfen zu viel hinein, läuft es über – und der Körper reagiert.

Da MigränikerInnen aufgrund ihrer erhöhten Abwehrbereitschaft bereits über einen vorgefüllten „Behälter" verfügen, kann der Organismus bei zusätzlichen Belastungen schnell den Kipp-Punkt erreichen.

Durch die genetische Vorbelastung erhalten MigränikerInnen dann die Rückmeldung in Form eines Migräneanfalls. Andere entwickeln je nach individueller Schwachstelle Herz-Kreislauf-Erkrankungen, Rheuma, Übergewicht oder Diabetes. Ein anschauliches Bild dafür ist das sprichwörtliche „schwächste Glied in der Kette": Solange die Kette nicht überbeansprucht wird, bleibt die Schwachstelle unbemerkt. Doch wenn sie immer wieder unter Spannung gerät, reisst sie schliesslich an genau dieser Stelle.

Leeren wir den Behälter bis unter den Rand, können wir wieder beschwerdefreie Tage und Wochen erleben. Um langfristig stabil zu bleiben und nicht bei jedem kleinen belastenden Ereignis - sei es nur ein Wetterumschwung - einen Rückfall zu erleiden, müssen wir den Behälter deutlich entleeren. Das gelingt nur, wenn wir die grossen Einflussfaktoren identifizieren und aktiv reduzieren.

ALLES BEGINNT MIT DEM ESSEN

Die Frage nach der richtigen Ernährung und ihrer Bedeutung für die Gesundheit beschäftigt die menschliche Zivilisation seit jeher. Schon im antiken Griechenland stand die „díaita" (Ernährungs- und Lebensweise) im Zentrum jeder Therapie. Heute weiss man: Rund 70 Prozent der chronischen Erkrankungen, unter denen wir im Alter leiden, lassen sich auf eine ungesunde Ernährung zurückführen.

Aber warum ist das, was täglich auf unserem Teller landet, so wichtig? Dazu müssen wir uns zuerst eine andere Frage stellen: Wozu müssen wir überhaupt essen?

„Wir leben nicht, um zu essen; wir essen, um zu leben."
Sokrates, Philosoph (470 - 399 v. Chr.)

Unser Organismus besteht aus Zellen – der kleinsten Einheit des Lebens. Der menschliche Körper setzt sich aus rund 70 Billionen (70.000.000.000.000) Zellen zusammen. Sie sind die grundlegenden Bausteine: Jedes Gewebe, jeder Knochen und jedes Organ besteht aus ihnen.

Jede einzelne Körperzelle ist eine kleine biochemische Fabrik, in der Sekunde für Sekunde Milliarden von Vorgängen ablaufen. Diese Prozesse werden in ihrer Gesamtheit als Metabolismus oder Stoffwechsel bezeichnet – also die Umwandlung von Stoffen.

Jeden Tag sterben etwa 600 Milliarden Zellen (600.000.000.000) und werden neu gebildet. Jede Gewebeart hat dabei ihren eigenen Erneuerungszyklus. Alle fünf Tage entsteht eine neue Darmschleimhaut, alle drei Wochen regenerieren sich die Leberzellen, und jeden Monat erneuert sich die oberste Hautschicht. Das Knochenmark stellt jede Sekunde Millionen neue Blutkörperchen her.

„Eine lebende Zelle benötigt Energie, nicht nur für alle ihre Funktionen, sondern für die Aufrechterhaltung ihrer Struktur. Ohne Energie würde die zelluläre Fabrik kollabieren und das Leben augenblicklich ausgelöscht."
Albert Szent-Györgyi, Arzt, Biochemiker und Nobelpreisträger (1893 - 1986)

Damit all diese Prozesse funktionieren können, müssen die Mitochondrien - die winzigen Kraftwerke der Zellen - Energie produzieren. Fast jede Zelle enthält Tausende davon. Sie stellen die zelluläre Energie in Form von Adenosintriphosphat (ATP) bereit, das jede Zelle für ihre Funktionen benötigt.

Ohne diesen Energiespeicher ist der Körper zu nichts mehr fähig: Weder Muskelbewegung noch Atmung sind möglich – jede einzelne Körperfunktion kommt zum Stillstand. Der Stoffwechsel bricht zusammen, und der Organismus stirbt.

Die Menge an ATP, die ein durchschnittlicher Erwachsener täglich umsetzt, entspricht etwa der Hälfte seiner Körpermasse. Ein 90 kg schwerer Mann baut also rund 45 kg ATP pro Tag auf und ab. Diese enorme Menge zeigt, wie gravierend sich eine Störung der mitochondrialen Funktion auf Gesundheit und Wohlbefinden auswirken kann.

Damit die Zellkraftwerke ausreichend Energie produzieren können, benötigen sie Sauerstoff sowie hochwertige Nährstoffe in der richtigen Menge. Kein Stoff kann dabei durch einen anderen ersetzt werden. Fehlen wesentliche Nährstoffe, baut die Zelle ab. Sie stirbt möglicherweise nicht sofort, doch ihre Funktionsfähigkeit lässt allmählich nach. Dies führt zu einer zunehmenden funktionellen Insuffizienz im betroffenen Gewebe.

Die Folgen einer kompromittierten Energiegewinnung der Zellen treten schleichend auf und sind mit einer allgemeinen Abnahme der physischen und mentalen Leistungsfähigkeit verbunden.

Doch woher kommen diese Nährstoffe? Aus der Nahrung – und zwar fast ausschliesslich.

„Der Mensch ist, was er isst." Ludwig Feuerbach, Philosoph (1804 - 1872)

Wenn wir bedenken, dass wir jeden Monat unser eigenes Körpergewicht essen und trinken und wir uns während unseres Lebens etwa 60 Tonnen an Nahrung einverleiben, dann verstehen wir die Aussage von Feuerbach: „Du bist, was du isst".

Längst ist bewiesen, dass die Ernährung eine der wichtigsten Säulen in der Prävention und begleitenden Therapie von Erkrankungen ist. Denn alles, was wir in den Mund stecken, landet in unserem Verdauungssystem. Jeder Bissen wird fein säuberlich in einzelne kleine Bestandteile aufgespalten. Die Stoffe, die unser Körper benötigt, werden über den Blutkreislauf an ihren Bestimmungsort transportiert. Jede Zelle wird so mit Energie, Bau-, Wirk- und Schutzstoffen versorgt. Auf diese Weise wird die Nahrung „verstoffwechselt".

Fehlen die richtigen Nährstofflieferanten, können die Zellen nicht mehr genug Energie bilden. Das kann sich auf zwei Arten auswirken. Variante eins: Die Zellen werden weniger aktiv und können ihre Aufgaben nicht mehr ordnungsgemäss erfüllen. Variante zwei, die sich ebenfalls wie eine Funktionseinschränkung auf zellulärer Ebene auswirkt, klingt im ersten Moment paradox: Die Zellen werden überaktiv. Der Grund ist, dass sie nicht mehr genügend Energie haben, um den in Gang gesetzten Prozess zu stoppen. Man kann sich das wie bei einem Fahrzeug vorstellen: Nicht nur das Gaspedal braucht Energie, sondern auch die Bremse.

Gibt es eine energetische Störung, nehmen die Zellen langfristig Schaden und beginnen sich aufzulösen. Es kommt zu einer Kaskade fehlerhafter biochemischer Reaktionen im gesamten Organismus, die schliesslich einen chronischen Krankheitsprozess in Gang setzen.

Zusammenfassend kann man also sagen, dass die Qualität unserer Nahrung eine direkte Auswirkung auf die ordnungsgemässe Funktionsfähigkeit der Zellkraftwerke hat und somit unsere Körperzusammensetzung, Leistungs- und Konzentrationsfähigkeit, die Schlagkraft unseres Immunsystems und unsere Psyche beeinflusst.

Käme es ausschliesslich auf die Gene an, dann würde es keine Rolle spielen, was wir essen und wie wir leben. Wir wissen jedoch, dass dem nicht so ist. Hunderte von Studien haben gezeigt, dass die Ernährung chemische Veränderungen an unserem epigenetischen Programm bewirkt und somit die Aktivität von Genen beeinflusst.

Selbst bei einer Pflanze macht es einen enormen Unterschied, ob die Samen mit identischer DNA auf nährstoffreicher Erde gedeihen oder auf einer giftigen Müllhalde wachsen.

Gesundheit kann man essen

Wir wissen, dass gut versorgte Zellen die beste Voraussetzung für einen intakten Stoffwechsel und einen gesunden Organismus sind. Eine gute Ernährung bedeutet daher mehr als reine Energiezufuhr – sie muss auch all jene Stoffe bereitstellen, die jede Zelle braucht, aber nicht selbst produzieren kann.

Lebensmittel bestehen aus einer Vielzahl von Molekülen. Einige liefern Energie, andere steuern Baustoffe bei, und gewisse übermitteln Signale an unseren Körper. Grob lassen sich diese Stoffe in zwei Kategorien einteilen: Mikronährstoffe und Makronährstoffe.

Makronährstoffe sind das Fundament unserer täglichen Nahrungsaufnahme. Sie umfassen Kohlenhydrate, Proteine (Eiweisse) und Fette und liefern vor allem Energie sowie Baumaterial für den Körper. Mikronährstoffe hingegen werden nur in sehr kleinen Mengen benötigt, erfüllen aber zentrale Aufgaben. Sie setzen sich aus Vitaminen, Mineralstoffen, Spurenelementen und sekundären Pflanzenstoffen (Phytochemikalien) zusammen. Neben ihrer Rolle in der Zellregeneration wirken viele von ihnen auch als Botenstoffe – sie übermitteln also Signale, die zahlreiche Körperfunktionen steuern.

Aktuelle Forschungsergebnisse zeigen, dass bestimmte Mikronährstoffe helfen können, oxidative Zellschäden durch sogenannte freie Radikale abzuwehren. Freie Radikale sind chemische Moleküle, denen ein Elektron fehlt. Um Stabilität zu erlangen, entreissen sie anderen Molekülen ein Elektron – wodurch wiederum neue freie Radikale entstehen. Überwiegen diese reaktiven Stoffe, werden Zellen geschädigt, in ihrer Funktion beeinträchtigt oder sterben vorzeitig ab.

Kommt es zu übermässigem Zelltod, führt das schliesslich zu einer beschleunigten Alterung der Organe. Über einen längeren Zeitraum manifestiert sich eine Störung der Zellkraftwerke am offensichtlichsten in chronischen Krankheiten. Verschiedene Studien fanden einen Zusammenhang zwischen Migräne und einer Fehlfunktion der Mitochondrien.

Wie Sie sehen, sind unsere Ess- und Trinkgewohnheiten entweder förderlich für unsere Gesundheit oder sie verschlechtern sie, und zwar schleichend und auf subtile Art und Weise. Dabei geht es nicht um das Glas Wein oder das Stück Kuchen – nein, es sind nicht die Ausnahmen, die uns krank machen, sondern unsere tägliche Auswahl. Und auf diese haben wir einen grossen Einfluss.

Wenn man sich dessen bewusst wird, erscheint es logisch, die Ernährung in die Therapie aller Leiden einzubeziehen. Es ist wie beim Bau oder der Renovierung eines Hauses: Wenn wir nicht genügend oder die richtigen Baumaterialien verwenden, können mit der Zeit Feuchtigkeitsschäden an den Wänden auftreten, undichte Stellen im Dach entstehen, der Putz abbröckeln, Rohre verrosten und der Abfluss verstopfen. Das Haus wird immer weniger bewohnbar. Auch ein Fahrzeug fährt nicht richtig, wenn Zucker im Tank ist. Das Problem ist bekannt, doch wir neigen dazu, es nicht auf unsere Zellen zu übertragen.

„Nichts in der Biologie macht Sinn ausser im Licht der Evolution." Theodosius Dobzhansky, Evolutionsbiologe (1900 - 1975)

Um zu verstehen, was unser Körper benötigt und ihm guttut, ist es hilfreich, eine Zeitreise in die Vergangenheit zu unternehmen. Dies ist besonders ratsam, wenn wir mit anhaltenden Störungen kämpfen und keine Lösung finden. Solche Probleme deuten darauf hin, dass unsere „Ausstattung" und unser Stoffwechselprogramm nicht mehr im Einklang stehen und wir entsprechende Anpassungen vornehmen sollten.

Unsere heutigen Lebensbedingungen unterscheiden sich grundlegend von jenen, unter denen sich die Menschheit über Jahrtausende hinweg entwickelt hat. Während des grössten Teils der Evolutionsgeschichte lebten die Menschen als Jäger und Sammler – das prägt bis heute unsere genetische Ausstattung, unsere körperlichen Merkmale und unser Verhalten.

Was die Ernährung angeht, assen die Menschen vor der Sesshaftigkeit, abhängig von der Jahreszeit, nur Naturprodukte wie die jeweils verfügbaren Früchte, Kräuter, Nüsse, Samen, Wurzeln und Knollengemüse, Honig sowie Fleisch, Fisch und Eier. Wovon sich einzelne Völker genau ernährten, hing davon ab, wo sie lebten. Sie passten sich im Laufe der Jahrtausende an die für ihre jeweilige Region typischen Nahrungsmöglichkeiten an. Für die am Wasser wohnenden Menschen dürfte Fisch eine grosse Rolle gespielt haben, während es im Landesinneren mehr Fleisch gab.

Laut Forschungsarbeiten des amerikanischen Ernährungswissenschaftlers Loren Cordain bestand die tägliche Kost von Jägern und Sammlern aus etwa 19 % bis 35 % Eiweiss, 22 % bis 40 % Kohlenhydraten und dem Rest aus Fett. In der Frühzeit legte ein Mensch zu Fuss bis zu 25 Kilometer am Tag zurück und der Kalorienverbrauch lag bei bis zu 5.000 Kalorien täglich.

Vor rund 10.000 Jahren begann mit dem Ackerbau und der Viehzucht die „Produktion" von Lebensmitteln. Getreide gewann deutlich an Bedeutung und somit wurde die Ernährung einseitiger und energiedichter. Gleichzeitig nahm mit der Sesshaftigkeit auch die körperliche Aktivität ab. Dieser Wendepunkt markierte eine grundlegende Veränderung unserer Ernährungs- und Lebensgewohnheiten. Und diese weichen heute nochmals stark von dem ab, was die Natur ursprünglich vorgesehen hatte.

Natürlich hat sich der menschliche Stoffwechsel im Rahmen epigenetischer Prozesse angepasst. Aber die Diskrepanz zwischen unserem Bedürfnis nach einer ausgewogenen Ernährung ohne längerfristige Nährstoffdefizite und unverträglichen Stoffen und dem tatsächlichen Ernährungsverhalten nimmt stetig zu. Allein in den letzten Jahrzehnten haben sich unsere Essgewohnheiten in einem bisher nie gekannten Ausmass verändert, sodass heute rund 70 % der aufgenommenen Kalorien aus industriell hergestellten, nährstoffarmen Nahrungsmitteln stammen. Ich unterscheide zwischen „Nahrungsmitteln", die durch äussere Einwirkung verändert wurden, und „Lebensmitteln", also „lebendiger" Nahrung - sowohl fest als auch flüssig -, die noch alle natürlichen Vitalstoffe enthält.

Auf diese Weise verzehren wir heutzutage viel grössere Mengen an Kohlenhydraten sowie zahlreiche neuartige Zusatzstoffe, die unser Körper aus der Vergangenheit weder kennt noch verwerten kann. Gleichzeitig reicht die Zufuhr von Vitalstoffen, die für die Erhaltung der Gesundheit notwendig sind, bei Weitem nicht aus. Eine Gegenüberstellung der Nährstoffaufnahme eines Steinzeitmenschen mit der eines modernen Menschen zeigt deutliche Unterschiede: Unsere heutige Kost enthält etwa 90 % weniger Ballaststoffe und Magnesium, 80 % weniger Vitamin C und Selen, 70 % weniger Vitamin B1, B2, Kalium und Zink sowie nur rund die Hälfte an Vitamin A.

Ferner haben wir einen Lebensstil entwickelt, der häufig mit unserer genetischen Grundausstattung in Konflikt steht. Beruflich bedingt verbringen viele Menschen einen Grossteil des Tages sitzend oder mit leichter körperlicher Arbeit.

All diese Faktoren können über längere Zeit dazu führen, dass unser inneres Gleichgewicht kippt und wir mit weitreichenden und anhaltenden Folgen für unsere Gesundheit rechnen müssen.

Alle Therapien sind sinnlos, wenn die Ernährung nicht berücksichtigt wird

Eine Ernährungsveränderung ist bei allen chronischen Befindlichkeitsstörungen unabdingbar, denn Essen ist etwas, das wir täglich tun. Die Kilomengen zugeführter Nahrung mit ihren Signalstoffen wirken sich erheblich auf unsere Physiologie aus. Das kennen wir übrigens von Arzneimitteln, wo schon geringste Mengen an Wirkstoffen einen grossen Einfluss haben.

Die aktuelle Studienlage deutet darauf hin, dass sowohl die Zusammensetzung und Frequenz der Mahlzeiten als auch das bewusste Meiden bestimmter Nahrungsbestandteile die Symptome im Rahmen einer Migräneerkrankung markant reduzieren können. Eine Verbesserung der Situation und damit der Lebensqualität stellt sich oft bereits nach wenigen Wochen ein.

Aus diesem Grund steht in diesem Buch die Ernährung an erster Stelle. Ich habe am eigenen Leib erfahren, welche enorme Rolle sie für die Gesundheit, Leistungsfähigkeit, Konzentration und die Schlagkraft des Immunsystems spielt.

Was ist die richtige Ernährung?

In den letzten Jahren sind immer mehr Ernährungstrends aufgekommen. Von der Paleo-Ernährung über Low-Carb, Keto und Rohkost bis hin zur mediterranen Diät. Alle sind von ihrem eigenen Konzept überzeugt.

Studien zu diesem Thema liefern jedoch unterschiedliche Ergebnisse darüber, welche Ernährungsweise als die gesündeste gilt. Das lässt sich leicht erklären: Entscheidend ist nicht allein die Wahl der Ernährungsform, sondern vor allem, welche konkreten Lebensmittel in welcher Qualität konsumiert werden.

Als VeganerIn kann man sich von verarbeiteten, denaturierten und somit toten Nahrungsmitteln wie Sojawürstchen oder Seitan-Geschnetzeltem, Pommes, Zucker, veganen Oreo-Keksen oder Weissmehlprodukten ernähren und Cola trinken. Oder man wählt eine pflanzenbasierte, naturbelassene Ernährung mit viel Gemüse (schliesst auch Salate ein), Kräutern, Wildpflanzen, Nüssen sowie Obst und trinkt Wasser.

Bei der mediterranen Ernährung macht es einen grossen Unterschied, ob man Pizza, Nudeln und Salsiccia-Wurst auf den Teller legt oder Fisch, Gemüse, Pilze und Salate, die mit qualitativ hochwertigem Olivenöl gewürzt sind.

Auch die extrem fettbetonte ketogene Ernährung kann man durch den Verzehr grosser Mengen Analogkäse hinbekommen.

So kann die Liste lange weitergeführt werden, denn für nahezu jedes Ernährungskonzept gibt es sowohl eine natürliche und nährstoffreiche als auch eine ultraverarbeitete Variante. „Verarbeitet" bezeichnet Nahrungsmittel, die im Produktionsprozess viele Schritte durchlaufen haben und sich durch eine lange Zutatenliste auszeichnen. Sie enthalten wenig Vitalstoffe, dafür jedoch Konservierungs-, Farb- und Geschmacksstoffe sowie Texturierungsmittel und Emulgatoren.

Genau diese Faktoren bestimmen letztendlich, wie sich der Verzehr auf den Blutzucker auswirkt, wie verträglich die Nahrungsmittel für unseren Darm sind und wie viele Mikronährstoffe - in Form von Vitaminen, Mineralstoffen, Spurenelementen und sekundären Pflanzenstoffen - unseren Zellen für ihre vielfältigen Aufgaben zur Verfügung stehen.

Dies ist mit ein Grund, weshalb ich keine spezifische Ernährungsrichtung propagiere, obwohl meine Heilungsgeschichte mit der Paleo-Ernährung begann. Die Modifikation meines Essverhaltens hat mir jedoch geholfen, meine drei grundlegenden Ernährungsfehler zu erkennen, die ich im Folgenden unter dem Begriff „Ernährungsfallen" zusammenfasse.

Diese sind übrigens weit verbreitet – nicht nur unter MigränikerInnen.

WENN ESSEN WEH TUT: DIE 3 ERNÄHRUNGSFALLEN

1. Blutzuckerschwankungen

Wer nicht an Diabetes leidet, beschäftigt sich in der Regel nicht mit seinem Blutzuckerspiegel. Dabei beeinflusst dieser - wie Sie gleich lesen werden - das Leben von uns allen.

„Blutzuckerschwankung" bezeichnet eine Abweichung des Blutzuckerspiegels vom Normbereich. Üblicherweise schwimmt etwa so viel Zucker im Blut wie auf einen Teelöffel passt, also rund fünf Gramm. Das genügt, um die Basisenergieversorgung des Organismus während der Essenspausen sicherzustellen.

Nehmen wir beispielsweise Getreide, Kartoffeln, Reis oder Süssigkeiten zu uns, spaltet der Körper die darin enthaltenen Kohlenhydrate bis zum Einfachzucker Glukose (Traubenzucker) auf. Dieser gelangt anschliessend ins Blut und lässt den Blutzuckerspiegel ansteigen. Der Abbau beginnt übrigens schon im Mund. Deshalb schmecken stärkereiche Speisen wie Brot oder Nudeln nach längerem Kauen süsser als beim ersten Bissen.

Es ist wichtig, dass sich der Blutzuckergehalt nach jeder Mahlzeit wieder auf ein normales Niveau einpendelt, da zu viel Glukose das Blut verdickt. Eine verminderte Durchblutung schädigt mit der Zeit die Organe. Das zeigt sich bei unbehandeltem oder schlecht eingestelltem Typ-2-Diabetes: Schäden an Herz, Nieren, Augen, Füssen und Nerven sind mögliche Folgen.

Wird eine bestimmte Konzentration von Glukose überschritten, schüttet die Bauchspeicheldrüse das Hormon Insulin aus, um den Überschuss aus dem Blut zu entfernen. Der Zucker wird dann in die Muskeln und die Leber transportiert. Letztere kann Glukose in Form von Glykogen speichern und dem Organismus bei Bedarf wieder zur Verfügung stellen. Dadurch bleibt er auch während längerer Nahrungspausen - etwa nachts - gut versorgt.

Die Speicherkapazität von Muskeln und Leber ist jedoch begrenzt – der Überschuss wird als Fett eingelagert. So weit, so gut.

Unterzucker – auch eine Form von Stress

Nicht immer kann unsere Bauchspeicheldrüse die ausgeschüttete Menge Insulin exakt dosieren. Bei vielen MigränikerInnen kommt es zu einer deutlich stärkeren Freisetzung, als erforderlich wäre. Dadurch wird nicht nur die überschüssige, sondern eine übermässige Menge an Glukose aus dem Blut entfernt. Infolgedessen fällt der Blutzuckerspiegel tiefer als vor dem Zuckergenuss. Dieser Zustand wird als „Hypoglykämie" oder „Unterzuckerung" bezeichnet.

Im Hirnstamm gibt es eine Kontroll- und Messinstanz, die dafür sorgt, dass grundlegende, lebenswichtige Werte im Blut - wie der Zucker- und der Sauerstoffgehalt sowie der Flüssigkeitshaushalt - innerhalb bestimmter Grenzen gehalten werden. Fällt der Blutzuckerspiegel unter den erforderlichen Normwert, bedeutet das Stress für bestimmte Organe, da nicht mehr alle ausreichend mit Energie versorgt werden können.

Besonders betroffen ist das Gehirn. Es ist auf eine möglichst gleichmässige und besonders grosse Menge an Energie angewiesen – sowohl für seine Funktionen als auch für sein Überleben. Obwohl es nur einen kleinen Teil der Körpermasse ausmacht, benötigt es aufgrund seiner hohen Mitochondrien-Dichte etwa ein Viertel der gesamten Energie – selbst nachts.

Da der Raum innerhalb des knöchernen Schädels begrenzt ist, kann das Gehirn kein Fett und nur minimale Mengen Glukose (Glykogen) speichern. Bleibt der Brennstoff aus, entsteht eine zerebrale Energielücke, die zu ausgeprägten Störungen der Hirnleistung bis hin zu irreversiblen Schäden führen kann.

Das Gehirn verlangt eine lückenlose Versorgung

Unser Gehirn muss also seinen Energiepegel innerhalb sehr enger Grenzen konstant halten und benötigt deshalb regelmässig Nachschub. Im Notfall kann es über Nervenimpulse eine massive Ausschüttung von Stresshormonen wie Adrenalin auslösen, um den in der Leber gespeicherten Glykogenvorrat schnell freizusetzen. So erhält das Gehirn den benötigten Brennstoff. Die Menge, die aus den Reserven freigesetzt wird, reicht jedoch nur für kurze Zeit, da der Glykogenspeicher relativ klein ist, die Stressbelastung selbst viel Energie verbraucht und der erhöhte Glukosegehalt im Blut durch Insulin rasch wieder gesenkt wird.

Das Gehirn fordert dann seinen Besitzer - durch eine erhöhte und permanente Ausschüttung von Stresshormonen - mit Nachdruck auf, mehr zu essen. Heisshungerattacken, sogenannte „cravings", stellen sich ein. Die Gedanken kreisen nur noch ums Essen. Auch unsere Sinne werden geschärft: Geräusche, Licht und Gerüche nehmen wir intensiver wahr, denn das archaische Programm im Gehirn geht von einer Bedrohung aus und versucht, alles vermeintlich Gefährliche zu erfassen. Genau das können Migränebetroffene mit ihrem überempfindlichen Gehirn nicht gebrauchen.

Schliesslich fällt auch unser Wohlfühlhormon Serotonin ab, und wir werden kribbelig. Für diese Mischung aus Hunger, Anspannung und Unruhe gibt es im Englischen einen treffenden Ausdruck: „hangry" – ein Kofferwort aus „hungry" (hungrig) und „angry" (wütend, sauer). Unser Gehirn kann uns also ganz schön nerven, wenn seine Energieversorgung nicht zufriedenstellend ist. Deshalb ist Essensknappheit einer der grössten Stressoren überhaupt – unabhängig davon, ob wir freiwillig hungern oder nicht.

Früher oder später geben wir dem dringenden Bedürfnis nach, denn wir wollen uns wieder gut fühlen. Und was liefert sofort Energie? Richtig: Süssigkeiten, zuckerreiche Mahlzeiten, ein Teller Nudeln, eine Pizza oder eine Limonade. Die Situation entspannt sich damit. Jeder weiss aus Erfahrung, dass Kohlenhydrate oder süsse Getränke wie ein Trostpflaster wirken.

An dieser Stelle fragen Sie sich vielleicht, wie das Gehirn die Energieversorgung aufrechterhält, wenn längere Zeit keine oder nur sehr wenig Nahrung verfügbar ist. Da das Gehirn eine viel geringere Belastbarkeit als der Körper hat, wird der Körper während einer Hungerperiode schliesslich dazu gezwungen, sein Gewebe abzubauen. Das Gehirn „isst" sozusagen den Körper auf – Zelle für Zelle. Selbst das Herz muss „Federn lassen" – immer in der Hoffnung, dass sich die Versorgungslage verbessert, bevor es zu spät ist.

Die wilde Blutzucker-Achterbahnfahrt

Hunger ist ein Warnzeichen für eine beginnende Unterzuckerung und wird von vielen MigränepatientInnen als Auslöser von Kopfschmerzen genannt. Klinische Studien zeigen, dass Betroffene häufiger unter Unterzuckerung leiden und dass Migräneschübe durch Fasten verstärkt oder sogar ausgelöst werden können. Eine bereits in den 1970er-Jahren veröffentlichte Studie belegte, dass MigränepatientInnen, die infolge von Hunger Kopfschmerzen entwickelten, während eines fünfstündigen Glukosetoleranz-Test eine Unterzuckerung aufwiesen.

Auch der schwankende Spiegel des stimmungssteuernden Hormons Serotonin zwischen den Migräneattacken beeinflusst viele Hirnfunktionen und steuert, ob sich Blutgefässe ausdehnen oder verengen. Zudem wirkt Serotonin auf das Schmerzempfinden, das Hungergefühl, die Körpertemperatur und aktiviert das Brechzentrum. Ein starkes Ansteigen und Abfallen des Blutzuckerspiegels kann langfristig zu erheblichen Hormonschwankungen und hormonellen Ungleichgewichten führen, die nachweislich einen Einfluss auf das Migränegeschehen nehmen.

Bedingt durch die ständigen Unterzuckerungen, die immer wieder die Stresshormone aktivieren, kann der Körper zunehmend stressanfälliger werden und auf immer mehr Trigger mit Migräne reagieren. Schon der Rauch einer Zigarette, der Duft eines Parfums oder grelles Licht können das überforderte System so sehr reizen, dass der Anfall schliesslich ausgelöst wird.

Die Lösung erscheint also ganz einfach und wird auch fleissig gegen Migräne propagiert: Keinen Hunger mehr aufkommen lassen, sondern alle zwei, drei Stunden schnell verfügbare Energie in Form einer kohlenhydratreichen Mahlzeit oder eines Happens zu sich nehmen. Das Konzept des „regelmässigen Essens" erscheint zunächst sinnvoll.

Aber was passiert nachts? Es ist kaum realistisch, diesen Zwei- bis Dreistunden-Rhythmus für die Energiezufuhr rund um die Uhr aufrechtzuerhalten. Was geschieht also während der nächtlichen Nahrungspause? Häufig wacht man mitten in der Nacht oder frühmorgens mit einer beginnenden oder sogar ausgewachsenen Migräne auf.

Eine Studie zeigte, dass bei ProbandInnen mit regelmässiger Aufwachmigräne der Spiegel bestimmter Stresshormone in den drei Stunden vor dem Erwachen deutlich erhöht war – obwohl Blutzucker- und Insulinwerte unauffällig blieben. Dies deutet darauf hin, dass der nächtliche Glukose-Abfall durch eine starke Ausschüttung von Stresshormonen kompensiert wurde – mitten in der eigentlichen Entspannungsphase.

Und selbst bei diszipliniertem Umsetzung der „regelmässigen Energiezufuhr" bliebe das Konzept erfolglos. Neben Schlafproblemen entstünde nämlich ein weiterer krankmachender Mechanismus. Wie Sie gleich lesen werden, wirkt die zunächst beruhigende, schnell verfügbare Energie letztlich wie Öl, das ins Feuer gegossen wird.

Insulinresistenz – wenn Zellen dicht machen

Insulin ist ein Hormon, das von speziellen Zellen der Bauchspeicheldrüse produziert wird und wie ein Schlüssel wirkt: Es öffnet die Zellen für Glukose. Die Mitochondrien - die Kraftwerke der Zellen - wandeln diese in nutzbare Energie (ATP) um. Zellen nehmen jedoch nur so viel Glukose auf, wie sie benötigen. Der Überschuss wird in Fettdepots gespeichert – in Fettzellen, deren Anzahl bereits in der Kindheit festgelegt wird und lebenslang konstant bleibt.

Wird der Körper nun ständig mit Kohlenhydraten geflutet und werden die Vorräte nie abgerufen, wächst das Volumen dieser Fettzellen immer weiter an. Wenn sie ein Vielfaches ihrer Normalgrösse erreicht haben, beginnen sie, sich zu schützen, indem sie die Anzahl der Rezeptoren auf ihrer Oberfläche reduzieren. Der „Schlüssel" funktioniert dann nur noch verzögert. Wohin also mit der Pizza, der Eiscreme oder dem Stück Schokoladenkuchen?

Zunächst versucht die Bauchspeicheldrüse mit einer erhöhten Insulinausschüttung die Glukose dennoch in die Zellen reinzukriegen. Diese Massnahme verschärft jedoch nur das Problem. Die Zellen sind nun mit dem ständigen Überangebot überfordert und haben keine andere Wahl, als das Schloss zu blockieren. Wenn der Schlüssel nicht mehr funktioniert, wird die Glukose nicht mehr abgebaut, und die Blutzuckerwerte steigen an. Sie sind auch morgens direkt nach dem Aufwachen erhöht. Dieses Stadium bezeichnet man als Insulinresistenz. Sie ist die häufigste Störung des Kohlenhydratstoffwechsels und eine Vorstufe zum Typ-2-Diabetes. Viele Betroffene bemerken diese Problematik oft jahrelang nicht.

Schliesslich gelangt nicht mehr genügend Glukose in die Körper- und Gehirnzellen, um die notwendige Energieproduktion aufrechtzuerhalten. Es entsteht eine paradoxe Situation: Man isst zwar viel, doch den Zellen fehlt dennoch der benötigte Brennstoff. Die Folge ist eine zunehmende Energielosigkeit. Kennen Sie dieses Gefühl? Mir war es nur allzu vertraut.

Eine im Jahr 2005 veröffentlichte Studie zeigte, dass die Mehrheit der Migränebetroffenen eine schlechtere Glukosetoleranz beziehungsweise Insulinsensitivität im Vergleich zu Nicht-Migränebetroffenen aufweist.

Einige Jahre zuvor wurde im Magazin Functional Neurology ein Artikel veröffentlicht, der aufzeigte, dass Migräne häufig stärker wird oder erstmals auftritt, wenn es zum Ausbruch eines Diabetes kommt. Ein Zusammenhang zwischen Insulinresistenz und Migräne ist daher sehr wahrscheinlich.

Wenn der Hybridmotor zum Erliegen kommt

Die Energiegewinnung im Körper erfolgt durch die Verbrennung von zugeführten Kohlenhydraten sowie von Fettsäuren aus der Nahrung oder den körpereigenen Fettreserven. Im Notfall kann der Körper auch Eiweiss - einschliesslich körpereigenem - zur Energiegewinnung nutzen. Dadurch ist es möglich, tage- oder wochenlang ohne Nahrung zu überleben.

Der Körper bevorzugt jedoch die Energiegewinnung aus der Verbrennung von Zucker, Stärke und eingelagertem Glykogen, da Kohlenhydrate leichter in Energie umgewandelt werden können als Fett. Letzteres muss erst einen aufwendigen Prozess durchlaufen, bevor es dem Körper zur Verfügung steht.

Die Vorräte unseres Körpers lassen sich mit den Kühltruhen in unserem Haus vergleichen: Das eingelagerte Glykogen entspricht dem kleinen Kühlschrank in der Küche, während die Fettreserven der grossen Tiefkühltruhe im Keller gleichen. Auf den Kühlschrank in der Küche können wir schnell zugreifen, da er in Reichweite steht. Die Tiefkühltruhe im Keller nutzen wir hingegen nur, wenn der Kühlschrank leer ist und es auch sonst nichts Griffbereites gibt – denn das bedeutet zusätzlichen Aufwand.

In Zeiten des Überflusses sind kohlenhydratreiche Lebensmittel in der westlichen Welt nahezu überall und jederzeit verfügbar. Das erleichtert es dem Körper, externen Nachschub durch Hungersignale einzufordern. Geben wir diesem Drang nach - selbst bei kleinen Mengen wie Brot, Nudeln oder Süssem -, gewöhnt sich der Körper daran, bevorzugt Kohlenhydrate zur Energiegewinnung zu nutzen. Dadurch wird er zunehmend „faul", wenn es darum geht, effizient Energie aus Fett herzustellen. Das Verhältnis von Kohlenhydrat- zu Fettverbrennung verschiebt sich zugunsten der Kohlenhydrate.

Hinzu kommt, dass der Körper nicht auf seine Fettzellen zurückgreift, solange Insulin zirkuliert. Das signalisiert nämlich, dass noch ausreichend Glukose verfügbar sein sollte – als wäre der „Kühlschrank" noch voll. Ein hoher Insulinspiegel bremst demnach die Fettverbrennung oder stoppt sie vollständig. Dadurch wird der Körper zunehmend zuckerabhängig.

Obwohl in den Fettdepots - auch bei schlanken Menschen - reichlich Energie gespeichert ist, kann der Organismus kaum darauf zugreifen. Man hängt sozusagen ständig an der „Steckdose", anstatt die „Batterie" zu nutzen. Der Verlust der natürlichen Fähigkeit, flexibel zwischen der Energiegewinnung aus Kohlenhydraten und Fetten zu wechseln, ist ein deutliches Zeichen für einen gestörten Stoffwechsel. Vielleicht erinnern Sie sich noch daran, dass ich eingangs erwähnte, wie ich stets Snacks in meiner Tasche hatte. Das zeigt, wie wenig mein Körper damals in der Lage war, auf Fett als Energiequelle zurückzugreifen.

Für Migränebetroffene ist der Verlust dieser „metabolischen Flexibilität" besonders problematisch. Sie sind dann darauf angewiesen, regelmässig Zucker oder Stärke zuzuführen, um Energie zu gewinnen. Mit der Zeit führt das zu einer Desensibilisierung der Zellen gegenüber Insulin (Insulinresistenz), wodurch die

Energiegewinnung weiter sinkt und es im Gehirn zu Versorgungslücken kommt. Verschärfend kommt hinzu, dass hohe Insulinspiegel auch andere Hormone negativ beeinflussen – einige werden reduziert, während andere vermehrt produziert werden. Diese hormonellen Ungleichgewichte beeinträchtigen die normale Stoffwechselregulation und fördern Entzündungsprozesse. Der ganze Organismus leidet unter Stress, selbst wenn keine äusseren Stressfaktoren vorliegen.

Wie bereits im Abschnitt „Migräne reagiert auf Veränderungen in der Hormonlage" beschrieben, wurde bei MigränepatientInnen ein ungewöhnlich hoher Spiegel des Stresshormons Cortisol festgestellt.

Fett ist gut für das Gehirn

Fette tragen dazu bei, die Glukosekurve flach und den Insulinspiegel niedrig zu halten. Studien zeigen, dass eine Ernährung, die den Blutzucker stabil hält, nachweislich die Intensität und Häufigkeit von Migräneanfällen reduziert.

Eine Ernährungsform, die auf Fett setzt, ist die ketogene Diät. Sie zeigt vielversprechende Ergebnisse bei der Behandlung neurologischer Symptome – einschliesslich Migräne. Ursprünglich wurde sie in den 1920er-Jahren als Therapie für Kinder mit Epilepsie entwickelt. Die ketogene Ernährung ist sehr fettreich und kohlenhydratarm. Etwa 65 % bis 80 % der Energiezufuhr stammen aus Fetten, während Eiweiss nur in dem Umfang zugeführt wird, der zur Erhaltung des Körpers notwendig ist.

Diese Ernährungsweise imitiert die Effekte des Fastens, ohne dass tatsächlich gehungert werden muss. Blutzuckerschwankungen werden minimiert, der Insulinspiegel bleibt auf niedrigem Niveau, und die Fettverbrennung in den Mitochondrien der Leber läuft auf Hochtouren. Als Nebenprodukt dieser Fettverwertung entstehen sogenannte „Ketonkörper", die dem Gehirn und anderen Organen als ausgezeichnete Energiequelle dienen. Im Gegensatz zum Fasten wird bei dieser Ernährungsweise kaum Muskeleiweiss abgebaut.

Man nimmt an, dass Epilepsie häufig mit Störungen des Kohlenhydrat- bzw. Energiestoffwechsels sowie mit Insulinresistenz zusammenhängt. Die kohlenhydratarme, fettreiche ketogene Diät verbessert den Zellenergiehaushalt und wirkt entzündungshemmend. Daher überrascht es nicht, dass sie auch bei Migräne positiv wirken kann. Bereits im Jahr 1978 zeigten Tests, dass diese blutzuckerregulierende und anti-entzündliche Ernährung bei 63 Prozent der ProbandInnen die Kopfschmerzen um bis zu 75 % verringerte. Heute weiss man, dass Migräne und Epilepsiesyndrome in vielen Fällen interagieren.

Allerdings ist die Einhaltung anspruchsvoll und oft schwer mit einem normalen Sozialleben vereinbar. Um einen therapeutischen Erfolg zu erzielen, muss die Diät streng und über einen längeren Zeitraum - möglicherweise ein Leben lang - eingehalten werden. Werden wieder vermehrt Kohlenhydrate zugeführt, verschlechtert sich der Zustand in der Regel.

Die Energiekrise im Kopf

Studien zeigen, dass Verletzungen und Blockaden der Halswirbelsäule sowie bestimmte Herzfehler, die die Sauerstoff- und Energieversorgung des Gehirns beeinträchtigen, häufig Migräne auslösen können. Auch zahlreiche biochemische, genetische und therapeutische Untersuchungen deuten darauf hin, dass Menschen mit genetisch bedingten Störungen der mitochondrialen Energiegewinnung (z. B. MELAS-Syndrom) - und damit eingeschränkter ATP-Produktion - besonders häufig unter Kopfschmerzen, insbesondere Migräne, leiden. Ein weiteres Beispiel ist die sogenannte menstruelle Migräne: Sie tritt auf, wenn der Energieverbrauch des Körpers in den Tagen vor der Periode ansteigt – was erklärt, warum sich viele Frauen in dieser Zeit besonders erschöpft fühlen und Heisshunger auf Süsses entwickeln.

Die Energieversorgung des Gehirns scheint also der zentrale Dreh- und Angelpunkt einer Migräne zu sein, da dieses komplexe Organ besonders sensibel auf energetische Schwankungen reagiert. Die damit verbundenen hormonellen Signale und ihr Einfluss auf die Blutgefässe können den verhängnisvollen Mechanismus in Gang setzen, der letztlich zur Migräne führt. Moderne Forschungsergebnisse deuten darauf hin, dass Migräneanfälle als Reaktion auf ein Energiedefizit im Gehirn auftreten können – insbesondere bei Menschen mit entsprechender genetischer Veranlagung.

Zu viele Kohlenhydrate

Zusammenfassend lässt sich sagen, dass Menschen mit einer Neigung zu Migräne häufig schlecht auf die in der modernen westlichen Welt übliche kohlenhydratreiche Ernährung ansprechen. Schätzungen zufolge könnte dies viele betreffen und die Zunahme von Migränefällen in den letzten Jahrzehnten erklären – auch bei Jüngeren.

Interessanterweise hat auch die Häufigkeit von ADHS (Aufmerksamkeitsdefizit-Hyperaktivitätsstörung) zugenommen. Die Symptome ähneln in vielerlei Hinsicht denen der Migräne: Unruhe, Müdigkeit, Konzentrationsprobleme und emotionale Schwankungen. Neue Erkenntnisse deuten auf eine signifikante Verbindung zwischen Migräne und ADHS bei Kindern und Jugendlichen hin. Diese Korrelation ist besonders stark ausgeprägt bei Betroffenen, die unter Migräne mit Sehstörungen leiden.

2. Nährstoffmangel

Damit die Stoffwechselprozesse reibungslos ablaufen können, benötigt der Körper eine Vielzahl an Nährstoffen – darunter Vitamine, Mineralstoffe, Spurenelemente sowie Kohlenhydrate, Fette und Proteine. Diese essenziellen Stoffe sind an der Produktion von Botenstoffen beteiligt und steuern zentrale Körperfunktionen.

Untersuchungen zeigen jedoch, dass nur ein kleiner Teil der Bevölkerung die notwendigen Nährstoffmengen aufnimmt. Der Grossteil der aufgenommenen Energie stammt heutzutage aus sogenannten leeren Kalorien – insbesondere aus vitalstoffarmen Getreideprodukten und Zucker. Dies stellt eine Belastung für die Energieproduktion in unseren Zellen dar.

Wo sind die Vitamine geblieben?

Bis auf Vitamin D, das unser Körper selbst in ausreichender Menge aus Sonnenlicht produzieren kann, müssen alle anderen Vitamine über die Nahrung aufgenommen werden. Dies gestaltet sich zunehmend schwierig. Untersuchungen zeigen, dass der Gehalt an Vitaminen, Mineralstoffen und Spurenelementen in Lebensmitteln in den letzten Jahrzehnten deutlich gesunken ist – teilweise bis zu 90 Prozent. Hauptursachen sind überdüngte und ausgelaugte Böden, die chemische Behandlung und das Ernten von unreifem Obst und Gemüse. Auch durch die Verarbeitung und Erhitzung von Lebensmitteln gehen wichtige Vitalstoffe verloren, z. B. bei der Ausmahlung von Getreide zu Mehl.

Um die erforderlichen Mengen an Vitaminen und Mineralien für unsere Gesundheit zu decken, müssen wir heute deutlich mehr Obst und Gemüse konsumieren als noch vor wenigen Jahrzehnten. Dies stellt selbst ernährungsbewusste Menschen, die sich an Richtlinien orientieren, vor Herausforderungen.

Der Bedarf an Mikronährstoffen kann zudem unbemerkt ansteigen – etwa durch die Einnahme bestimmter Medikamente wie Schmerzmittel, die die Aufnahme und Verwertung von Nährstoffen beeinträchtigen.

Auch unser hektischer Lebensstil spielt eine Rolle. Stress lässt unsere Dünndarmschleimhaut aufquellen. Die verminderte Durchblutung schwächt die Funktion der Darmwände und stört das Habitat der vielen nützlichen Verdauungshelfer. Unsere guten Darmbakterien, die Stoffe für unsere Zellen verwertbar machen, leiden. Dadurch holen sie weniger Energie und „betriebsnotwendige Materialien" aus dem Essen.

Fehlernährung – auch eine Form von Stress

Damit die tausenden von Stoffwechselfunktionen, die normalerweise fein abgestimmt sind, reibungslos ablaufen können, muss die Zufuhr jedes einzelnen Nährstoffs stimmen. Keiner kann die Aufgaben des anderen übernehmen; sie arbeiten vielmehr als Team und sind aufeinander angewiesen. So fördert Vitamin D die Kalziumaufnahme, während Zink den Vitamin-A-Haushalt reguliert und Magnesium den Vitamin-D-Stoffwechsel unterstützt.

Vitamine, Mineralstoffe, Fette und Aminosäuren üben an vielen Schaltstellen im Immun- und Energiestoffwechsel eine regulierende Funktion aus. Auch die Blutbildung und Sauerstoffversorgung werden von zahlreichen Mikronährstoffen unterstützt, die wie in einem komplexen System ineinandergreifen. Es gibt in unserem Körper nahezu keinen Stoffwechselschritt, an dem nicht wenigstens ein Mikronährstoff beteiligt ist. Daher kann bereits ein leichter Mangel, auch an nur einem Vitalstoff, komplexe metabolische Störungen auslösen.

Unser Körper funktioniert wie eine klassische Uhr, in der Zahnräder, Hebel und Federn harmonisch zusammenarbeiten. Fehlt ein Teil oder ist es beschädigt, bricht die Mechanik zusammen. So führen chronische Nährstoffdefizite zu Ungleichgewichten in den empfindlichen Regelsystemen unseres Körpers. Es fehlt die nötige Energie für die Zellprozesse, und daher laufen diese dann langsamer oder gar nicht mehr ab. Über Jahre können sich auf diese Weise vielfältige gesundheitliche Beeinträchtigungen der körperlichen und mentalen Leistungsfähigkeit entwickeln.

Vom stillen zum sichtbaren Defizit

Nährstoffmängel durchlaufen verschiedene Stadien, bevor sie klinisch deutlich werden. Seit Urzeiten weiss der Körper, wie er mit einem begrenzten Nährstoffangebot umgehen muss. Zunächst gleicht er ein Defizit über Puffersubstanzen im Blut aus. Wenn diese aufgebraucht sind, schaltet er auf ein Notprogramm um, das die Versorgung lebenswichtiger Stoffwechselprozesse wie Atmung, bestimmte Hirnfunktionen und den Herzschlag priorisiert. Das bedeutet, sobald der Körper erkennt, dass die Bedarfsdeckung suboptimal ist und er in eine potenzielle Notlage geraten könnte, wird bei nicht-lebenswichtigen Prozessen gespart. Intrazellulär kann es zu einzelnen Engpässen kommen, die Energieproduktion läuft auf „Sparflamme" und die Entgiftung der Leber, unseres zentralen Stoffwechselorgans, funktioniert nicht mehr reibungslos. Im Körper kommt es zu Säurebildung und somit zu lokalen Entzündungsprozessen. Man fühlt sich weniger leistungsfähig, aber sonst merkt man noch nicht viel.

Im zweiten Schritt plündert der Körper zur Neutralisierung der Übersäuerung seine eigenen Mineralstoffspeicher, zu denen auch der Haarboden, die Knochen und die Zähne zählen. Damit wird diesen „Organen" ein Teil der lebensnotwendigen Vitalstoffe entzogen. Die Nährstoffversorgung ist noch nicht prekär, kann aber nicht mehr optimal sichergestellt werden. Es machen sich Symptome wie starke Müdigkeit, Konzentrationsprobleme, höhere Infektanfälligkeit und erhöhtes Stressempfinden bemerkbar.

Bleiben diese Engpässe bestehen, das heisst, werden die verlorenen Substanzen nicht wieder aufgefüllt, schwinden die körpereigenen Depots, und Ausfallsymptome werden deutlich. Diese „Entmineralisierung" manifestiert sich oft nach Jahren durch dünne oder poröse Knochen, verfärbte Zähne, Zahnfleisch- und Darmprobleme, brüchige Fingernägel, Hautirritationen, Haarausfall oder ausgedünntes Haar bei Frauen.

Treten Beschwerden infolge eines Mangels auf, lässt sich das Problem nicht mit Medikamenten lösen. Im Gegenteil: Die Einnahme von Arzneimitteln kann auf Dauer weitere Störungen im Mikronährstoffhaushalt verursachen – ein Teufelskreis.

Ein weiterer Aspekt ist, dass eine erhöhte Säurelast das Schmerzempfinden verstärken kann. Untersuchungen zeigen, dass es beim Bindegewebe zu einer veränderten Wasserbindung der dort für die Struktur verantwortlichen Proteine kommt. Selbst eine kleine Belastung der Muskeln (beispielsweise der Wadenmuskulatur), kann eine deutlich messbare Ansäuerung (Abfall des pH-Werts) hervorrufen und zu Krämpfen, erhöhtem Schmerzempfinden oder Verletzungen führen. Auch Verspannungen, chronische oder wiederkehrende Rückenschmerzen und Migräne können so verstärkt werden.

Chronischer Vitaminmangel – so schlimm sind die Folgen

Ist die Vitalstoffversorgung nachhaltig insuffizient, kann es lebensbedrohlich werden. Ernährungsabhängige, schwere Krankheiten sind Beriberi (Mangel an Vitamin B1), Pellagra (Mangel an Vitamin B3) und die bekannteste Vitaminmangelkrankheit Skorbut (Mangel an Vitamin C). Bei Letzterer kommen uns die schaurigen Bilder von zahnlosen und hautblutenden Piraten und Matrosen in den Sinn. Doch warum führt ein extremer Vitamin-C-Mangel überhaupt dazu?

Der Grund ist das Strukturprotein Kollagen. Dieses verleiht dem Bindegewebe Kraft, Elastizität und ist praktisch der Klebstoff, der den Körper zusammenhält. Vitamin C ist ein wichtiger Kofaktor für dessen Produktion. Fehlt es, werden schadhafte Kollagenmoleküle gebildet, die ihrer Funktion als Strukturprotein nicht nachkommen können. Es kommt zu brüchigen Blutkapillaren, Blutungen in der Muskulatur und den Schleimhäuten sowie schlechter Wundheilung. Das Gewebe kann so instabil werden, dass es die Zähne nicht mehr fest umschliessen kann, und sie fallen heraus. Eine anhaltende Unterversorgung mit Vitamin C führte früher oft zum Tod vieler Seefahrern.

Als man den Zusammenhang erkannte und 1932 der Mediziner Albert Szent-Györgyi (1893-1986) das Vitamin C isolierte, wofür er den Nobelpreis erhielt, konnte die gefürchtete „Krankheit" erfolgreich eingedämmt werden. Dies zeigt: Fehlt ein einziger Nährstoff, kann das ganze System zusammenbrechen.

Dein Hirn ist, was du isst

Das Gehirn ist ein „Arbeitstier". Es arbeitet nonstop. Selbst wenn wir das Gefühl haben, abzuschalten, ist unser Steuerungs- und Denkapparat in vollem Einsatz. Er speichert laufend Informationen, verarbeitet aufgenommene Reize und sendet Signale an den restlichen Körper. Dazu benötigt es eine grosse Menge an sauerstoff- und nährstoffreichem Blut. Kein anderes Organ ist so empfindlich gegenüber groben Ernährungsfehlern wie das Gehirn. Die optimale Versorgung der Gehirnzellen ist demnach das A und O für unsere Gesundheit.

Damit der Gehirnstoffwechsel fehlerfrei funktionieren kann, brauchen die Gehirnzellen bestimmte Grundbausteine: Proteinbausteine (Aminosäuren), Fettsäuren (vor allem Cholesterin und Omega-3), Schwefel (für die Zellkommunikation), B-Vitamine und vieles mehr.

Wissenschaftler haben in diesem Zusammenhang den Begriff „Brainfood" geprägt – ein Trendwort, das sich aus den englischen Wörtern „brain" (Gehirn) und „food" (Essen) zusammensetzt und so viel bedeutet wie: Essen fürs Gehirn. Damit sind Lebensmittel gemeint, die unsere Gehirnzellen dabei unterstützen, ihre täglichen Anforderungen optimal zu erfüllen.

Werden sie nicht richtig ernährt, können Gehirnzellen ihre Funktionen nicht vollständig ausführen. Zudem sind sie den aggressiven Nebenprodukten, den freien Radikalen, die im normalen Stoffwechselprozess entstehen, schutzlos ausgeliefert. Dadurch können Reparaturmechanismen versagen und zu Schäden an Zellstrukturen oder deren Funktionen führen.

> *„Ein langjähriger Vitalstoffmangel ist einer der Hauptgründe für ernährungsbedingte Zivilisationskrankheiten, die in der Bevölkerung keine Seltenheit sind."* Max Otto Bruker, Arzt (1909 - 2001)

Laut Studien weisen viele MigränepatientInnen eine alimentäre Unterversorgung an Vitalstoffen auf. Ein Nährstoffmangel kann also zu den ursächlichen Faktoren für Migräne gehören. Erste Forschungsergebnisse aus kleinen, aber qualitativ hochwertigen Studien deuten darauf hin, dass die richtige Kombination von Mikronährstoffen dabei helfen kann, Dauer und Intensität einer Migräneattacke und langfristig die Anfallsrate zu verringern.

Wie Sie im Lösungsansatz 12 „Nährstoffergänzungen bei Migräne – wir brauchen sie doch" lesen können, besitzen Nahrungsergänzungsmittel in der Prävention und Therapie ernährungsbedingter Beschwerden, wie es bei Migräne der Fall ist, ein beachtliches Potenzial.

Auch wenn die Anfälligkeit für Migräne eine genetische Komponente aufweist, hängt es massgeblich davon ab, was den Zellen zugeführt oder vorenthalten wird, ob diese genetische Variation tatsächlich zum Ausdruck kommt. Genau hier gilt es anzusetzen – ganz unten an der Wurzel, wo die Fehlsteuerung ihren Ursprung nahm, oft bereits vor vielen Jahren.

Aber woher wissen wir, ob es unseren Zellkraftwerken gut geht? Ein erstes typisches Anzeichen einer eingeschränkten Funktionalität ist Energiemangel trotz ausreichendem Schlaf. Wir können uns das vorstellen wie bei einem Stromkraftwerk: Nur wenn ausreichend Strom ins System eingespeist wird, ist überall genügend Energie vorhanden.

3. Unverträglichkeiten

Die Lebensmittelintoleranz gehört zusammen mit der Lebensmittelallergie zu den Lebensmittelunverträglichkeiten.

Bei der Allergie spielt das Immunsystem die entscheidende Rolle. Es stuft fälschlicherweise harmlose Substanzen als gefährlich ein und reagiert sofort darauf. Bereits geringste Mengen können Symptome im Bereich der Atemwege, der Haut und des Magen-Darm-Traktes auslösen. Die gefährlichste allergische Manifestation ist der anaphylaktische Schock.

Bei der Lebensmittelintoleranz können bestimmte Bestandteile der Nahrung, die eigentlich problemlos verstoffwechselt werden sollten, vom Dünndarm nicht vollständig aufgespalten, abgebaut und an den richtigen Ort weitertransportiert werden. Die Problematik liegt in mangelhaften Zersetzungsvorgängen.

Lebensmittelintoleranzen kommen weitaus häufiger vor als Lebensmittelallergien und lassen sich in Laboruntersuchungen oft schwerer nachweisen. Ausserdem machen sich gewisse Symptome erst Tage nach der Exposition bemerkbar, da das Immunsystem hier nicht so stark aktiviert wird wie bei einer Allergie.

Die Anzeichen sind oft unspezifisch, wie benebelter Kopf, Schwindel, unklare rheumatische Schmerzen, eine laufende oder verstopfte Nase, Schweissausbrüche oder Sodbrennen. Da eine Mahlzeit in der Regel eine Fülle an Stoffen enthält und die Manifestation meistens zeitverzögert eintritt, ist es schwierig, einzelne Auslöser zu ermitteln. Aus diesem Grund bleiben Intoleranzen oftmals längere Zeit unentdeckt.

Migräne – die grosse Schwester der Intoleranz?

Ein beachtlicher Teil aller kopfschmerzgeplagten Menschen berichtet, dass bestimmte Nahrungsmittel, Inhaltsstoffe und Getränke einen Migräneanfall auslösen. Genannt werden frittierte Speisen, Zitrusfrüchte, Kaffee, der Süssstoff Aspartam und der Geschmacksverstärker Glutamat. Auch histaminreiche Lebensmittel wie gereifter Käse, fermentiertes Gemüse (z. B. Sauerkraut, Essiggurken), Wurstwaren, Meeresfrüchte, Schokolade, Kakao sowie Alkohol - besonders Rotwein - können bei manchen Personen alimentäre Auslöser einer Migräne sein.

Hinweise darauf, dass Kopfschmerzen unter anderem auf eine verzögerte Intoleranz zurückzuführen sein könnten und dass eine Auslassdiät eine wirksame Methode zur Reduzierung der Migränehäufigkeit darstellt, gibt es schon seit Langem. Im Jahr 2016 wurden im Rahmen einer Beobachtungsstudie mit 50 MigränikerInnen hundert Lebensmittel getestet. Einzelne Produkte konnten tatsächlich Migräneattacken provozieren: 78 % der TeilnehmerInnen machten Weizen als Übeltäter aus, 65 % Orangen, 45 % Eier, 40 % Tee und Kaffee, 37 % Schokolade und Milch, 35 % Rindfleisch und 33 % Mais, Rohrzucker und Hefe. Interessant ist, dass fünf der sechs am weitesten verbreiteten Unverträglichkeiten (Milch, Gluten, Eier, Mais, Hefe, Soja) unter den Auslösern zum Teil prominent vertreten sind.

Die identifizierten individuellen Auslösereize wurden daraufhin aus dem jeweiligen Ernährungsplan gestrichen. Durch die Auslassdiät konnte die Häufigkeit, Dauer und Intensität der Migräneepisoden im zweiten Monat nach der Umstellung um etwa einen Drittel gesenkt werden. Nach zwei Monaten kehrte die Hälfte der Gruppe wieder zu ihrer gewohnten Ernährung zurück. Nach vier Monaten konnte beobachtet werden, dass nur die TeilnehmerInnen, die ihre vermeintlichen Trigger weiterhin gemieden hatten, davon profitierten. Bei den anderen kehrten die Migräneepisoden wie vor Beginn des Experiments zurück.

In einer Folgestudie wurden die oben genannten migräneauslösenden Stoffe bei 60 MigränikerInnen aus der Ernährung vollständig gestrichen. Es wurde eine deutliche Verringerung der Kopfschmerzhäufigkeit bis hin zur Symptomfreiheit festgestellt.

Für PatientInnen aus zwei weiteren Studien wurde eine individuelle Diät erstellt, bei der Nahrungsmittel weggelassen wurden, für die klinisch eine Intoleranz nachgewiesen worden war. Während dieser Auslassdiät reduzierten sich die Häufigkeit der Migräneattacken und die Medikamenteneinnahme signifikant, nicht jedoch der Schweregrad der Anfälle. Interessant war auch, dass die TeilnehmerInnen, die zuvor an einem Reizdarmsyndrom (gastrointestinale Probleme mit Wechsel zwischen Durchfall und Verstopfung) gelitten hatten, eine signifikante Verbesserung ihrer Darmbeschwerden erfuhren. Kehrten sie zu ihrer ursprünglichen Ernährung zurück, litten die meisten auch wieder unter häufigeren und schweren Migräneepisoden.

Die oligoantigene Diät

Kinder mit einer zugrunde liegenden Nahrungsmittelintoleranz leiden typischerweise häufig an schweren, migräneartigen Kopfschmerzen. Oft bestehen auch zusätzliche Symptome wie verdauungsbezogene Beschwerden, Konzentrationsschwäche, Verhaltensauffälligkeiten sowie ein chronisches Ekzem oder Asthma.

In einigen Studien erwies sich die oligoantigene Diät als wirksamer Behandlungsansatz bei kindlicher Migräne. Diese stark eingeschränkte Auslassdiät lässt nur Lebensmittel mit sehr geringem allergenem Potenzial zu. Erlaubt sind etwa Fleisch (Lamm, Pute, Huhn), viele Gemüse-, Salat- und Obstsorten, glutenfreies Getreide, Reis, Kartoffeln sowie ausgewählte Fette. Getrunken werden Wasser und koffeinfreie Tees. Ausgeschlossen werden meist Milch, Gluten, Eier, Fisch, Krustentiere, Lupine, Soja, Nüsse, Kerne, Sesam, Sellerie, Senf, Farb- und Konservierungsstoffe sowie Süssungsmittel.

In einer doppelblinden Untersuchung mit 88 MigränepatientInnen im Kindesalter führte das Weglassen der genannten Allergieauslöser bei 93 Prozent der Kinder zu einer deutlichen Reduktion der Kopfschmerzen bis hin zur Symptomfreiheit. Auch Beschwerden wie Asthma, Bauchschmerzen, Ekzeme und Verhaltensprobleme besserten sich in dieser Zeit.

Die Migräneauslöser liessen sich durch Wiedereinführung einzelner Nahrungsbestandteile identifizieren, wobei die meisten Kinder auf mehrere Stoffe reagierten. Interessanterweise wiesen nur wenige von ihnen Antikörper gegen die als Trigger erkannten Lebensmittel auf. Labortests erwiesen sich daher als ungeeignet zur Diagnose einer Intoleranz.

„Alle chronischen Krankheiten beginnen im Darm."
Hippokrates, Arzt (460 - 370 v. Chr.)

Wie bedeutsam die Darmgesundheit ist, war schon in der Antike bekannt. Der griechische Mediziner Hippokrates sah schon vor 2.500 Jahren den Ursprung aller Krankheiten im Darm.

Die Darmflora setzt sich aus mehr als 30 Billionen Mikroben und 400 verschiedenen Bakterienspezies zusammen. Diese bilden mit einem Gesamtgewicht von etwa 2 bis 3 Kilogramm ein komplexes Ökosystem von Mikroorganismen, das Mikrobiom genannt wird (griechisch: „kleines Leben").

Der Umgang mit diesen Untermietern ist im Grunde einfach: Wir stellen ihnen Kost und Logis zur Verfügung – im Gegenzug helfen sie uns, aus der Nahrung das zu gewinnen, was unser Körper braucht. Darüber hinaus beseitigen sie Giftstoffe und schützen uns vor Durchfallerregern sowie anderen schädlichen Keimen. Sie beeinflussen somit zahlreiche Aspekte unserer Gesundheit.

Der Keim ist nichts, das Milieu ist alles

Während wir im Westen die Redewendung verwenden: „Du bist, was du isst", gilt im Ayurveda: „Du bist, was du verdaust". Alles was wir essen und trinken, und sei es noch so natürliche und frische Nahrung oder natürliches Quellwasser, stellt für unseren Organismus zunächst einen Fremdkörper dar.

Damit all diese Stoffe in körpereigene Substanzen umgewandelt werden können, müssen sie im Dünndarm in ihre kleinsten Einzelteile, die Nährstoffe, zerlegt werden. Anschliessend werden sie ins Blut abgegeben und zu all jenen Zellen befördert, in denen sie benötigt werden. Schafft es unser Dünndarm nicht, die verschiedenen Nahrungsbestandteile ordnungsgemäss zu verdauen, können sie die Schleimhaut des Dünndarms reizen und entzünden. Dadurch sterben Darmzellen zu früh ab, die Darmzotten - das sind die tausendfachen Ausstülpungen der Darmschleimhaut - flachen ab, und die Produktion der kurzkettigen Fettsäure Butyrat, die die Hauptenergiequelle der Darmschleimhautzellen ist, wird gestört. Die Regeneration gerät ins Stocken.

Ein angeschlagener Dünndarm bietet auch vielen nützlichen Darmbewohnern keinen geeigneten Lebensraum mehr. Mit dem Verlust bestimmter Bakterienspezies verlieren wir die Fähigkeit, gewisse Substanzen effizient aufzuspalten. Unverdaute Partikel rutschen dann in tiefere Darmabschnitte, wo sie von den dort angesiedelten „Fäulnisbakterien" zersetzt werden. Dabei entstehen Gase wie Methan, was zu Völlegefühl, Blähungen, Windabgang, Bauchschmerzen, Sodbrennen und Übelkeit führen kann. Bei grösseren Mengen entstehen weitere Abfallstoffe, die der Körper schnell ausscheiden möchte, indem er Wasser aus anderen Organen zieht, um den Darm durchzuspülen – Durchfall ist die Folge.

Durch die Gase können Bakterien aus dem Dickdarm in den Dünndarm gelangen und sich dort ausbreiten (Dünndarmfehlbesiedlung). Dies führt zu einer verstärkten Dysbalance im Darmmilieu und kann weitere Unverträglichkeiten gegenüber zuvor unproblematischen Lebensmitteln verursachen. Nicht selten treten Glutenunverträglichkeit, Histamin-, Laktose- und Fruchtzucker-Intoleranz gemeinsam auf. Betroffene schränken ihren Speiseplan ein, um Beschwerden zu vermeiden. Mit zunehmender Anzahl an Intoleranzen wird jede Mahlzeit zur Herausforderung.

Die Darm-Hirn-Achse

Gastrointestinale Symptome wie Übelkeit und Erbrechen sind typische Begleiterscheinungen der Migräne und zeigen, dass diese den Verdauungstrakt beeinflussen kann. Umgekehrt gibt es jedoch zahlreiche Hinweise darauf, dass auch der Verdauungstrakt einen Einfluss auf die Migräne ausüben kann. Im Darm befindet sich eine Art Schaltzentrale – ein Nervensystem, das dem des Gehirns erstaunlich ähnlich ist. Wissenschaftler sprechen daher auch vom „Bauchhirn".

Da Darm und Gehirn durch die nervale Verbindung des Vagusnervs und auch über das Blut eng miteinander verbunden sind, stehen sie in ständigem Austausch. Es werden verschiedene Botenstoffe zwischen den beiden Organen ausgetauscht. Man nennt dies die „Darm-Hirn-Achse". Längst ist bekannt, dass etwa 80 % der Nervenfasern Informationen vom Körper zum Gehirn tragen. Nur etwa 20 % verlaufen in die entgegengesetzte Richtung – vom Gehirn zum Körper.

Ist die innere Auskleidung des Dünndarms entzündet, kann dies auch zu Entzündungen des Nervengewebes im Gehirn führen, die sich in Form eines Migräneanfalls äussern können. Es wurde wiederholt gezeigt, dass verschiedene Darmerkrankungen, die meist mit einer gesteigerten intestinalen Entzündungs- aktivität einhergehen (Zöliakie, Morbus Crohn), häufig begleitet sind von neuro- logischen Problemen wie Depressionen und Migräne.

Die ersten Beschreibungen dieses Zusammenhangs reichen bis ins 1. Jahr- hundert v. Chr., als der griechische Arzt Aretäus von Kappadokien Zöliakie (grie- chisch „koiliakós": an der Verdauung leidend) mit neurologischen Problemen wie Epilepsie, Kopfschmerzen, Lähmung und Schwindel in Verbindung brachte.

Ein interessantes Experiment mit Hirn-Scans untermauert diese Theorie: Pro- bandInnen wurde ein Ballon innerhalb des Darms aufgeblasen, um Blähungen zu simulieren. Gleichzeitig wurden Bilder der Hirnaktivität erstellt. War der Darm gesund, zeigte sich ein normales Hirnbild ohne auffallende Gefühlskomponente. Bei ReizdarmpatientInnen dagegen löste das Ausdehnen des Ballons eine deut- liche Aktivität im emotionalen Hirnbereich aus, in dem unangenehme Gefühle verarbeitet werden. Das Gehirn stand also unter Stress.

Leiden Neugeborene schon unter Migräne?

Drei weitere Einzelstudien waren für mich besonders interessant, weil sie die Verbindung zwischen Säuglingskoliken und Migräne untersuchten. In meinen ersten Lebensmonaten litt ich unter schmerzhaften Darmkrämpfen und hatte diese typischen, unstillbaren Schreiattacken.

Die erste Studie fand heraus, dass 72,6 Prozent von 208 Kindern zwischen 6 und 18 Jahren, die unter Migräne litten, Säuglingskoliken hatten. Die zweite Studie verfolgte 18 Jahre lang eine Gruppe von Personen mit Säuglingskoliken und stellte fest, dass deren Risiko für Migräne fast dreifach erhöht war.

Kinder und Jugendliche, die wegen schwerer Migräneattacken die Notfall- aufnahme in medizinischen Zentren aufsuchten, hatten in einer Fall-Kontroll-Stu- die sechsmal häufiger eine infantile Kolik in der Vorgeschichte als andere Kinder.

Die Autoren vermuten, dass der Eiweissstoff CGRP, der zu den stärksten gefässerweiternden Substanzen zählt und eine herausragende Rolle bei der Ent- stehung von Migräneattacken spielt, potenziell auch die sensorischen Nerven- zellen im Magen-Darm-Trakt entzünden könnte. Dies würde erklären, warum Migräneanfälle oft von Übelkeit begleitet sind. Die Säuglingskoliken könnten demnach eine frühe Manifestation von migräneartigen Kopfschmerzen sein.

Wir fassen zusammen

Es gibt verschiedene Theorien zu den Ursachen von Migräne. Ich habe Ihnen die gängigsten Zusammenhänge beschrieben:

➤ Die Forschung hat gezeigt, dass das Gehirn eines Menschen mit Migräne-veranlagung eine angeborene, gesteigerte Reizverarbeitung aufweist. Reize werden früher und intensiver wahrgenommen sowie schneller verarbeitet. Ein Gewöhnungseffekt bleibt aus, wodurch eine Abschirmung gegenüber Stressoren erschwert wird.

➤ Es gibt eine genetische Komponente bei Migräne, was teilweise erklärt, warum das Gehirn von MigränepatientInnen anders schaltet. Unbestritten ist jedoch, dass der Lebensstil und zusätzliche Umweltfaktoren als Auslöser eine entscheidende Rolle spielen.

➤ In der Ernährung gibt es 3 Migräne-Schlüsseltrigger:

1. *Blutzuckerschwankungen*: Durch die ständige Empfangsbereitschaft ver-braucht das Gehirn von Migränebetroffenen viel Energie. Je stabiler die Energiezufuhr ist, desto besser kann das Gehirn sein grosses Arbeitspen-sum bewältigen. Blutzuckerschwankungen stellen eine erhebliche Stress-quelle dar, da Energietiefs zu Engpässen führen. Wird eine Grenze über-schritten, kann das Gehirn einen „Shutdown" einleiten, um sich die nötige Erholung zu verschaffen.

2. *Nährstoffmangel*: Das Gehirn benötigt lebenswichtige Nährstoffe – Nah-rung für die geistige Fitness sozusagen. Man nennt das auch „Brainfood". Verschiedene Studien zeigen, dass eine Unterversorgung mit Nährstoffen zu oxidativem Stress führt und sogenannte freie Radikale dem Gehirn Schaden zufügen können.

3. *Unverträglichkeiten*: Werden Dinge verzehrt, die der Darm nicht richtig aufspalten und verstoffwechseln kann, bleiben diese körperfremd. Unver-daute Lebensmittelbestandteile können die Darmschleimhaut schädigen und Entzündungsmediatoren freisetzen, die über den Vagusnerv das Gehirn erreichen. Einige Studien zeigen, dass eine Eliminationsdiät bei Migräne sehr erfolgreich sein kann.

➤ Nimmt das Gehirn eine Bedrohung wahr, schüttet es verschiedene Substan-zen aus, die sich unter anderem auf die Durchblutung auswirken. Im Gehirn werden die Blutgefässe geweitet und die Durchlässigkeit erhöht. Es treten entzündliche Botenstoffe aus, und es kommt zu einer Schwellung der schmerzempfindlichen Gefässe der Hirnhäute (neurogene Entzündung). Durch das Pulsieren des Blutes entstehen Schmerzen.

➤ Während der Alarmphase spannen sich die Muskeln an, und die Wahrneh-mung für unterschiedliche Reize wird stark gesteigert. Harmlos erscheinende Stimuli wie Geräusche, Licht oder Gerüche werden als unerträglich empfun-den. Auch körperliche Bewegung kann die Schmerzen verstärken.

➤ Das Gehirn zwingt den Körper durch die Kopfschmerzen zur Ruhe, da es sich erholen muss. Um Energie zu sparen, wird auch die Verdauung herunterge-fahren, was zu Brechreiz und Durchfall führen kann.

MIGRÄNEBEWÄLTIGUNG TEIL 1
ERNÄHRUNG: ESSEN IST MEDIZIN

Die Anforderungen an die Ernährung für MigränikerInnen ergeben sich aus den im ersten Teil des Buches beschriebenen Zusammenhängen:

1. Die Mahlzeiten sollten so zusammengesetzt werden, dass schädliche Schwankungen des Blutzuckerspiegels und damit verbundene Energiekrisen für das Gehirn vermieden werden.

2. Der Organismus muss wieder lernen, im Hungerstoffwechsel auf seine Fettreserven zurückzugreifen, um sich und insbesondere das Gehirn autark zu versorgen.

3. Eine gesunde Ernährung ist geprägt von einem gesunden Verhältnis zum Essen ohne Heisshungerattacken oder Gelüste.

4. Speisen und Getränke sollten dem Organismus alle Nähr- und Wirkstoffe liefern, die er benötigt und nicht selber herstellen kann – damit er sich regenerieren und langfristig funktionsfähig bleiben kann.

5. Die Ernährung sollte entzündungshemmend wirken und den Darm gesund halten, um den darin lebenden nützlichen Mikroorganismen gute Wachstumsbedingungen bieten zu können.

„Lass Nahrung deine Medizin sein und Medizin deine Nahrung."
Hippokrates, Arzt (460 - 370 v. Chr.)

Die oben genannten Ziele kann man mit wenigen und sehr einfachen Veränderungen im Essverhalten erreichen. Grundsätzlich besteht die Lösung darin, nicht weniger, sondern gesünder zu essen und zu trinken.

Wie ich am Anfang dieses Themas erläutert habe, gibt es keine neutralen Lebensmittel. Dieses Buch konzentriert sich daher auf zwei ganz zentrale Aspekte, um Migräne mit Ernährung in Schach zu halten:

1. Die Reduktion oder der komplette Verzicht auf instabile Brennstofflieferanten, das heisst auf Produkte mit geringem Ernährungswert oder gar schädlichen Substanzen. Ich nenne sie auf den folgenden Seiten „Übeltäter".

2. Die adäquate Basisversorgung des Organismus mit ausreichenden antioxidativen (zellschützenden) und entzündungshemmenden Lebensmitteln, die im Kapitel „Neue Wege zur Gesundheit: Was Migränebetroffene wirklich brauchen" aufgeführt werden. Täglich sollte eine Vielzahl nährstoffreicher Lebensmittel auf dem Speiseplan stehen.

Beide Aspekte werden auf den folgenden Seiten teilweise ausführlich besprochen, denn: Regeln und Vorschriften lassen sich leichter befolgen, wenn man ihre Hintergründe versteht.

Die Umsetzung kann für viele MigränikerInnen bedeuten, mehr und häufiger zu essen, als sie es bisher gewohnt waren. Wenn Sie sich jetzt Sorgen über eine Gewichtszunahme machen, kann ich Sie beruhigen. Im Normalfall tritt genau das Gegenteil ein – sozusagen als positive Nebenwirkung.

Allein die gezielte Umstellung des Frühstücks auf protein- und fettreiche Lebensmittel - wie in diesem Ratgeber empfohlen - führte in einer Studie aus dem Jahr 2009 im Rahmen einer kalorienreduzierten Diät nach nur acht Wochen zu bemerkenswerten Ergebnissen: Der Body-Mass-Index (BMI), der das Verhältnis von Körpergewicht zu Körpergrösse beschreibt, sank bei den TeilnehmerInnen gegenüber einer Kontrollgruppe, die morgens Kohlenhydrate konsumierte, um 61 % stärker. Darüber hinaus verloren sie 65 % mehr Gewicht, reduzierten 16 % mehr Körperfett und verringerten ihren Taillenumfang um 34 % stärker.

Für diejenigen wie mich, die lieber zunehmen als abnehmen möchten, sind das schlechte Neuigkeiten – aber nur vorübergehend. Wenn Sie nämlich eine deutliche Verbesserung Ihrer Migränesymptome erfahren haben und eine Zeitlang stabil sind, dürfen Sie wieder vermehrt Kohlenhydrate einbauen.

ÜBELTÄTER

Zucker: Alles andere als Zuckerschlecken

Zucker ist ein Kohlenhydrat und besteht etwa zur Hälfte aus Glukose und Fruktose. In der Natur kommen diese beiden Einfachzucker stets zusammen mit Vital- und Ballaststoffen vor, wie zum Beispiel in Wurzeln, Knollengemüse und Obst. Das ist wichtig, da unsere Zellen so gleichzeitig viele lebenswichtige Nährstoffe aufnehmen können und der Zucker nur langsam vom Körper absorbiert wird. Dadurch wird eine ordnungsgemässe Verstoffwechselung gewährleistet.

Wenn wir Haushaltszucker isolieren, enthält er keine Nährstoffe mehr und trägt nichts zur Gesundheit bei. Es gibt daher keine physiologische Notwendigkeit für den weissen Kristall. Im Gegenteil: Um Zucker als Energiequelle nutzen zu können, benötigt der Körper Vitamin B1, das für die Funktion und Regeneration von Nervenzellen essenziell ist. Deshalb wird Zucker oft als „Vitaminräuber" bezeichnet. Vitamin B1 ist heute als Thiamin bekannt, früher als „Aneurin", wobei „neurin" für Neuronen (Nervenzellen) steht. Wenn also nicht genügend Vitamin B1 zur Verfügung steht, werden die Nervenfunktionen beeinträchtigt.

Essen wir leere Kohlenhydrate wie Zucker, wandern diese sehr schnell durch den Verdauungstrakt und gelangen direkt in den Blutkreislauf. Glukose liefert den Zellen superschnell Energie, die dann ebenso schnell wieder verpufft. Die Folge sind grosse Blutzuckerschwankungen und das Bedürfnis nach Nachschub. Es lässt sich mit einem Lagerfeuer vergleichen, das statt mit Brennholz mit Papier gefüttert wird. Das Papier verbrennt schnell zu Asche, und man muss ständig Zeitungen nachschieben.

Mit der Zeit wird die Sensibilität der Zellen gegenüber Insulin beeinträchtigt, und es kann sich eine Insulinresistenz entwickeln, die später zu Diabetes Typ-2 (auch als Zuckerkrankheit bekannt) führen kann.

Das macht Zucker mit dem Darm

Der gesamte Prozess wird durch einen weiteren Faktor zusätzlich verstärkt: Regelmässiger Zuckerkonsum begünstigt das Wachstum von Darmmikroben, die Zucker bevorzugen. Das sind in erster Linie Pilze und bestimmte Parasiten. Diese senden wiederum Botenstoffe an das Gehirn, die das Verlangen nach Schokolade, Keksen und Kuchen weiter steigern.

Je mehr Zucker in den Darm gelangt, desto schneller vermehren sich zuckerliebende Mikroorganismen. Pathogene Pilzstämme wie die Gattung Candida breiten sich aus und entziehen den nützlichen Darmbakterien ihre Nahrungsgrundlage. Diese Bakterien, die für die Aufspaltung und Aufnahme wertvoller Nährstoffe zuständig sind, werden dadurch regelrecht ausgehungert – den Körperzellen steht weniger „Nahrung" zur Verfügung, um ihre Aufgaben zu erfüllen.

Die damit verbundenen Verdauungsstörungen reizen die Darmschleimhaut, die sich entzündet und weitere Bestandteile der Nahrung zunehmend nicht mehr toleriert – ein Teufelskreis. Ein hoher Zuckerkonsum kann so innerhalb weniger Wochen eine zuvor intakte Darmflora ruinieren.

Wenn der Körper „verzuckert"

Die Weltgesundheitsorganisation (WHO) empfiehlt, nicht mehr als 5 Prozent der täglichen Gesamtkalorienzufuhr in Form von Zucker aufzunehmen. Das entspricht gerade mal 25 bis 30 Gramm pro Tag (etwa 2 Esslöffel) für Erwachsene, bei Kindern die Hälfte. Das ist die Menge, die unser Körper verarbeiten kann.

Für Menschen, die selbst kochen und „zuckerbewusst" unterwegs sind, klingt das nach einer ganzen Menge. Wenn man aber bedenkt, dass mit einem Eis, einem Kuchenstück, einem Fruchtjoghurt oder 3 dl Limonade die Grenze bereits erreicht ist, und viel versteckter Zucker auch in salzigen Waren wie Brot, Chips, Dosenwaren, Ketchup, Salatdressing, Salzgebäck, Tomatensauce, Tütensuppen, Wurst und den meisten Fertigspeisen drin ist, verwundert es nicht, dass wir unserem Körper im Durchschnitt über 100 Gramm Zucker pro Tag zuführen.

Tägliche Blutzuckerspitzen durch Zuckerkonsum beeinträchtigen den Zuckerstoffwechsel und lassen den Nüchternblutzuckerspiegel über Jahre hinweg unbemerkt ansteigen. Überschüssige Zuckermoleküle binden sich dabei an körpereigene Proteine. Durch Wärme entsteht ein Bräunungseffekt – ein Prozess, bei dem sogenannte Glykierungsendprodukte (Advanced Glycation End Products, kurz AGEs) gebildet werden. Diese schädlichen Verbindungen fördern nachweislich Alterungsprozesse.

Die Entdeckung geht auf den französischen Biochemiker Louis Maillard (1878-1936) zurück, der untersuchte, warum sich gekochte Milch braun färbt. Die chemischen Abläufe gingen als Maillard-Reaktion in die Geschichte ein. Sie sorgen für die köstlichen Aromen in der Kruste beim Brot und beim Grillfleisch, für die Farbe des Biers und sind auch der Grund dafür, dass sich Bananen mit der Zeit braun färben.

Auch in unserem Körper findet dieser unumkehrbare Prozess statt. Er ist bis zu einem gewissen Grad normal und ein Grund für das Altern. Je mehr Zucker wir dem Körper zuführen, desto häufiger lagern sich Zuckermoleküle an körpereigene Eiweisse an. Über die Jahre führt dies zu einer übermässigen „Verzuckerung" von Proteinen, was Zellen schädigen und ihre Funktionen beeinträchtigen kann.

Diese Abfallprodukte fördern die Verkalkung und Verhärtung der Blutgefässe sowie die Versteifung und den Abbau von Gelenkknorpel. Sie vermindern die Funktionsfähigkeit der Nieren und führen zum Verlust wichtiger Gehirnzellen. Äusserlich machen sich diese unerwünschten Abbauprodukte als Altersflecken und frühzeitige Hautalterung bemerkbar.

Das bekannteste Produkt der Eiweissverzuckerung ist HbA1c. Dieser Wert gibt das Ausmass der Glykierung des roten Blutfarbstoffs Hämoglobin an. Bei DiabetikerInnen wird dieser sogenannte Langzeitblutzucker regelmässig gemessen, um die Qualität der Blutzuckereinstellung zu beurteilen.

Süssstoffe: Dick- und Krankmacher aus der Light-Palette

Wenn man Zucker aus dem Weg gehen möchte, drängt sich die Frage auf, ob kalorienfreie Süssungsmittel eine Alternative sind. Leider zeigen Studien, dass dies nicht der Fall ist. Die Nachteile sind vielfältig.

Süssstoffe enthalten falsche Informationen für das Gehirn. Dieses ist nämlich so programmiert, dass der süsse Geschmack einen Glukoseschub ankündigt, der allerdings im Blut und somit in den Organen nie ankommt. Das Gehirn ist verwirrt. Woher soll es denn wissen, dass findige Nahrungsmittelchemiker die uralte Erkenntnis künstlich manipuliert haben?

Je häufiger solche Fehlermeldungen im System auftauchen, desto grösser die Verwirrung. Das Gehirn beginnt, diese unsichere Situation als Nährstoffkrise zu deuten, schliesslich ist Glukose sein bevorzugter Treibstoff. Nach wiederholten Täuschungen verlangt es mehr Nahrung, und das kann zu „Gefrässigkeit" und somit zu Übergewicht führen. Damit ist die Grundidee der vermeintlichen Schlankmacher, nämlich Kalorien zu sparen, zum Scheitern verurteilt.

Wie stark sich das widersprüchliche Signal auf den Organismus auswirkt, zeigen Tierversuche. Ratten erhielten entweder Glukose oder Süssstoffe – beides schmeckte gleich süss. Nach einiger Zeit trauten die mit Süssstoffen gefütterten Tiere ihren Sinnen nicht mehr und begannen, deutlich mehr zu fressen, um sicherzustellen, dass genügend Energie für ihr Gehirn vorhanden war. Sie nahmen an Gewicht zu. Das ist übrigens ein Grund, warum Süssstoffe in der Schweinemast eingesetzt werden.

Auch beim Menschen liegen mittlerweile ähnliche Ergebnisse vor: Eine gross angelegte Studie im American Journal of Clinical Nutrition zeigte, dass Personen, die künstlich gesüsste Getränke konsumieren, doppelt so häufig an Typ-2-Diabetes erkranken.

Eine weitere Studie mit 71 übergewichtigen Frauen ergab, dass jene, die an fünf Tagen pro Woche nach dem Mittagessen Wasser tranken, deutlich mehr Gewicht verloren, eine geringere Insulinresistenz und bessere Nüchternblutzuckerwerte aufwiesen im Vergleich zu denjenigen, die Diätlimonaden konsumierten.

Die Weltgesundheitsorganisation (WHO) hat kürzlich in einer Richtlinie festgehalten, dass alle zuckerfreien Süssstoffe keine gute Alternative zu Zucker sind und langfristig das Risiko erhöhen, stark an Gewicht zuzulegen sowie Diabetes Typ-2 und Herz-Kreislauf-Erkrankungen zu entwickeln.

Zuckerersatzmittel belasten den Darm

Inzwischen weiss man auch, dass Zuckerersatzmittel die Zusammensetzung der Bakteriengemeinschaft im Darm ungünstig beeinflussen können, was das Risiko für Entzündungen, Stoffwechselstörungen und andere gesundheitliche Probleme erhöht.

Auch Zuckeralkohole wie Erythrit, Mannit, Sorbit oder Xylit (auch bekannt als Erythritol, Mannitol, Sorbitol oder Xylitol), die erst im Dickdarm von Bakterien fermentiert werden, führen bei vielen Menschen zu Verdauungsbeschwerden und belasten den Darm zusätzlich. Xylit ist der einzige Zuckeraustauschstoff, an den sich der Körper langsam gewöhnen kann, da beim Glukosestoffwechsel (also der Verdauung von Zucker und Stärke) geringe Mengen Xylit entstehen und der Organismus diesen Stoff kennt. Allerdings wird Xylit heute nicht mehr aus Birkenholz, sondern meist aus gentechnisch verändertem Mais hergestellt.

Weitere gesundheitliche Aspekte

Was die weiteren gesundheitlichen Aspekte betrifft, stehen die beiden Süssstoffe Aspartam (E 951) und Acesulfam-K (E 950), die in den meisten Diätgetränken und kalorienreduzierten Produkten verwendet werden, in der Kritik, gesundheitsschädlich zu sein. Laborversuche deuten darauf hin, dass Acesulfam-K einen negativen Effekt auf Blutgefässzellen haben könnte. Aspartam kann bei seiner Verstoffwechselung Methanol produzieren, ein für den Menschen potenziell gefährliches Nervengift, das das Stresshormon Cortisol erhöhen und übermässigen oxidativen Stress verursachen soll.

Lassen Sie die Finger von allen Zuckeraustauschstoffen

Zusammenfassend lässt sich sagen, dass Zuckeralternativen überwiegend Nachteile mit sich bringen – daher ist es ratsam, sie zu meiden. Stattdessen sollten wir versuchen, unser Verlangen nach Süssem schrittweise zu reduzieren. Denn, wie wir ja wissen: Je mehr Süsses wir essen, desto grösser wird der Appetit darauf.

Fruktose: Das Problemmolekül

Der Name Fruktose (Fruchtzucker) stammt vom lateinischen Wort „fructus" (Frucht) ab. Sie gehört zu den Kohlenhydraten und zählt wie Glukose zu den Einfachzuckern. Pflanzen nutzen die Süsse der Fruktose, um Tiere anzulocken, die ihre Samen verbreiten – deshalb ist Fruktose in fast allen Obst- und Gemüsesorten enthalten.

Vor rund 200 Jahren lag der Fruktosegehalt in unserer Nahrung noch bei wenigen Gramm täglich. Mit der industriellen Zuckerherstellung (Zucker besteht etwa zur Hälfte aus Fruktose) und dem Einsatz isolierter Fruktose in Fertigprodukten und Limonaden stieg der Tagesverbrauch exponentiell an. Da unser Körper im Gegensatz zu Glukose keinen Mechanismus zur Bewältigung grosser Mengen entwickelt hat, kann dies fatale Folgen für unsere Gesundheit haben.

Das Hauptproblem besteht darin, dass Fruktose im Gegensatz zu Glukose (Traubenzucker) anders verstoffwechselt wird. Während Glukose mithilfe von Insulin in verschiedene Körperzellen aufgenommen wird, gelangt Fruktose nahezu ohne Einfluss auf den Blutzuckerspiegel direkt in die Leber.

Diese insulinunabhängige Verstoffwechselung führte früher zu der Annahme, Fruktose sei eine gesunde Zuckeralternative – besonders für Menschen mit Diabetes. Heute weiss man, dass dies eine denkbar schlechte Empfehlung war.

Fruktose und die Fettleber

Die Leber kann nur einen kleinen Teil der Fruktose als Energielieferanten nutzen. Der Rest wird in Form von Fett (Triglyceriden) in der Leber gespeichert. Im Gegensatz zu Glukose gibt es für Fruktose keine andere Speicherform.

Wenn wir langfristig zu viel Fruktose aufnehmen, lagert sich schleichend und unbemerkt immer mehr Fett in der Leber an, was eine Leberverfettung in Gang setzt. Früher ging man fest davon aus, dass allein übermässiger Alkoholkonsum für die Entstehung einer Fettleber verantwortlich sei. Heute weiss man, dass auch andere Faktoren eine Rolle spielen. Fruktose wirkt im Grunde genauso wie Alkohol, da Ethanol vergorener Zucker ist – nur ohne die berauschende Wirkung. In Tierversuchen zeigte sich, dass Ratten bereits nach wenigen Monaten einer fruktosereichen Diät eine Fettleber entwickelten.

Die nicht-alkoholische Fettleberkrankung (NAFLD) ist heute die häufigste Leberkrankheit und hat gravierende Folgen für den gesamten Organismus, da die Leber das zentrale Stoffwechselorgan des Körpers ist. Durch die Überansammlung von Fett kann sie das gesamte Blut, das durch sie hindurchfliesst, nicht mehr richtig reinigen. Das Blut verdickt sich und belastet das Herz, das immer stärker pumpen muss.

Die Leber versucht, dem entgegenzuwirken, indem sie überschüssige Fettsäuren in sogenannte VLDL-Partikel (Very Low Density Lipoprotein) verpackt und ins Blut abgibt. Diese gelten als Vorstufe des „schlechten" LDL-Cholesterins.

Eine Anreicherung von Fett in der Leber führt auch zu einer Insulinresistenz des Organs, was die Blutzuckerregulation verschlechtert. Dies begünstigt Blutzuckerschwankungen, Heisshungerattacken und hormonelle Fluktuationen.

Parallel dazu entstehen beim Fruktoseabbau grosse Mengen an Harnsäure. Studien belegen diese Wirkung, die bei keinem anderen Kohlenhydrat auftritt. Eine erhöhte Harnsäureproduktion fördert nicht nur Gicht, sondern auch Bluthochdruck, Typ-2-Diabetes und Herz-Kreislauf-Erkrankungen.

Forschende an der ETH Zürich identifizierten Fruktose zudem als treibenden Faktor für unkontrolliertes Herzmuskelwachstum, das bis zum Herzversagen führen kann.

Auch die Darmgesundheit leidet

Zu viel Fruktose schadet nicht nur der Leber und dem Herzen, sondern auch dem Darm. Viele Menschen leiden mittlerweile unter einer Fruktose-Intoleranz und meiden Obst – dabei handelt es sich häufig nicht um eine echte Unverträglichkeit.

Der Dünndarm besitzt Transporter, die Fruchtzucker aus dem Darminneren ins Blut und weiter zur Leber schleusen. Durch den hohen Konsum von Zucker, von dem etwa die Hälfte auf Fruktose entfällt, sowie fruktosereicher Produkte wird die Verwertungskapazität jedoch oft überschritten. Die Folge: Überschüssiger Fruchtzucker gelangt in tiefere Darmabschnitte, wo er von gasbildenden Bakterien vergoren wird. Das führt zu Blähungen, Völlegefühl oder Durchfall. Die Darmgesundheit leidet, die Zahl der Fruktosetransporter sinkt – ein Teufelskreis.

Warum die Lebensmittelindustrie Fruktose liebt

Fruktose ist bei den Nahrungsmittelherstellern besonders beliebt – und das aus mehreren Gründen: Sie besitzt von allen Zuckerarten die höchste Süsskraft, intensiviert den Geschmack sowohl süsser als auch würziger Speisen, sorgt für mehr Volumen im Gebäck, fördert die Bräunung und verhindert in Tiefkühlprodukten die Bildung von Eiskristallen. Hinzu kommt, dass sie gut löslich und kostengünstig herzustellen ist.

Besonders bedenklich ist die industrielle Verwendung hochkonzentrierter Fruktoseformen, allen voran das sirupartige Gemisch aus Mais- oder Weizenstärke, das in den USA unter dem Namen „High-Fructose Corn Syrup" (HFCS) bekannt ist. Dieses wird in grossen Mengen Softdrinks und verarbeiteten Produkten zugesetzt – mit Fruktoseanteilen von bis zu 90 %! Je nach Zusammensetzung erscheint es auf der Zutatenliste als „Glukose-Fruktose-Sirup" oder als „Fruktose-Glukose-Sirup".

Eine Schweizer Studie zeigte, dass bereits 600 ml eines fruktosehaltigen Getränks pro Tag - also z. B. Limonade, Eistee oder Fruchtsaft, die mit industriell hergestellter Fruktose gesüsst sind - bei schlanken jungen Männern innerhalb weniger Wochen zur Bildung von Fettsäuren in der Leber führten – und das ohne Gewichtszunahme.

Keine Fettleber durch Obst

Heisst das nun, dass wir Früchte meiden sollten? Auf keinen Fall, denn Fruchtzucker ist nicht gleich Fruchtzucker. Unser Organismus kann sehr wohl unterscheiden, ob die Fruktose aus einer natürlichen Quelle wie einem Apfel stammt oder ob es sich um ein industriell gewonnenes Produkt handelt.

Obst ist sehr wertvoll für uns. Es besitzt eine starke Heilkraft, weil es eine Kombination aus natürlicher Glukose, Fruktose, Ballaststoffen, natürlichen Salzen und tausenden sekundären Pflanzenstoffen enthält, die entzündungshemmende Effekte haben. Obst kann auch helfen, das Verlangen nach Süssem zu reduzieren.

Eine im Jahr 2020 veröffentlichte Studie mit einer grossen Anzahl an ProbandInnen zeigte, dass mit steigendem Obst- und Gemüseverzehr ein sinkendes Fettleberrisiko einherging. Für den menschlichen Organismus macht es demnach einen deutlichen Unterschied, ob der Fruchtzucker in Form einer Frucht mit Ballast- und Vitalstoffen sowie natürlichem Wasser aufgenommen wird oder als isoliertes Produkt, beispielsweise in Form von Limonaden, Dicksäften (z. B. aus Agave, Ahorn, Apfel, Birnen) und Sirupen (z. B. aus Ahorn, Mais, Reis, Zuckerrüben).

Wenn Sie also regelmässig Obst essen und gelegentlich einen frisch gepressten Fruchtsaft trinken, müssen Sie sich keinerlei Gedanken um eine mögliche Schadwirkung von Fruktose machen. Bei getrockneten Früchten sollte Mass gehalten werden, da ihnen das gesamte Wasser entzogen wurde und man dazu neigt, mehr davon zu essen als von frischem Obst.

Ein möglicher Nachteil ist, dass Obst allein nicht gut sättigt. Wie Sie in den Ernährungsempfehlungen noch sehen werden, kombiniere ich aus diesem Grund den Verzehr von Obst mit etwas Fett und/oder Protein.

Stärke: Ein nettes Wort für „Zucker"

Stärke ist, ebenso wie Zucker und Ballaststoffe, ein Kohlenhydrat. Pflanzen speichern überschüssige Energie in Form von Stärke, die aus langen Ketten von Glukosemolekülen besteht. Daher findet sich dieses Kohlenhydrat in der Natur, allerdings in sehr unterschiedlicher Konzentration. Weisse, gelbe und braune Lebensmittel wie Getreide, Hafer, Hirse, Kartoffeln, Mais und Reis enthalten am meisten davon.

Stärke wird zunächst im Mund und anschliessend im Darm in Glukosemoleküle zerlegt. Diese universelle Energiequelle kann von den meisten Körperzellen, einschliesslich des Gehirns, genutzt werden. Da kohlenhydratreiche Lebensmittel früher selten waren, musste man sich im Sommer den Bauch vollschlagen, wenn man Knollen, Honig und Früchte fand. So konnte der überschüssige Zucker für schlechtere Zeiten eingelagert und bei Bedarf, insbesondere im Winter, abgerufen werden. Dadurch wurden die Fettdepots wieder geleert.

Heutzutage sind energiereiche Lebensmittel das ganze Jahr über verfügbar, was erklärt, warum Übergewicht und seine Folgekrankheiten zunehmend verbreitet sind.

Der Körper kann jedoch auch ohne die Zufuhr von Kohlenhydraten Energie generieren. Es ist also nicht notwendig, ständig stärkehaltige Lebensmittel zu konsumieren.

Wenn Stärke schwach macht

Im Gegenteil: Führen wir dem Körper ständig Glukose zu, schicken wir - wie besprochen - unseren Blutzuckerspiegel auf eine Berg- und Talfahrt und stellen unseren Organismus langfristig auf diese Art der Energiebeschaffung ein. Mit der Zeit verlernt er, den energiereichsten und jederzeit verfügbaren Nährstoff Fett zu nutzen. Genau das wird dem Gehirn bei einer Unterzuckerung zum Verhängnis.

Studien haben gezeigt, dass bei MigränepatientInnen Zucker- und Fettstoffwechsel zwischen den Migräneepisoden oft nicht optimal aufeinander abgestimmt sind, wodurch die unmittelbar verfügbare Energie (ATP) in den Gehirnzellen häufig vermindert ist.

Stärkereiche Lebensmittel nehmen in unserer Ernährung oft einen zu hohen Stellenwert ein – meist zulasten von Gemüse. Dabei enthalten sie deutlich weniger gesundheitsfördernde Substanzen wie Vitamine, Mineralien, Spurenelemente, sekundäre Pflanzenstoffe und Ballaststoffe. Das begünstigt nicht nur Übergewicht, sondern führt langfristig auch zu Mangelerscheinungen. Zusätzlich können bestimmte stärkehaltige Produkte Inhaltsstoffe wie Gluten enthalten, die sich negativ auf die Gesundheit auswirken können.

Sonderfall Gluten

Gluten ist ein Inhaltsstoff, der in den letzten Jahren in der Migräneforschung verstärkt Beachtung gefunden hat. Verschiedene Studien zeigen einen Zusammenhang zwischen der Aufnahme von Gluten und intensiven Kopfschmerzen, insbesondere Migräne. Auch Ärzte wie der Neurologe David Perlmutter und der Kardiologe William Davis vertreten die Ansicht, dass viele gesundheitliche Probleme mit unserem täglichen Brotverzehr zusammenhängen – auch Migräne.

Gluten ist ein Eiweissgemisch, das in den Samen vieler Getreidesorten vorkommt, wie in Weizen (auch Kamut und Triticale), Dinkel, Einkorn, Emmer, Gerste, Grünkern und Roggen. Es verleiht Teig Elastizität und sorgt dafür, dass Brot beim Backen zusammenhält – daher der Name „Klebereiweiss". Gluten steckt nicht nur in Brot, Gebäck, Nudeln und Pizza, sondern auch in Bier und vielen verarbeiteten Produkten mit Verdickungsmitteln oder Stabilisatoren – etwa in Desserts, Keksen, Pralinés, Eiscreme, Marmeladen, Saucen, Brühen, Trockensuppen, Wurstwaren und Gewürzen.

Eine Glutenunverträglichkeit, medizinisch als „Zöliakie" bezeichnet, betrifft mittlerweile mindestens jeden hundertsten Menschen weltweit. Bei dieser Erkrankung führt eine fehlgeleitete Immunreaktion auf Gluten zu einer Schädigung der Darmzotten, was die Darmwand nachhaltig beeinträchtigt.

Dies kann zu Entzündungen der Darmschleimhaut, Verdauungsbeschwerden, Nährstoffmangel und gelegentlich auch zu Gewichtsverlust führen. Doch nicht nur der Körper reagiert auf Gluten – auch der Kopf kann betroffen sein. Studien zeigen, dass Menschen mit Zöliakie deutlich häufiger unter Migräne leiden als die Allgemeinbevölkerung. In einer Studie konnten 75 Prozent der Betroffenen ihre Migräne durch eine glutenfreie Ernährung heilen.

Auch die Weizenallergie betrifft etwa 1 Prozent der Bevölkerung. Dabei handelt es sich um eine allergische Reaktion auf bestimmte Proteine, die in Weizen vorkommen. Menschen mit einer solchen Allergie zeigen typische Symptome, wie etwa Reaktionen im Bereich der Atemwege und der Haut. Sowohl die Zöliakie als auch die Weizenallergie lassen sich in der Regel durch spezifische Tests nachweisen.

Glutensensitivität: Ein schwer fassbares Phänomen

Im Gegensatz zur Zöliakie ist die Glutensensitivität eine mildere Form der Gluten-unverträglichkeit, die ein kontrovers diskutiertes und schwer abgrenzbares Phänomen darstellt. Sie beschreibt eine intestinale Reaktion auf Getreideeiweisse und ist unter dem Begriff „Nicht-Zöliakie-Glutensensitivität" (international: „Non-Celiac Gluten Sensitivity") als Krankheitsbild anerkannt.

Das klinische Bild ist heterogen und kann neben Magen-Darm-Beschwerden wie Blähungen, Reflux und Sodbrennen auch extraintestinale Störungen wie Depressionen, Erschöpfung, Gehirnnebel, Gelenkschmerzen, Kribbeln in den Fingerspitzen, Migräne und andere neurologische Symptome umfassen. Experten schätzen, dass mehr als 30 Prozent der ReizdarmpatientInnen (gastro-intestinale Probleme mit Wechsel zwischen Durchfall und Verstopfung) unter dieser Sensitivität leiden. Diese Form der Verdauungsstörung betrifft übrigens auch viele MigränikerInnen.

Bei der Diagnose der Glutensensitivität wird in der Regel nur nach einem einzigen Marker, den Antikörpern gegen Gliadin, gesucht. Allerdings ist Gluten eine Verbindung aus verschiedenen Stoffen, die alle Unverträglichkeitsreaktionen auslösen können. Daher wird vermutet, dass die Dunkelziffer an Menschen, die unter dieser Intoleranz leiden, weitaus höher sein könnte. Besonders bei Auto-immunerkrankungen wie Multipler Sklerose, Rheuma oder der Schilddrüsen-erkrankung Hashimoto-Thyreoiditis zeigen sich oft Verbesserungen der Beschwerden durch eine glutenfreie Diät.

Wie ein Stück Brot Migräne triggern kann

Sämtliche Proteine, die wir mit der Nahrung aufnehmen, werden vollständig zerlegt – nur eines nicht. Ja, Sie haben richtig getippt: Es handelt sich um Gluten, genauer gesagt um seine Hauptbestandteile, die Gliadine und Glutenine. Wenn wir Brot oder Nudeln essen, wird Gluten im Verdauungsprozess zwar zerkleinert, doch es bleiben immer noch grosse Fragmente übrig.

Die Proteinkette des Glutens kann man sich wie einen „Perlenstrang" vorstellen. Kann unser Darm diesen Strang mechanisch und chemisch in einzelne „Perlen" zerlegen, gelangen sie durch die normale Durchlässigkeit der Dünndarmwand an ihren Bestimmungsort. Dort dienen sie als Bausteine für körpereigene Proteine oder als Brennstoff zur Energiegewinnung.

Bleiben beim Verdauen jedoch relativ grosse „Perlenfragmente" zurück, reiben sie an der Wand des Dünndarms und verursachen Irritationen. Dies führt zu Entzündungen der Darmschleimhaut, die anschwillt und empfindlicher wird. Die Verbindung zwischen den einzelnen Darmwandzellen lockert sich stärker auf als normal − mit anderen Worten, die Darmwand wird vorübergehend durchlässiger. Dadurch gelangen nicht vollständig aufgespaltene Nahrungspartikel, Bakterienbestandteile, Pilze, Viren und Toxine in den Blutkreislauf.

Da diese Substanzen dort nichts zu suchen haben, setzt der Körper Botenstoffe frei, die die körpereigene Abwehr nutzt, um die Eindringlinge als „Feinde" zu kennzeichnen und eine Abwehrreaktion auszulösen. Das Immunsystem reagiert mit der Freisetzung von Entzündungsbotenstoffen und setzt unter anderem Killerzellen ein, um die Angreifer zu eliminieren. In der Regel klingen die Entzündungen nach einigen Stunden ab, und das Gleichgewicht im Körper wird wiederhergestellt.

Unser täglicher Brotverzehr

Nahrungsmittel, die ganz oder teilweise aus Getreide bestehen, sind heute ein fester Bestandteil fast jeder Mahlzeit: Marmeladenbrötchen, Müsli oder Toast zum Frühstück, ein Croissant als Zwischenmahlzeit, Nudeln oder Pizza zum Mittagessen, Kekse, Pralinés oder Gebäck am Nachmittag und abends das klassische Abendbrot mit Aufschnitt. Die meisten von uns konsumieren täglich und in kurzen Abständen glutenhaltige Lebensmittel.

Unter Umständen bleibt der Darmbarriere nicht genug Zeit zur Regeneration, bevor die nächste Portion Gluten eintrifft. Dies kann die Integrität der Darmschleimhaut nachhaltig beeinträchtigen. Ein solcher Zustand wird als „durchlässiger Darm" oder „Leaky-Gut-Syndrom" bezeichnet.

Der Verlust der gastrointestinalen Schutzfunktion ermöglicht es Fremdstoffen, kontinuierlich in den Blutkreislauf zu gelangen, was eine entsprechende Immunantwort hervorruft. Die daraus resultierenden Entzündungen betreffen nahezu jedes Organ des Körpers – vom Verdauungstrakt über die Leber, das Herz und die Schilddrüse bis hin zum Gehirn.

Anhaltende Entzündungen erhöhen nicht nur das Risiko für Autoimmunerkrankungen, sondern fördern auch die Entwicklung weiterer Lebensmittelunverträglichkeiten. Die zahlreichen schädlichen Botenstoffe, die dabei freigesetzt werden, greifen auch das Gewebe im Gehirn an und machen es anfälliger für Fehlfunktionen und Krankheiten. Ein durchlässiger Darm ist somit nie nur ein rein gastrointestinales Problem.

„Alle Krankheiten beginnen im durchlässigen Darm", Alessio Fasano

Die Aussage von Hippokrates, dass alle Krankheiten im Darm entstehen, wird heute durch moderne Forschung gestützt. Professor Alessio Fasano, der Entdecker des Zonulins - eines Proteins, das die Durchlässigkeit der Darmbarriere reguliert - hebt hervor, dass Barrierestörungen im Darm eine Ursache zahlreicher chronischer Beschwerden sind. Seine Erkenntnisse bestätigen, was bereits vor 2.500 Jahren bekannt war: „Was im Darm passiert, bleibt nicht im Darm."

Seit langem ist bekannt, dass systemische Entzündungsaktivität häufigere und schwerere Migräneepisoden begünstigen kann. Forschungen, die den Zusammenhang zwischen Kopfschmerzen und Glutensensitivität untersuchen, haben beeindruckende Erkenntnisse geliefert. Durch Kernspinaufnahmen von Gehirnen glutensensitiver KopfschmerzpatientInnen konnten deutliche Veränderungen der weissen Substanz nachgewiesen werden, die auf entzündliche Prozesse hinweisen. Bemerkenswert ist, dass herkömmliche Kopfschmerzmittel bei diesen PatientInnen oft wirkungslos blieben. Erst eine glutenfreie Ernährung brachte deutliche Linderung. Sobald jedoch die ursprüngliche Ernährung wieder aufgenommen wurde, kehrten die Kopfschmerzen zurück.

Ist es Histamin oder Gluten?

Schon vor fast 100 Jahren wurde erhöhten Histaminspiegeln eine zentrale Rolle bei der Entstehung der vaskulären Migräne zugeschrieben. In den letzten Jahren hat Histamin in der Migräneforschung wieder mehr Aufmerksamkeit erhalten.

Studien zeigen, dass MigränikerInnen sowohl während eines Anfalls als auch in der symptomfreien Zeit erhöhte Histaminkonzentrationen aufweisen. Die kopfschmerzauslösende Wirkung von Histamin konnte zudem in mehreren Szenarien nachgewiesen werden: etwa bei intravenöser, subkutaner oder inhalativer Verabreichung.

Histamin in der Ernährung

Histamin kommt in nahezu allen Lebensmitteln vor, jedoch in stark variierenden Konzentrationen. Besonders hohe Gehalte entstehen durch Gärung, Reifung oder Verderb. Zusätzlich gibt es Lebensmittel, die die Freisetzung von Histamin im Körper anregen. Normalerweise wird oral aufgenommenes Histamin im Darm durch das Enzym Diaminoxidase (DAO) abgebaut.

Menschen mit Migräne wird häufig eine Vermeidungsdiät empfohlen. Dazu zählt der Verzicht auf histaminreiche oder histaminfreisetzende Lebensmittel wie gereifter Käse, Sauerkraut und andere milchsauer eingelegte Gemüsesorten, Rohwurstwaren wie Salami, Fischkonserven, Schokolade, Kakao, Nüsse (insbesondere Walnüsse), Erdbeeren, Tomaten, Spinat sowie alkoholische Getränke wie Rotwein, Champagner und Rotweinessig.

Wenn zu viel Histamin im Körper vorhanden ist, spricht man von einer „Histamin-Intoleranz". Allerdings ist der Zusammenhang bislang wissenschaftlich nicht zweifelsfrei bewiesen. Derzeit gibt es kein einheitliches Diagnostikverfahren oder spezifische Tests, um eine Histamin-Intoleranz eindeutig nachzuweisen. Zudem sind die Symptome nicht zuverlässig reproduzierbar und treten in empirisch-wissenschaftlichen Studien nicht konsistent auf.

Histamin – ein körpereigener Botenstoff

Es gibt einen anderen, entscheidenden Punkt: Histamin ist ein Gewebshormon, das vom Körper selbst produziert wird und eine Vielzahl wichtiger Aufgaben erfüllt. Seine Hauptfunktion besteht darin, bei Angriffen auf den Körper - etwa durch Allergene, entzündliche Prozesse oder Stresssituationen - eine passende Abwehrreaktion einzuleiten.

Bei Allergien fungiert Histamin als „Vermittler" des Immunsystems. Es lockt Immunzellen an den Ort des Geschehens und löst dort eine Entzündungsreaktion aus, um den vermeintlichen Eindringling zu bekämpfen. Die bekannteste und dramatischste Reaktion, die Histamin auslöst, ist der anaphylaktische Schock – eine potenziell lebensbedrohliche Überreaktion.

Histamin spielt auch im Gehirn eine bedeutende Rolle, da es die Freisetzung von Stickstoffmonoxid fördert. Dies führt zu einer Erweiterung der Blutgefässe und einer erhöhten Durchlässigkeit. Dieser Mechanismus ähnelt der Wirkung des Proteins Calcitonin Gene-Related Peptide (CGRP, siehe Kapitel „Wie entsteht Migräne?"): Gefässerweiterung, erhöhte Durchlässigkeit, Entzündungen an den schmerzempfindlichen Hirnhäuten – und letztlich Schmerzreize.

Ist ein Sickerdarm die Ursache für einen Histaminüberschuss?

Im Abschnitt „Sonderfall Gluten" habe ich erläutert, wie der Konsum von Gluten die Darmwand für mehrere Stunden durchlässiger machen kann. Bei Menschen mit einer Nicht-Zöliakie-Glutensensitivität kann der ständige Glutenverzehr den Darm nachhaltig schädigen („Leaky-Gut-Syndrom").

Durch die Schädigung der Darmschleimhautzellen wird die Produktion essenzieller Enzyme, einschliesslich der Histamin-abbauenden Diaminoxidase (DAO), eingeschränkt. Eine verminderte DAO-Aktivität im Darm wird mit häufigeren und schwereren Migräneanfällen in Verbindung gebracht. Gleichzeitig lockert die erhöhte Durchlässigkeit der Darmwand die Verbindung zwischen den Zellen, wodurch grössere Moleküle leichter in den Körper gelangen können. Diese aktivieren das Immunsystem, das daraufhin chemische Botenstoffe wie Histamine freisetzt.

Studien zeigen, dass MigränikerInnen überdurchschnittlich häufig an Darmproblemen leiden und eine reduzierte DAO-Aktivität aufweisen. Besonders betroffen sind Frauen, da das Hormon Östrogen die Aktivität der Histamin-produzierenden Zellen steigert und gleichzeitig die DAO-Produktion im Darm hemmt. Dieser Mechanismus kann bei einer Östrogendominanz verstärkt auftreten und „allergieähnliche" Reaktionen, einschliesslich Migräne, auslösen – insbesondere in Zeiten hormoneller Schwankungen.

Histamin-Intoleranz – eine umstrittene Diagnose

Wie bereits dargelegt, ist Histamin ein lebensnotwendiger Stoff, der viele essenzielle Funktionen im Körper erfüllt. Daher macht der Begriff „Histamin-Intoleranz" keinen Sinn. Stattdessen könnte man von einem Ungleichgewicht im Histamin-Haushalt sprechen – einem Missverhältnis zwischen der Menge an Histamin im Körper und den verfügbaren Mechanismen, es abzubauen.

Eine Störung im Histaminhaushalt sollte daher nicht als primäre Ursache, sondern als Symptom eines tieferliegenden Problems verstanden werden. Als mögliche Auslöser kommen seelische Belastungen, Allergien, verschiedenste Intoleranzen (einschliesslich Gluten), elektromagnetische Felder (mehr dazu später) sowie Erkrankungen des Darms in Betracht.

Schlechte Nahrungsfette: Dicke Post

Fette sind unverzichtbar für die Funktionsfähigkeit jeder Zelle in unserem Körper. Sie dienen sowohl als Energiequelle als auch als Baustoff. Doch nicht alle Fette sind gleich: Ihre Qualität und das Verhältnis der verschiedenen Fettsäuren zueinander spielen eine entscheidende Rolle für unsere Gesundheit.

Jede Zelle ist von einer schützenden Membran umgeben, die sie abgrenzt und vor äusseren Einflüssen bewahrt. Sie besteht zu 90 % aus Fetten und einem kleinen Anteil an Eiweissen. Während ein Teil des benötigten Fettes (z. B. Cholesterin) vom Körper selbst hergestellt wird, müssen andere Fettsäuren über die Nahrung aufgenommen werden.

Fehlen die richtigen Fettsäuren, baut der Körper Ersatzstoffe in die Zellhülle ein. Dadurch werden die Membranen schlechter repariert und instandgehalten. Sie verlieren an Elastizität, Fluidität und Permeabilität, was die Aufnahme und Verwertung von Flüssigkeiten sowie Nähr- und Vitalstoffen erschwert. Verhärtete Arterien beeinträchtigen die Kommunikation zwischen Nerven- und Gehirnzellen, was wiederum den Hormonhaushalt aus dem Gleichgewicht bringt. Zahlreiche Erkrankungen werden durch geschädigte Zellmembranen begünstigt.

Überhang an entzündungsförderndem Omega-6

Die moderne Ernährung unterscheidet sich stark von der unserer Vorfahren – besonders in Bezug auf Fettsäuren mit positiven Stoffwechseleigenschaften. Ein Beispiel ist das Verhältnis von Omega-6- zu Omega-3-Fettsäuren, die der Körper nicht selbst herstellen kann und über die Nahrung aufnehmen muss.

Diese Fettsäuren erfüllen unterschiedliche, aber gleichermassen wichtige Funktionen. Beispielsweise setzt Omega-6 den Entzündungsprozess in Gang, erhöht die Gerinnungsneigung des Blutes und verengt die Gefässe. Diese Eigenschaften sind insbesondere bei Infektionen hilfreich, da sie dabei helfen, gefährliche Krankheitserreger abzuwehren. Omega-3 bewirkt genau das Gegenteil: Es beendet Entzündungsreaktionen, verringert die Dickflüssigkeit des Blutes und erweitert die Gefässe, wodurch die Regeneration unterstützt wird.

Im Körper konkurrieren beide Fettsäuren um ihren Einbau. Ein ausgewogenes Verhältnis (1:1 oder 2:1) ermöglicht eine flexible Anpassung an die Bedürfnisse des Körpers.

Die heutige Industriekost enthält einen hohen Anteil an Omega-6-reichen Lebensmitteln, was das natürliche Gleichgewicht verschiebt. Ursachen dafür sind der übermässige Konsum von pflanzlichen Ölen wie Distel-, Erdnuss-, Maiskeim-, Soja-, Sonnenblumen- und Weizenkeimöl, der hohe Getreideanteil in der menschlichen Ernährung sowie die Fütterung von Nutztieren mit Omega-6-reichem Kraftfutter (Getreide, Mais, Soja), wodurch auch deren Produkte einen erhöhten Omega-6-Anteil aufweisen. Das resultierende Verhältnis von Omega-6 zu Omega-3 liegt heute oft bei 15:1 bis 45:1 – weit entfernt vom ursprünglichen Gleichgewicht.

Ein solch unausgeglichenes Verhältnis kann zu chronischen Entzündungen in den Blutgefässen führen, wodurch Stoffwechselprozesse aus dem Gleichgewicht geraten und die Entstehung zahlreicher Erkrankungen begünstigt wird. Frühere Studien haben gezeigt, dass eine übermässige Zufuhr von Linolsäure (einer Omega-6-Fettsäure) einen negativen Einfluss auf Migräne haben kann, indem sie deren Häufigkeit und Intensität verstärkt.

Sind Lein- und Rapsöl gesund?

Lein- und Rapsöl werden oft als gesund beworben, da sie einen hohen Anteil an Omega-3-Fettsäuren enthalten. Allerdings handelt es sich dabei um die pflanzliche alpha-Linolensäure (ALA), die vom menschlichen Körper nur zu etwa 5 % in die tatsächlich benötigten Omega-3-Fettsäuren Eicosapentaensäure (EPA) und Docosahexaensäure (DHA) umgewandelt werden kann.

Leinöl ist aufgrund seines hohen pflanzlichen Omega-3-Gehalts extrem instabil und leicht verderblich. Es verträgt weder Hitze noch Licht noch Sauerstoff und muss daher kühl gelagert und schnell verbraucht werden. Kaufen Sie beispielsweise Leinöl, das seit der Pressung nicht im Kühlregal aufbewahrt wurde, können Sie davon ausgehen, dass es bereits verdorben ist, selbst wenn es geschmacklich unauffällig erscheint. In einem solchen Zustand kann Leinöl gesundheitsschädliche oxidierte Fettsäuren bilden (siehe nächste Seite). Wenn die Qualität jedoch stimmt und Sie das Öl mögen, spricht nichts dagegen, frisches, gekühltes Leinöl für die kalte Küche zu verwenden.

Bis in die 1970er-Jahre konnte Rapsöl nicht als Lebens- und Futtermittel verwendet werden, da es erhebliche Mengen an Erucasäure - einer langkettigen, einfach ungesättigten Fettsäure - enthielt, die Herzprobleme und Organschäden bei Menschen und Tieren verursachte. In der Folge wurden verschiedene Raps-Sorten entwickelt, die einen deutlich geringeren Erucasäuregehalt und dafür einen höheren Anteil der besser verträglichen Ölsäuren aufwiesen. Daher handelt es sich bei Rapsöl heute um ein stark verändertes Produkt. Ein weiterer Nachteil ist sein hoher Gehalt an Omega-6-Fettsäuren, der doppelt so hoch ist wie der an Omega-3.

In der Rapsölforschung gibt es widersprüchliche und inkonsistente Ergebnisse: Während einige Studien Rapsöl mit verbesserter Gesundheit in Verbindung bringen, zeigen andere, dass es Entzündungen verursachen und Gehirn sowie Herz schädigen kann. Bis qualitativ hochwertige Studien vorliegen, könnte es sinnvoll sein, auf Rapsöl zu verzichten und den Bedarf an Omega-3-Fettsäuren durch den Verzehr von fettreichen Fischen und/oder natürlichem Fisch- oder Algenöl zu decken. Diese enthalten zudem bereits die wertvollen marinen Omega-3-Formen EPA und DHA, die unser Körper direkt verwerten kann.

Künstliche Transfette sind immer problematisch

Ernährungswissenschaftler sehen erhebliche Gesundheitsrisiken bei künstlichen Transfettsäuren, deren chemische Struktur industriell verändert wurde, um flüssiges Pflanzenöl in festes, streichfähiges Fett zu verwandeln.

Diese sogenannten „gehärteten Fette" sind in der Lebensmittelindustrie beliebt, da sie kostengünstig, geschmacksneutral und vielseitig einsetzbar sind. Sie finden sich in Produkten wie Blätterteig, Backwaren, Süssigkeiten, Brotaufstrichen (einschliesslich Margarine), Analogkäse, Fertiggerichten, Eiscreme, Pudding und Frittierfett. Neben einem verbesserten Mundgefühl und einer cremigen Konsistenz bieten sie vor allem eine längere Haltbarkeit – ein grosser Vorteil für Industrieprodukte. Wahrscheinlich haben Sie sich auch schon gefragt, warum selbstgemachte Kekse nicht so lange haltbar sind wie industriell hergestellte.

Künstliche Transfette haben keinen gesundheitlichen Nutzen – dafür zahlreiche Risiken. Diese chemisch veränderten Fettsäuren stören den Stoffwechsel, lagern sich im Gewebe ab, behindern die Verwertung von Omega-3-Fettsäuren, erhöhen das schädliche und senken das schützende Cholesterin.

Die Folgen können gravierend sein: chronische Entzündungen und verstopfte Blutgefässe, die Herz-Kreislauf-Erkrankungen, Schlaganfälle und Diabetes begünstigen. Bereits 1957 wies der amerikanische Forscher Fred Kummerow auf diesen Zusammenhang hin. Heute belegen zahlreiche Studien ihre Rolle bei den genannten Gesundheitsrisiken.

Zudem gibt es Hinweise darauf, dass sie die Gehirnleistung beeinträchtigen: Je höher der Transfettgehalt im Blut der ProbandInnen war, desto kleiner war ihr Gehirn und schwächer ihre Denkfähigkeit. Kein Wunder, dass Transfette oft als „Frankenstein-Fette" oder „Herzinfarkt in der Dose" bezeichnet werden.

Transfette industrieller Herkunft erkennen Sie oft an Verpackungsangaben wie „gehärtet", „teilweise gehärtet", „TFA", „pflanzliches Fett" oder „hydrogenisierte Pflanzenfette". Schädliche Fettsäuren können auch entstehen, wenn instabile ungesättigte Fettsäuren, wie sie vor allem in Samenölen wie Sonnenblumenöl vorkommen, hohen Temperaturen ausgesetzt werden – etwa beim Braten und Frittieren. Besonders betroffen sind Chips, Croissants, Donuts und Pommes.

Natürliche Transfette, die in den Mägen (Pansen) von Wiederkäuern entstehen und daher in Fleisch, Milch und Milchprodukten vorkommen, gelten hingegen als unbedenklich.

Hülsenfrüchte: Ein kontroverses Thema

Bohnen, Erbsen, Kichererbsen, Linsen, Sojabohnen und Erdnüsse werden zu den Hülsenfrüchten gezählt. Grüne Bohnen (Cocobohnen, Stangenbohnen) und Zuckerschoten (Kefen) bestehen hingegen überwiegend aus ihrer Hülle und werden daher dem Gemüse zugeordnet.

Hülsenfrüchte werden immer dann genannt, wenn es um gute Lieferanten von Ballaststoffen, Eiweiss, Vitaminen und Mineralien geht. Es stimmt, dass sie einige Nährstoffe enthalten. Allerdings können die Fasern und das Eiweiss von manchen Menschen - insbesondere Personen mit beeinträchtigter Darmflora - nicht richtig verstoffwechselt werden. Sie fermentieren im Dickdarm, was zu Blähungen und anderen Beschwerden führen kann.

Problematisch an Hülsenfrüchten ist auch ihr hoher Gehalt an Omega-6-Fettsäuren und Antinährstoffen. Letztere binden Mineralstoffe wie Eisen, Kalzium und Zink, sodass diese dem Körper nicht zur Verfügung stehen. Bestimmte Lektine können zudem die Darmschleimhaut reizen und die Durchlässigkeit der Darmwand erhöhen.

Eiweissreiche Quelle oder Kohlenhydratfalle?

Der Eiweissgehalt von Hülsenfrüchten ist auf den ersten Blick recht ordentlich (etwa 9 Gramm pro 100 Gramm). Vergleicht man diesen jedoch mit dem Proteingehalt tierischer Proteinquellen (etwa das Doppelte), schneiden Hülsenfrüchte deutlich schlechter ab.

Ein weiterer Nachteil dieser Pflanzenfamilie ist ihr hoher Kohlenhydratgehalt (etwa 25 %), der ungünstige hormonelle Reaktionen wie Blutzuckerschwankungen begünstigen kann. In dieser Hinsicht ähneln Hülsenfrüchte stark Getreidekörnern, da auch hier der essbare Teil die Samen sind. Tatsächlich übersteigt bei den meisten Hülsenfrüchten der Stärkegehalt den Eiweissanteil. Wer seinen Kohlenhydratkonsum - aus welchen Gründen auch immer - einschränken möchte, wird Hülsenfrüchte daher nur sparsam verwenden können.

Soja im Fokus: Tradition und moderne Ernährung

Soja ist im asiatischen Raum schon lange ein beliebtes Lebensmittel. Wissenschaftler vermuten, dass der moderate Konsum von Soja möglicherweise eine Rolle dabei spielt, warum Menschen in Asien weniger von einigen westlichen Zivilisationskrankheiten betroffen sind. Aus diesem Grund hat die Sojabohne weltweit einen regelrechten Boom erlebt.

Keine andere Pflanze dient so vielen vegetarischen und veganen Produkten als Grundlage wie Soja. Zwei bekannte Klassiker bei uns sind Sojamilch, der populärste pflanzliche Milchersatz, und Tofu, eine der ersten Fleischalternativen.

Entgegen der weit verbreiteten Meinung wurde in asiatischen Kulturen traditionell deutlich weniger unfermentierte Soja verzehrt als heute im Westen. Stattdessen kam Soja meist in fermentierter Form als Würzmittel oder gelegentlich als Fleischersatz zum Einsatz.

Studien zeigen, dass nur fermentierte Produkte wie Miso, Nattō, Tempeh sowie die Saucen Shoyu und Tamari einen positiven Einfluss auf die Gesundheit haben. Unfermentierte Sojaprodukte wie Sojamilch, Proteinpulver und Fleischersatz schneiden hingegen schlechter ab. Durch die Fermentation bauen Bakterien- und Pilzkulturen die für Menschen unverdaulichen Protein- und Zuckeranteile sowie schädliche Inhaltsstoffe der Sojabohne ab. Gleichzeitig entstehen viele Aromastoffe.

Die umstrittene Rolle der Isoflavone

Die gelblichen Pflanzenfarbstoffe in der Sojabohne, die sogenannten Isoflavone, ähneln in ihrer Struktur dem weiblichen Hormon Östrogen, dessen Produktion bei Frauen in den Wechseljahren abnimmt. Eine Studie legt nahe, dass diese sekundären Pflanzenstoffe das Risiko für Osteoporose von Frauen im asiatischen Raum verringern könnten.

Allerdings wurde Soja aufgrund seiner östrogenähnlichen Inhaltsstoffe bereits verdächtigt, Menschen mit Brustkrebs zu schaden. Es wird spekuliert, dass es das Wachstum bestimmter Brustkrebstypen fördern könnte. Allerdings ist diese Verbindung noch nicht eindeutig belegt und bedarf weiterer Forschung.

Über den Einfluss von Isoflavonen auf andere Krankheiten ist bisher wenig bekannt. Menschen mit Migräneanfälligkeit sollten ohnehin nicht mit grossen Mengen hormonell wirksamer Substanzen experimentieren, da diese ihre Beschwerden möglicherweise verschlimmern könnten.

Was ist mit der Milch?

Macht Milch munter oder krank? Die Meinungen darüber gehen stark auseinander. Während einige sie als wertvolles Lebensmittel schätzen, bringen andere sie mit Gesundheitsproblemen in Verbindung. Gründe dafür sind Laktoseintoleranz (Milchzuckerunverträglichkeit), Kaseinallergie (Allergie gegen Milcheiweiss) und hormonell wirksame Substanzen.

Häufige Milchunverträglichkeiten im Fokus

Ein Grossteil der Weltbevölkerung reagiert negativ auf Milchzucker (Laktose), was Laktoseintoleranz die häufigste Nahrungsmittelunverträglichkeit macht. Es handelt sich dabei aber um einen ganz normalen physiologischen Vorgang, denn das Trinken von Muttermilch ist biologisch nur für Säuglinge vorgesehen. Sobald das Verdauungssystem ausgereift ist und das Kind nicht mehr auf Muttermilch angewiesen ist, nimmt die Produktion des milchzuckerspaltenden Enzyms Laktase ab – und damit auch die Verträglichkeit von Milch.

Symptome einer Laktoseintoleranz treten typischerweise nach dem Verzehr von Milchprodukten auf und umfassen Bauchschmerzen, Blähungen, Durchfall sowie gelegentlich Übelkeit und Erbrechen. Diese Beschwerden entstehen, weil der Dünndarm aufgrund eines Enzymmangels den Milchzucker (Laktose) nicht vollständig aufspalten kann. Dadurch gelangt unverdauter Milchzucker in den Dickdarm, wo er von dort ansässigen Bakterien fermentiert wird. Dabei entstehen verschiedene Abfallprodukte, darunter Gase wie Methan. Bei höheren Laktosemengen wirkt der osmotische Effekt der unverdauten Zucker zusätzlich wasserziehend, was die intestinale Motilität erhöht und zu wässrigem Stuhl führen kann.

Weniger verbreitet, aber ebenfalls problematisch, ist die Kaseinallergie (Allergie gegen Milcheiweiss). Ihre Symptome treten häufig zeitversetzt auf und sind unspezifisch: Hautirritationen, Konzentrationsprobleme, Müdigkeit, Gelenk-, Muskel- und Kopfschmerzen sowie eine verstopfte Nase.

Milch ist ein Wachstumsgetränk

Der Milchzucker in tierischer Milch ist ein Kohlenhydrat, das den Blutzuckerspiegel ansteigen lässt. Zudem unterscheidet sich die Zusammensetzung tierischer Milch deutlich von der menschlichen Muttermilch. Die Nährstoffe und bioaktiven Substanzen sind optimal auf die Bedürfnisse von Jungtieren abgestimmt. Die Wachstumshormone in der Milch ermöglichen es Jungtieren, ihr Körpergewicht in kürzester Zeit zu verdoppeln oder sogar zu verdreifachen. Milch ist also ein echtes „Wachstumsgetränk".

Werden diese hormonellen Signale jedoch vom Körper von Kindern, Jugendlichen oder Erwachsenen aufgenommen, können sie unangemessen und potenziell schädlich sein. Kuhmilch ist folglich nicht nur ein Lebensmittel, sondern auch ein endokrines Signalsystem. Dauerhafter Milchkonsum wird mit Gewichtszunahme, Fettansammlung und Insulinresistenz in Verbindung gebracht.

Überdies können Milchprodukte schleimbildend wirken und das Lymphsystem belasten. Dieses ist - neben dem Blutkreislauf - das zweitwichtigste Transportsystem für Nähr- oder Abwehrstoffe des menschlichen Organismus und für den Abtransport von Stoffwechselabfällen sowie von Erregern zuständig. Eine Ablagerung im Zwischenzellgewebe durch Milchprodukte könnte die Sauerstoffversorgung des Körpers beeinträchtigen und indirekt Probleme wie Migräne, Bluthochdruck und Herz-Kreislauf-Erkrankungen fördern.

Für diejenigen, die sie vertragen

Milch kann verschiedene Auswirkungen auf den Körper haben, weshalb ein übermässiger Konsum nicht zu empfehlen ist. Ich rate daher, den Milchkonsum möglichst einzustellen. Ein Schuss Milch oder Sahne im Kaffee oder Produkte mit wenig Milchzucker, aber hohem Fett- oder Eiweissanteil wie Käse oder Joghurt, die sich stabilisierend auf den Blutzucker auswirken, sind für Menschen mit guter Verträglichkeit meist unproblematisch.

Unverträglichkeiten können auch vorübergehend auftreten – etwa wenn die Darmschleimhaut durch häufigen Konsum von Gluten, Hülsenfrüchten oder durch Stress entzündet ist und die Verdauung beeinträchtigt wird.

Wenn Sie wie ein Grossteil der Weltbevölkerung keine Milch vertragen, müssen Sie sich jedoch keine Sorgen um Ihre Knochen machen. Es gibt keinen direkten Zusammenhang zwischen Milchkonsum und besserer Knochengesundheit. Asiatische Länder, in denen Milch kaum konsumiert wird, haben sogar eine geringere Prävalenz von Osteoporose als westliche Länder.

Eine schwedische Studie hat gezeigt, dass starke MilchtrinkerInnen im Alter genauso häufig Knochenbrüche erleiden und tendenziell früher sterben. Die Wissenschaftler vermuten, dass dies mit Galaktose, einem Bestandteil des Milchzuckers, zusammenhängt, da Galaktose Entzündungsreaktionen fördert und den oxidativen Stress steigert. Sie empfehlen, Kalzium primär durch andere Lebensmittel zu sich zu nehmen. Grünes Gemüse wie Brokkoli, Grünkohl und Spinat, grüner Salat wie Rucola sowie Nüsse und Mandeln liefern eine Unmenge an gut verwertbarem Kalzium – ganz ohne die Nachteile von Milchprodukten.

Um dieses Mineral in die benötigten Orte im Körper einbauen zu können, muss weiter eine ausreichende Versorgung mit Vitamin D und Magnesium erfolgen und die Phosphatzufuhr sollte begrenzt werden (z. B. durch Verzicht auf Limonaden und Fertigprodukte). Ebenfalls zentral ist körperliche Aktivität, insbesondere Krafttraining. Die einwirkenden Druckkräfte veranlassen die Knochen, mehr stützende Substanzen aufzubauen.

Sie sehen: Milch ist kein unersetzliches Nahrungsmittel mit einem herausragenden gesundheitlichen Nutzen.

Kaffee: Trigger oder Therapie?

Koffein ist die weltweit am häufigsten konsumierte pharmakologisch aktive Substanz. Bis zu 80 Prozent der Weltbevölkerung - darunter viele Migränebetroffene - nehmen täglich mindestens ein koffeinhaltiges Produkt zu sich. Laut einer Markterhebung des Deutschen Kaffeeverbandes trinken Deutsche im Durchschnitt vier Tassen Kaffee pro Tag und damit mehr als ihre Nachbarn in der Schweiz und Österreich, wo der Konsum jeweils bei etwa drei Tassen liegt.

Koffein steckt in vielen Lebensmitteln und Getränken – etwa in Kaffee, schwarzem, grünem, weissem, Matcha-, Mate- und Oolong-Tee, in Guarana, Energy-Drinks, Softdrinks wie Cola, Pepsi oder Eistee sowie in Kakao und dunkler Schokolade. Kaffee bleibt jedoch das beliebteste koffeinhaltige Getränk. Für bis zu 30 Prozent der MigränepatientInnen zählt er zu den möglichen Triggern. Daher ist die Frage nach seinem Einfluss auf Migräne besonders relevant.

Auf die Dosis kommt es an

Der Zusammenhang zwischen Koffein und Migräneattacken ist mittlerweile gut belegt. Eine im Jahr 2020 veröffentlichte Metaanalyse mehrerer Studien lieferte interessante Einblicke: Laut Wissenschaftlern hängt die Wirkung von Koffein stark von der Dosis, Häufigkeit und Regelmässigkeit des Konsums ab.

Grundsätzlich wirkt Koffein schmerzlindernd bei Spannungskopfschmerzen und Migräne. Studien zeigen, dass ein bis zwei Tassen Kaffee sogar einen Migräneanfall verhindern können. Dies ist auf die Kombination mehrerer Faktoren zurückzuführen: die Verengung der Blutgefässe (einschliesslich der Kopfarterien, die sich bei Migräne häufig weiten), die erhöhte Energiezufuhr durch das in der Leber freigesetzte Glykogen und die Ausschüttung stimulierender sowie stimmungsaufhellender Hormone wie Dopamin und Serotonin. Diese positiven Effekte sind nicht neu – ursprünglich wurde Coca-Cola als Mittel gegen Kopfschmerzen entwickelt.

Auf der anderen Seite zeigt sich, dass an Tagen, an denen ProbandInnen drei oder mehr koffeinhaltige Getränke konsumierten, die Wahrscheinlichkeit von Kopfschmerzen - insbesondere bei Migräneanfälligen - signifikant anstieg. Aufgrund der anregenden Wirkung von Koffein auf das zentrale Nervensystem betrachten ExpertInnen einen übermässigen Konsum auch als potenzielle Ursache für die Chronifizierung von Migräne.

Das Weckmolekül: Eingriff in eine zentrale Signalkaskade

Es gibt einen Hauptmechanismus, über den Koffein verschiedene Organe und Gewebe beeinflusst. Wenn wir längere Zeit körperlich oder geistig aktiv sind, bildet der Körper den Botenstoff Adenosin. Dieser bindet an spezielle Zellrezeptoren und signalisiert den Zellen, dass sie müde sind und ihre Aktivität reduzieren sollen. Auf diese Weise wird ihre Funktion verlangsamt und das Nervensystem vor Überanstrengung geschützt.

Koffein dockt an die gleichen Zellrezeptoren an und blockiert so das Adenosin. Dadurch bleibt das Signal der Müdigkeit aus, und die Zellen arbeiten weiterhin aktiv.

Allerdings stellt sich bei regelmässigem Koffeinkonsum mit der Zeit ein Gewöhnungseffekt ein. Die nachlassende Wirkung von Koffein erklärt sich dadurch, dass der Körper auf die wiederholte Blockierung des Adenosins reagiert: Er erhöht die Anzahl der Adenosin-Rezeptoren, um weiterhin das Signal empfangen zu können. Es entstehen zusätzliche Andockstellen für Adenosin, wodurch die ursprüngliche Wirkung von Koffein abgeschwächt wird.

Um ein Energietief zu vermeiden, ist es bei regelmässigem Koffeinkonsum oft notwendig, die Dosis zu erhöhen, was wiederum die Toleranzbildung verstärken kann.

Kaffee täuscht dem Körper eine Bedrohung vor

Die wachmachende Wirkung von Koffein entsteht auch dadurch, dass es die Nebennieren anregt, Stresshormone wie Adrenalin auszuschütten. Der Körper wird dadurch in einen Zustand versetzt, der ihn auf Kampf oder Flucht vorbereitet. Die bereitgestellte Energie wird durch eine erhöhte Herzfrequenz und einen gesteigerten Blutdruck schnell in die Körperregionen geleitet, die für das

Überleben wichtig sind. Der Organismus erreicht so eine Phase erhöhter Leistungsbereitschaft. Wird diese Energie durch körperliche Aktivität genutzt, bauen sich die Stresshormone rasch wieder ab.

Da viele Menschen heute jedoch überwiegend sitzende Tätigkeiten ausüben - etwa am Schreibtisch oder Computer -, dauert der Abbau des „Adrenalin-Kicks" länger. Trinken wir nun über den Tag verteilt mehrere Tassen Kaffee, wird die Stressachse dauerhaft angeregt. Die bereitgestellte Energie wird jedoch nicht benötigt. Mit der Zeit reduziert das Gehirn die Befehle zur Energiebereitstellung. Der Nachschub nimmt ab, was zu Erschöpfungssymptomen führen kann.

Manche Menschen gelangen schliesslich an einen Punkt, an dem selbst ein Dutzend Tassen Kaffee nicht mehr ausreichen, um sie in Schwung zu bringen.

Kaffee-Entzug: Selten ohne Kopfschmerzen

Hat sich der Körper an das Stimulans Koffein gewöhnt, kann bereits eine geringe Reduktion des Konsums unangenehme Folgen haben.

Eine Interventionsstudie mit 62 moderaten KaffeetrinkerInnen, die im Durchschnitt 2,5 Tassen pro Tag konsumierten, untersuchte dieses Phänomen. Die TeilnehmerInnen wurden in zwei Gruppen aufgeteilt: Eine Gruppe erhielt eine Tablette mit Koffein, die andere ein Placebo (Scheinmedikament). Nach zwei Tagen füllten alle ProbandInnen Befindlichkeitsfragebögen aus.

Während es in der Gruppe, die Koffein erhielt, kaum Veränderungen gab, berichteten die TeilnehmerInnen der Placebo-Gruppe über deutlich mehr negative Symptome. Sie fühlten sich depressiver, schläfriger und unkonzentrierter und litten insbesondere unter verstärkten Kopfschmerzen – obwohl keine der Personen MigränepatientIn war.

Die Studienleitenden schlossen daraus, dass eine Reduktion oder ein abrupter Stopp des Koffeinkonsums bei gewohnheitsmässigen KaffeetrinkerInnen zu physiologisch messbaren Befindlichkeitsstörungen führen kann. Zudem zeigte die Studie, dass das Vermeiden unangenehmer Entzugssymptome der Hauptgrund für einen regelmässigen Koffeinkonsum war.

Die Entzugserscheinungen traten in der Regel etwa 12 bis 24 Stunden nach der letzten Tasse Kaffee auf, erreichten nach 48 Stunden ihren Höhepunkt und verschwanden spätestens nach neun Tagen vollständig.

Phänomen Wochenend-Migräne

Eine typische Koffein-Entzugserscheinung ist der sogenannte Wochenend-Kopfschmerz. Viele Menschen schlafen an Samstagen und Sonntagen länger, wodurch sich der Zeitpunkt für den ersten Kaffee verschiebt. Bei gewohnheitsmässigen KaffeetrinkerInnen können dadurch bereits vor dem Aufwachen Entzugssymptome auftreten. Die Wochenend-Migräne könnte daher weniger mit einem unregelmässigen Tagesrhythmus zusammenhängen, sondern vielmehr auf einen Koffeinentzug beruhen.

Meine persönliche Erfahrung mit Kaffee

Ich liebte Kaffee. Zwei Tassen am Morgen und eine Tasse nach dem Mittagessen gehörten für mich zur täglichen Routine. Mit der Zeit kam auch nachmittags und gelegentlich abends eine weitere Tasse hinzu. Insgesamt konsumierte ich somit täglich bis zu fünf Tassen des beliebten Heissgetränks.

Kaffeetrinken wurde zur Gewohnheit, und ich begann, die regelmässigen „Koffeinkicks" regelrecht zu brauchen. Doch je mehr ich trank, desto öfter fühlte ich mich nervös, unkonzentriert, gereizt und innerlich unruhig. Mein Hungergefühl kam schneller zurück und nach mehr als drei Tassen bemerkte ich oft ein unangenehmes Wärmegefühl im Magen – fast wie Sodbrennen. Auch meine Migräneanfälle wurden häufiger, mein Schlaf schlechter. Besonders am Wochenende, wenn ich wegen längerem Schlaf später zum Kaffee griff, wachte ich oft schon mit Migräne auf, und die Schmerzmittel wirkten dann schlechter.

Trotzdem hielt ich an meinen täglichen Tassen des Muntermachers fest. Ich fragte mich oft, ob er mir gut tat oder ob es nicht eher eine Sucht war. Aber überall war zu lesen, dass Kaffee förderlich für die Gesundheit und sogar Teil eines gesunden Lebensstils sei, denn die vielen enthaltenen Antioxidantien hätten eine schützende Wirkung gegen bestimmte Erkrankungen wie zum Beispiel des Herzens, Morbus Parkinson und Typ-2-Diabetes.

Am meisten beeindruckte mich, dass Kaffee möglicherweise einen lebensverlängernden Effekt haben soll. Das war natürlich „Wasser auf meine Mühle".

Da stiess ich auf Literatur, die meine Meinung änderte:

— Der Arzt Max Otto Bruker (1909-2001) schrieb in seinem Buch „Hilfe bei Kopfschmerzen, Migräne und Schlaflosigkeit", dass Kaffee für Kranke - also auch für Migränebetroffene - eigentlich nur Nachteile hat. Er enthält Reizstoffe, die zu Unruhe im Gefässsystem führen und den Körper in vermehrte Reflexbereitschaft versetzen. Dies könne zu einer Überlastung führen, die ohne Kaffee in diesem Ausmass nicht entstanden wäre. Bruker warnte zudem, dass auch Gesunde bald zu den Kranken zählen könnten, falls sie in den Sog der Sucht gerieten. Zur Heilung von Kopfschmerzen sei der Verzicht auf gefässwirksame Substanzen wie Kaffee und koffeinhaltigen Tee daher eine absolute Voraussetzung.

— Auch Samuel Hahnemann (1755-1843), der Begründer der Homöopathie, nahm zu Kaffee Stellung: Er erklärte, dass arzneiliche Substanzen den Körper nicht nähren, sondern den gesunden Zustand verändern; jede Veränderung des gesunden Zustands sei aber eine Art unnatürliche, krankhafte Verfassung. Hahnemann betrachtete Kaffee als eine solche „arzneiliche Substanz".

— Eine interessante Studie zum Koffeinkonsum von Kindern und Jugendlichen mit Kopfschmerzen zeigte, dass von 36 ProbandInnen im Alter zwischen 6 und 18 Jahren, die an chronischen Kopfschmerzen litten und täglich Koffein in Form von 1,5 Litern Cola aufnahmen, nach einer allmählichen Koffein-reduktion 33 Personen (92 %) völlig kopfschmerzfrei wurden. Zum Vergleich: 200 ml Cola können ebenso viel Koffein enthalten wie ein Espresso.

- Eine kleine, unkontrollierte Studie aus dem Jahr 2016 ergab, dass ein kompletter Koffeinverzicht die Effektivität der akuten Migränebehandlung mit Triptanen (Migränemedikamenten) deutlich verbesserte.

Wie erwähnt, war auch ich während der Schwangerschaft und Stillzeit teilweise schmerzfrei. Studien vermuten, dass die stabilen Hormonverhältnisse sich positiv auf das Migränegeschehen auswirken. Interessant ist aber, dass ich in dieser Zeit meinen Kaffeekonsum eingestellt hatte – aus Sorge, Koffein könnte dem Kind schaden. Danach kehrte ich zu meinem gewohnten Kaffeekonsum zurück.

Vor einigen Jahren begann ich dann wieder, auf Kaffee zu verzichten. Die Symptome liessen nicht lange auf sich warten. Schon am nächsten Tag hatte ich grässliche Kopfschmerzen und eine bleierne Müdigkeit; beide zogen sich über drei Tage hin. Nach dieser Akutphase ging es mir schlagartig besser. Der Lohn der Überwindung: Ich hatte mehr und stabilere Energie, war ausgeglichener und kam leichter aus dem Bett. Ich sah auch frischer aus.

Dennoch kam ich bald wieder nicht am Kaffee vorbei. Der Duft von frisch gebrühtem Kaffee, sei es in Restaurants oder beim Spazieren in der Stadt, zog mich an. Ich fing wieder an, Kaffee zu trinken, beschränkte meinen Konsum jedoch auf zwei Tassen pro Tag. Die lästigen Kopfschmerzen am Wochenende kehrten jedoch manchmal zurück. Also unternahm ich den nächsten Versuch, auf Kaffee zu verzichten.

Nach einigem Hin und Her reduzierte ich schliesslich meinen Koffeinkonsum schrittweise. Ich trank nun einen sehr milden Frühstückskaffee mit wenig Zucker und Sahne oder einen Schwarztee mit wenig Zucker und frischem Zitronensaft. Und siehe da: Die Wochenend-Migräne blieb aus.

Was ist mit koffeinfreiem Kaffee?

Kaffee ist eine komplexe Mischung aus Hunderten von Substanzen. Neben Koffein kann er auch andere Bestandteile enthalten, die bei sensiblen Personen Befindlichkeitsstörungen auslösen können. Bestimmte Verfahren zur Entkoffei-nierung können koffeinfreien Kaffee sogar weniger verträglich machen als herkömmlichen, koffeinhaltigen Kaffee.

Eine amerikanische Studie zeigte, dass der tägliche Konsum von drei bis sechs Tassen koffeinfreiem Kaffee das schlechte Cholesterin erhöht und damit das Risiko für Herz- und Gefässerkrankungen steigern kann.

Aus diesen Gründen - und weil es generell ratsam ist, den Kaffeekonsum zugunsten gesünderer und hydrierender Getränke zu reduzieren - stellt koffeinfreier Kaffee keinen geeigneten Ersatz für regulären Kaffee dar.

NEUE WEGE ZUR GESUNDHEIT:
WAS MIGRÄNEBETROFFENE WIRKLICH BRAUCHEN

Nach den ausführlichen Hintergrundinformationen gehen wir nun zur praktischen Umsetzung über. Eine Ernährungsumstellung, die den Stoffwechsel wieder ins Gleichgewicht bringt, ist nicht kompliziert.

Wir ersetzen die besprochenen Übeltäter durch eine Vielzahl natürlicher, nährstoffreicher Lebensmittel - einschliesslich Getränken - und kombinieren diese gezielt. Damit erreichen wir die folgenden Ziele: eine stabile Blutzuckerregulation, die Wiederherstellung der metabolischen Flexibilität, eine optimale Nährstoffversorgung sowie eine entzündungshemmende und darmfreundliche Ernährung. So minimieren wir das Risiko für Migräne.

Im folgenden Buchteil habe ich die verschiedenen Ernährungsregeln in 14 Lösungsansätze unterteilt. Diese werden ausführlich erläutert, sodass Sie genau verstehen, worauf es ankommt, was Sie beachten sollten und wie Sie Ihren Körper optimal unterstützen können.

❖ LÖSUNGSANSATZ 1
Alle Getränke durch Wasser ersetzen

Auch wenn es vielleicht langweilig klingt, sollten Sie in erster Linie Wasser trinken. Die erste einfache Massnahme lautet daher: Ersetzen Sie alle zuckerhaltigen oder mit Süssstoffen versetzten Getränke sowie Milch und Alkohol durch Wasser.

Ich habe Alkohol nicht als separaten Übeltäter besprochen, da er ein bekannter Migränetrigger ist und die meisten Migränebetroffenen ihn ohnehin meiden. Und das ist auch gut so, denn Alkohol ist sehr ungesund, selbst in kleinen Mengen. Alkohol gelangt vor allem in das Gehirn und die Muskulatur (weniger in Fettgewebe und Knochen), kann dort jedoch nicht effizient als Energiequelle genutzt werden. Alkoholische Getränke enthalten neben Alkohol und Zucker kaum Nährstoffe, und der Abbau erfolgt nahezu vollständig in der Leber. Bei regelmässigem Konsum werden demnach Gehirn, Muskulatur und Leber belastet. Überdies reizt Alkohol die Magenschleimhaut und kann durch eine erhöhte Harnausscheidung Mineralstoffverluste begünstigen.

Wasser ist unser wichtigstes Lebensmittel, da der menschliche Organismus zu etwa 70 % aus Wasser besteht, wobei rund 70 % davon in den Körperzellen enthalten sind. Ohne Wasser würden wir bereits nach wenigen Tagen verdursten. Die meisten Menschen sind chronisch leicht dehydriert, auch wenn sie es nicht bemerken. Sie trinken zu wenig und oft das Falsche. Zudem nehmen sie zu wenig Rohkost in Form von Salaten und Obst zu sich.

Gekochte Speisen, zuckerhaltige und „trockene" Lebensmittel aus Getreide sowie verarbeitete Produkte entziehen dem Körper für deren Verdauung Flüssigkeit. Dasselbe gilt für entwässernde Getränke wie Kaffee (mit oder ohne Koffein), koffeinhaltige Teesorten - etwa schwarzer, grüner, weisser, Matcha-, Mate- und Oolong-Tee - sowie Trinkschokolade, Limonaden und alkoholische Getränke.

Bei anhaltendem Flüssigkeitsmangel wird die Durchblutung der Organe gestört, was die Zellversorgung und Zellentsorgung beeinträchtigt. Giftstoffe können sich ansammeln. Schon ein Defizit von 5 % kann zu Schwindel und Kopfschmerzen führen, auch als Dehydrations-Kopfschmerz bekannt.

Eine Fallstudie aus dem Jahr 2004 zeigte, dass bei etwa zehn Prozent der befragten Personen Kopfschmerzen durch Flüssigkeitsmangel verursacht wurden. Bei 33 von 34 PatientInnen besserten sich die Beschwerden innerhalb von drei Stunden nach der Zufuhr von 500 bis 750 ml Wasser deutlich. Die AutorInnen vermuteten, dass Flüssigkeitsmangel Schmerzen an den Hirnhäuten begünstigen und somit die Dauer von Migräneanfällen beeinflussen könnte.

In einer weiteren Studie mit 18 MigränepatientInnen führte eine erhöhte Wasserzufuhr (zusätzlich 1 Liter pro Tag) zu einer Besserung der Kopfschmerzdauer und -intensität. Allgemein unterstützt eine ausreichende Flüssigkeitszufuhr die Hirndurchblutung und kann somit das Risiko für Kopfschmerzen senken.

Doch wie viel Wasser müssen wir täglich trinken, um gesund und leistungsfähig zu bleiben? Für unseren Organismus ist es entscheidend, dass Wasserzufuhr und -ausscheidung im Gleichgewicht stehen. Sowohl eine Unter- als auch eine Überversorgung können zu osmotischen Verschiebungen zwischen dem extra- und intrazellulären Raum führen – mit potenziellen Funktionsstörungen der Organe.

Der menschliche Körper verliert täglich etwa 2,5 Liter Flüssigkeit. Ein Teil davon wird über die Nahrung wieder aufgenommen. Besonders wasserreich ist pflanzliche Rohkost, allen voran Salate und bestimmte Obstsorten. Die verbleibende Menge muss durch Getränke ausgeglichen werden. Unter normalen Bedingungen sollte ein erwachsener Mensch über den Tag verteilt etwa 1,5 bis 2 Liter Flüssigkeit trinken.

Mein Rat: Achten Sie auf die Signale Ihres Körpers. Die Farbe des Urins kann ein hilfreicher Indikator sein – ist er hellgelb oder klar, trinkt man vermutlich ausreichend Wasser. Es ist zudem sinnvoll, auf das Durstgefühl zu hören und dann zu trinken, wenn man durstig ist.

Eine der Standardfragen lautet: Welche Wasserqualität ist optimal? Dieses Thema wird kontrovers diskutiert. Das hochwertigste Wasser ist das reine, schadstofffreie Quellwasser, das mit Mineralstoffen und Spurenelementen angereichert ist, die aus Gesteinen herausgelöst wurden. Leider ist dieses Wasser heutzutage kaum noch zu finden.

Alles andere ist ein Kompromiss. Leitungswasser kann Verunreinigungen, schädliche Chemikalien und Arzneimittelrückstände enthalten. Abgefülltes Wasser in PET-Flaschen enthält östrogenhaltige Weichmacher, also hormonell wirksame Substanzen, die unseren Hormonhaushalt stören können. Bei Hitze lösen sich schädliche Bestandteile aus dem Plastik, was auch die Darmbakterien beeinträchtigen kann.

Basisches Wasser kann die Leber belasten, während Sprudelwasser bei empfindlichen Menschen Körperreaktionen wie Aufstossen oder Vollegefühl auslösen kann. Denn CO_2 ist ein Abfallprodukt des Stoffwechsels, das der Körper eigentlich ausscheiden möchte – sensible Personen nehmen das stärker wahr als andere.

Ich meide schon lange Wasser in Plastikflaschen, da mir der Plastikgeschmack widersteht. Viele Jahre habe ich kohlensäurefreies Wasser in Glasflaschen von einem lokalen Getränkemarkt bezogen. Neuerdings haben wir an unserem Hausanschluss ein Grander-Wasserbelebungsgerät sowie zusätzlich in der Küche eine Filteranlage installiert. Obwohl dies eine kostspielige Anschaffung war, können wir nun über einen separaten Wasserhahn schadstofffreies Trinkwasser selbst herstellen. Inwieweit sich dies gesundheitlich positiv auswirkt, lässt sich jedoch schwer abschätzen.

Die in Drogeriemärkten angebotenen günstigeren Systeme sind nicht zu empfehlen, da bei unregelmässigem Filterwechsel ein erhöhtes Risiko für bakterielle Verunreinigungen besteht.

Empfehlenswert bei Migräne ist es auch, hin und wieder stilles Wasser zu trinken, das natürlicherweise Lithium enthält. Schon länger ist bekannt, dass dieses chemische Element, das hauptsächlich als Mineral in Gesteinen vorkommt, die Signalübertragung von Nervenzellen beeinflusst und einen positiven Effekt bei Clusterkopfschmerzen hat. Diese zeichnen sich durch extrem starke, anfallsartig auftretende und stets einseitige Kopfschmerzattacken aus, meist im Bereich um das Auge oder die Schläfe.

Wenn Sie an Lithium denken, kommt Ihnen vermutlich zuerst seine Verwendung in Batterien in den Sinn. Deshalb wirkt der Gedanke, dieses Mineral einzunehmen, zunächst etwas befremdlich. Tatsächlich aber kann Lithium auch im menschlichen Organismus die Signalübertragung zwischen Nervenzellen unterstützen. In der Medizin wird es erfolgreich bei bipolaren Störungen und therapieresistenten Depressionen eingesetzt. Studien deuten zudem auf mögliche positive Effekte bei Demenz oder Schilddrüsenerkrankungen hin.

Vorsicht ist aber bei einer Supplementierung geboten. Da die therapeutische Breite - also der Bereich zwischen der effektiven und der schädlichen Dosis - gering ist, sollte eine Ergänzung mit Lithium nur unter ärztlicher Kontrolle erfolgen.

Lithiumhaltiges Wasser enthält in der Regel nur sehr kleine Mengen Lithiumsalze, weshalb die „normale" Einnahme in der Regel unbedenklich ist.

❖ LÖSUNGSANSATZ 2
Richtig Hydrieren

Wahrscheinlich denken Sie jetzt: „Das ist doch dasselbe wie der erste Punkt." Doch diesmal geht es nicht nur ums Wassertrinken, sondern darum, den Körper zusätzlich mit wichtigen Elektrolyten zu versorgen. Diese Teilchen, die elektrischen Strom leiten können, ermöglichen das Zusammenspiel von Nerven- und Muskelzellen. Ein Teil der Flüssigkeitszufuhr sollte zudem entgiftend wirken, denn ein überbelasteter Darm und ein träges Lymphsystem können die Zellen nicht optimal mit Nährstoffen versorgen.

Die folgenden Getränke schmecken nicht nur lecker, sondern sind auch eine gesunde Alternative zu zuckerhaltigen, klebrigen Limonaden.

Zitronen- und Limettenwasser
Ein grosses Glas Zitronen- oder Limettenwasser am Morgen gleicht den nächtlichen Flüssigkeitsverlust aus, unterstützt die Darmtätigkeit und hilft, Schlacken auszuschwemmen, die die Leber über Nacht gesammelt hat. Dank ihrer antioxidativen Wirkung können Vitamin-C-reiche Früchte auch die Schmerzsensibilität senken – daher ist das Trinken von Zitronen- oder Limettenwasser auch tagsüber empfehlenswert.

Aromawasser oder Infused Water
Eine weitere Möglichkeit, Wasser geschmacklich zu verfeinern, besteht darin, es mit Obst und anderen Zutaten anzureichern und ziehen zu lassen. Der Fantasie sind dabei keine Grenzen gesetzt. Hier einige bewährte Beispiele:

➤ *Beeren und/oder klein geschnittene Früchte*: Ananas, Apfel, Aprikose, Birne, Granatapfelkerne, Grapefruit, Kiwi, Melone, Orange, Pfirsich, Pflaume, Sternfrucht, Trauben, Zwetschge

➤ *Gurkenschnitze, Ingwerscheiben*

➤ *Frische Kräuter*: Basilikum, Holunderblütendolden, Lavendel, Pfefferminze, Rosmarin, Salbei, Thymian, Waldmeister, Zitronenmelisse, Zitronenverbene

➤ *Getrocknete Gewürze*: Gewürznelke, Sternanis, Süssholzwurzel, Zimtstange

Für heisse Tage: Besonders in der heissen Jahreszeit verliert der Körper durch Schwitzen viele Elektrolyte. Es empfiehlt sich, diese wichtigen Stoffe für eine optimale Körperfunktion mit den auf der folgenden Seite vorgestellten Getränken (Wassermelonen-Cooler, Gurken-, Gurken-Apfel- oder Stangenselleriesaft) wieder aufzufüllen, da sie reich an Elektrolyten sind.
Tipp: Trinken Sie sie am besten auf nüchternen Magen, da es sonst zu Blähungen kommen kann – also etwa 1 bis 2 Stunden nach einer Mahlzeit.

Wassermelonen-Cooler

Gemixte Wassermelonen sind erfrischend, durstlöschend und ideal zur Hydration. Ihr hoher Wassergehalt in Kombination mit natürlichen Salzen und Zuckern unterstützt zudem die körpereigene Entgiftung.

➤ Legen Sie eine mittelgrosse Wassermelone (mit Kernen) am Vortag in den Kühlschrank. Bei einer grösseren Melone halbieren Sie sie und decken die Schnittflächen mit Frischhaltefolie ab. Schneiden Sie das Fruchtfleisch ab und pürieren es zu einer glatten Flüssigkeit. Fügen Sie den Saft einer Limette oder Zitrone hinzu. Der Cooler bleibt 1 bis 2 Tage im Kühlschrank frisch.

➤ *Tipps*: Eine süsse Wassermelone erkennt man an einer festen, dunkelgrünen Schale – weiche Stellen oder Schimmel sind Warnzeichen. Zum Zerteilen hilft ein Gummihammer, das Messer durchs Fruchtfleisch zu führen.

Gurken-, Gurken-Apfel- oder Stangenselleriesaft (p.P.)

Gurken, Äpfel und Sellerie sind an heissen Tagen erfrischend. Ihr hoher Wassergehalt reguliert die Körpertemperatur, während ihre Nährstoffe entgiften.

➤ Gurkensaft: 2 ungeschälte Salatgurken entsaften.

➤ Gurken-Apfelsaft: 1 ungeschälte Salatgurke und 1 - 2 Äpfel entsaften.

➤ Stangenselleriesaft: 1 Bund Stangensellerie mit oder ohne Grün entsaften.

Bei sportlicher Aktivität: Isotonische Getränke enthalten oft grosse Mengen Zucker, um ihren salzigen Geschmack zu überdecken, und sind zudem meist teuer. Natürliche Alternativen wie Apfelschorle und Kokoswasser sind hingegen preiswert und ideal, um während des Trainings den Verlust von Wasser und Mineralstoffen auszugleichen sowie den Körper mit Energie zu versorgen.

Apfelschorle

Verwenden Sie reinen Apfelsaft ohne Zuckerzusatz, Aromen oder Konservierungsstoffe und mischen Sie ihn im Verhältnis: *ein Drittel Apfelsaft zu zwei Dritteln stilles Wasser.*

Kokoswasser

Achten Sie auf reines Kokoswasser ohne Zucker oder Zusätze. Die Zutatenliste sollte nur „Kokoswasser" enthalten.

Abends für die Lebergesundheit: Hibiskus- oder Zitronenmelissen-Tee

Eine Tasse Hibiskus- oder Zitronenmelissen-Tee vor dem Zubettgehen fördert die Hydration und unterstützt die Leber in ihrer nächtlichen Regeneration. Dies hilft, schneller einzuschlafen und verbessert das Durchschlafen. Zitronenmelisse hat zudem eine beruhigende Wirkung.

❖ LÖSUNGSANSATZ 3
Koffeinkonsum einschränken

Andauernde Belastungen - sei es durch Ernährungsfehler, chronische Entzündungen, Infektionen, Schlafmangel, Strahlen, Toxine und mehr - versetzen den menschlichen Körper in eine permanente „Kampf-oder-Flucht"-Situation. Diese anhaltende Alarmbereitschaft drosselt die Funktion bestimmter Organe, wodurch sie nicht mehr optimal arbeiten können. Die Folgen sind Symptome wie unerklärliche Müdigkeit, Schlafstörungen, Migräne, Gewichtsveränderungen sowie hormonelle oder psychische Ungleichgewichte.

Speziell MigränikerInnen, die über eine veranlagte übermässige Reaktionsbereitschaft ihres Gehirns auf verschiedenste Reize verfügen, sind anfällig für Stress. Studien haben ermittelt, dass die Hormonlage von Menschen mit Migräneneigung zum Teil erheblich von derjenigen nicht betroffener Menschen abweicht. Insbesondere sind erhöhte Cortisolspiegel festzustellen, was auf eine anhaltende Stressexposition hindeutet.

Durch den Einfluss von Koffein wird dieser Zustand noch verschärft. Wie ich bereits erläutert habe, zeigen diverse Studien, dass mehr als zwei Tassen Kaffee eine Migräneattacke auslösen und das Migränegeschehen chronifizieren können.

Falls Sie also täglich mehr als diese Menge trinken, sollten Sie Ihren Konsum unbedingt reduzieren. Es empfiehlt sich auch, Koffein eine Zeitlang ganz zu meiden, um den Hormonhaushalt wieder ins Gleichgewicht zu bringen. Das reduziert in der Regel auch das Verlangen nach „Aufputschmitteln".

Wenn Sie nach dieser Abstinenzzeit wieder Kaffee oder koffeinhaltige Tees konsumieren möchten, beschränken Sie sich auf 1 bis 2 Tassen pro Tag und trinken sie diese nicht später als nach dem Mittagessen. Machen Sie es aber besser nicht zur Gewohnheit, damit sich der Körper nicht daran gewöhnt.

Der optimale Zeitpunkt für die Einnahme von Koffein ist vor oder während körperlicher Anstrengung – sei es beim Sport, bei körperlicher Arbeit, beim Schwimmen oder Wandern. In diesen Situationen werden die durch Koffein ausgeschütteten Stresshormone schneller abgebaut, was ihre potenziell schädliche Wirkung reduziert.

❖ LÖSUNGSANSATZ 4
Das Frühstück neu erfinden

Menschen mit Migräne sollten die erste Mahlzeit des Tages nicht auslassen und idealerweise innerhalb einer Stunde nach dem Aufstehen einnehmen, da sie einem Energietief im Gehirn vorbeugt.

Ein gesundes Frühstück spielt dabei eine entscheidende Rolle, denn es bildet die Grundlage für die Ernährung im weiteren Tagesverlauf. Die Auswahl der Speisen beeinflusst, wie gut unser Körper genährt wird, wie lange wir satt bleiben, und wie viel Energie uns für den restlichen Morgen zur Verfügung steht.

Beim Gedanken an Frühstück denken viele Menschen zuerst an süsse Varianten wie Honig- oder Marmeladenbrötchen, Croissants, Cornflakes, Pancakes oder Waffeln. Diese Speisen mögen zwar lecker sein, eignen sich jedoch nicht für ein nährstoffreiches Frühstück.

Wie wir wissen, lassen kohlenhydratreiche Nahrungsmittel den Blutzuckerspiegel zunächst schnell ansteigen, was kurzfristig Energie verleiht. Viele gehen daher davon aus, dass etwas Süsses am Morgen eine gute Wahl ist. Tatsächlich wird der erhöhte Blutzucker jedoch vom Hormon Insulin rasch wieder gesenkt, indem der Zucker in Leber, Muskeln oder Fettzellen „versorgt" wird. Diese Energie steht dem Körper dann nicht mehr zur Verfügung, was zu einer Energiekrise führt, die sich in Form von erneutem Hunger bemerkbar macht – oft schon kurz nach dem Frühstück.

Gerade am Morgen ist es besonders ungünstig, Zucker zu essen – denn nach der nächtlichen Fastenzeit ist der Verdauungtrakt leer, sodass Zuckermoleküle sehr schnell aufgenommen werden. Der englische Begriff „breakfast" (break the fast) verweist darauf: Es handelt sich um die erste Nahrungsaufnahme des Tages. Daher ist das Frühstück der ungünstigste Zeitpunkt für den Konsum von Zucker und Stärke. Dennoch besteht diese Mahlzeit bei vielen Menschen genau daraus – und gleicht damit eher einem Dessert.

Das Sprichwort „Frühstück ist die wichtigste Mahlzeit des Tages" stimmt – jedoch nicht im herkömmlichen Sinne. Es geht nicht darum, möglichst viel zu essen, sondern darum, das Frühstück so zu gestalten, dass es nährt, gut sättigt und uns ohne Durchhänger durch den Morgen bringt.

Ein bedeutender Forscher der Chrono-Medizin untersuchte die „innere Uhr", also die Einflüsse der Tages- und Nachtzeit auf den Stoffwechsel, die Verdauung und letztlich auf die geistige Leistungsfähigkeit. Nach seinen Erkenntnissen ist der Stoffwechsel zwischen sechs und neun Uhr morgens am aktivsten und benötigt in dieser Zeit besonders hochwertiges Essen, insbesondere Eiweiss. Eiweiss ist wichtig für das Wachstum und die Reparatur des Körpers, lässt den Blutzuckerspiegel nur langsam ansteigen und hält ihn für vier bis sechs Stunden stabil – und wirkt sich laut Studien auch positiv auf die Stimmung aus.

Grundsätzlich gibt es keinen rationalen Grund, die erste Mahlzeit des Tages anders zu gestalten als die übrigen. Das süsse Frühstück mit Marmeladenbrötchen, Croissants, Cornflakes und Frühstücksflocken ist eine Erfindung der Neuzeit.

Der Verzicht auf vertraute Frühstücksgewohnheiten mag anfangs ungewohnt sein, doch meist gewöhnt man sich schnell daran – und macht dabei neue Geschmackserfahrungen. Ein klassisches englisches Frühstück mit weissen Bohnen in Tomatensauce, Spiegelei, Würstchen, Speck, gedämpften Tomaten und Toast zeigt: Es ist nur eine Frage der Zeit.

Die vorgeschlagenen Frühstücksvarianten enthalten Eiweiss, gesunde Fette sowie Ballaststoffe in Form von Grünzeug oder Obst. Alternativ können auch Reste eines proteinreichen Mittag- oder Abendessens vom Vortag verwendet werden. Ideal ist eine Auswahl an Lebensmitteln, die Blutzuckerspitzen vermeiden und nur wenig Insulin für ihre Verstoffwechselung erfordern. So gewöhnt sich der Körper bereits am Morgen daran, von Zucker- auf Fettverbrennung umzuschalten.

Wenn Sie sich an diese Empfehlungen halten, versorgen Sie Ihren gesamten Organismus bereits am Morgen mit wichtigen Nähr- und Baustoffen, wodurch die Lust auf Süsses und Kohlenhydrate automatisch reduziert wird.

Dies ist eine der effektivsten Veränderungen, die Sie vornehmen können, und Sie werden die positiven Effekte umgehend spüren.

Als Frühstücksoptionen eignen sich:

Eier: 3 pro Person

Einfache Gerichte mit Eiern haben Sie sicherlich schon oft gekocht. Omelette, pochierte Eier, Rühreier oder Spiegeleier eignen sich hervorragend für das Frühstück. Bestreuen Sie diese jeweils mit einer Handvoll rohem Grünzeug, wie Feldsalat (Nüsslisalat), Jungspinat, Rucola oder andere Salatsorten, Grün von Frühlingszwiebeln, Petersilie, Schnittlauch, Kresse und/oder Sprossen.

Klassische Eiergerichte lassen sich mit verschiedenen Zutaten sehr schmackhaft gestalten. Hier ein paar Beispiele:

- *Klassisches Omelette*: Rezenten Gruyère, Schinkenwürfel, kleine Tomaten- und/oder Paprikastücke sowie Champignonscheiben unter eine verquirlte, leicht gesalzene Eimasse mischen. In Kochbutter (Butterschmalz), Ghee oder Olivenöl zu einem Omelette braten. Mit Schnittlauchröllchen bestreuen.

- *Kräuter-Omelette*: Petersilie, Schnittlauch, Bärlauch oder andere Kräuter nach Wahl klein schneiden und unter eine verquirlte, leicht gesalzene Eimasse mischen. In Kochbutter (Butterschmalz), Ghee oder Olivenöl zu einem Omelette braten.

- *Spargel-Omelette*: Dünner, grüner Spargel zerkleinern und mit 1 kleinen, fein gehackten Zwiebel in Olivenöl knapp weich dünsten. Mit Salz und wenig Pfeffer würzen. Verquirlte, leicht gesalzene Eier untermischen und zu einem Omelette braten.

- *Spinat-Omelette*: Frischen Spinat tropfnass in einen grossen Kochtopf geben und zugedeckt erhitzen, bis er zusammenfällt. Abseihen und etwas auspressen. In Olivenöl unter ständigem Rühren kurz dünsten. Mit Salz und Pfeffer würzen. Verquirlte, leicht gesalzene Eier untermischen und zu einem Omelette braten.

- *Zucchini-Omelette*: Zucchini beidseitig kappen, der Länge nach halbieren und in dünne Scheiben schneiden. In Olivenöl unter ständigem Rühren weich braten. Mit Salz und Pfeffer würzen. Verquirlte, leicht gesalzene Eier untermischen und zu einem Omelette braten.

  Tipp: Omeletten lassen sich am Vortag zubereiten und am Morgen im vorgeheizten Backofen (160 °C) aufwärmen.

- *Rührei mit Pfifferlingen und Kresse*: 1 Handvoll Pfifferlinge putzen, zerkleinern und mit 1 fein gehackten Schalotte in Olivenöl unter ständigem Rühren garen, bis die Flüssigkeit verdampft ist. Mit Salz und Pfeffer würzen. Schnittlauch mit der Schere hinein schneiden. Verquirlte, leicht gesalzene Eier zugeben und unter ständigem Rühren zu Rührei braten. Die Pfanne von der Wärmequelle nehmen, bevor die gewünschte Konsistenz erreicht ist, da die Eier nachgaren. Etwas Kresse darüber schneiden.

- *Menemen*: 1 grosse Tomate halbieren, Stielansatz entfernen und Tomate entkernen. Fruchtfleisch in Würfel schneiden. ½ kleine, grüne Paprikaschote halbieren, entkernen, Stielansatz und weisse Rippen entfernen und Fruchtfleisch in sehr feine Streifen schneiden. Gemüse in Olivenöl bei mittlerer Hitze etwas weich kochen. Mit Salz und wenig Pfeffer würzen. Wenn die Tomatenmasse zu trocken wird, wenig Wasser angiessen. Verquirlte, leicht gesalzene Eier mit wenig Knoblauch- und Paprikapulver würzen und untermischen. Alles mit einem Holzlöffel verrühren, bis die Eier eine cremige Konsistenz erreichen. Mit Schnittlauchröllchen bestreuen.

- *Tomaten-Shakshouka*: Wenig Olivenöl in einer weiten Bratpfanne erhitzen. 400 g geschälte Tomaten (aus dem Glas; ganz, gehackt oder passiert) mit ½ EL Tomatenmark (Tomatenpürée) und 2 geschälten Knoblauchzehen darin andünsten. Mit Salz, Pfeffer und ½ TL frischen Oreganoblättern oder 1 Prise getrocknetem Oregano bei mittlerer Hitze offen köcheln, bis die Sauce etwas eindickt (ganze Tomaten dabei mit einer Kelle zerdrücken). Drei Mulden in die Sauce formen. Die Eier einzeln aufschlagen, vorsichtig hineingleiten lassen und mit wenig Salz würzen. Pfanne zudecken und bei schwacher Hitze Eier stocken lassen. Mit Schnittlauchröllchen bestreuen.

- *Spargel-Shakshouka*: Wenig Olivenöl in einer weiten Bratpfanne erhitzen. 200 g dünnen, grünen Spargel in Stücke schneiden und darin andünsten. Leicht salzen. 400 g gehackte Tomaten (aus dem Glas) beifügen und würzen. Offen köcheln, bis der Spargel gar ist und Tomatensauce etwas eingedickt ist. Drei Mulden in die Sauce formen. Die Eier einzeln aufschlagen, vorsichtig hineingleiten lassen und mit wenig Salz würzen. Pfanne zudecken und bei schwacher Hitze Eier stocken lassen. Mit Schnittlauchröllchen bestreuen.

- *Ratatouille-Shakshouka*: 1 Aubergine und 1 Zucchini beidseitig kappen. 1 Paprikaschote (Farbe nach Belieben) vierteln, entkernen, Stielansatz und weisse Rippen entfernen. 4 grosse Champignons putzen. 1 grosse Tomate halbieren, Stielansatz entfernen und Tomate entkernen. Das ganze Gemüse in 2 bis 3 cm grosse Würfel schneiden. 1 Zwiebel hacken und 1 geschälte Knoblauchzehe in Scheiben schneiden. Blätter vom 1 Thymianzweig und 1 Oreganozweig abstreifen und zerzupfen. Olivenöl in einer weiten Bratpfanne erhitzen und alles unter gelegentlichem Rühren offen weich garen. Mit Salz und Pfeffer würzen. Bei Bedarf weiteres Öl hinzufügen, sodass das Gemüse immer gut befeuchtet bleibt. Drei Mulden im Gemüse formen. Die Eier einzeln aufschlagen, sorgfältig hineingleiten lassen und mit wenig Salz würzen. Pfanne zudecken und bei schwacher Hitze Eier stocken lassen. Mit Schnittlauchröllchen bestreuen.

Tipp: Bereiten Sie am Vortag die doppelte Menge Gemüse zu und verwenden Sie einen Teil als Beilage für Ihr Mittag- oder Abendessen. Den Rest lagern Sie im Kühlschrank. Für die Ratatouille-Shakshouka erhitzen Sie am nächsten Morgen das restliche Gemüse in wenig Olivenöl und geben die Eier in die Mulden.

Fisch: 50 - 100 g pro Person

- *Wildlachs geräuchert* [1] mit einer Handvoll rohem Grünzeug: Feldsalat, Jungspinat, Rucola oder andere Salatsorten, Grün von Frühlingszwiebeln, Petersilie, Schnittlauch, Kresse und/oder Sprossen.

- *Lachstatar*: Wildlachs geräuchert [1] nicht zu fein hacken. ½ Schalotte fein würfeln und dazugeben. Etwas Schnittlauch mit der Schere hinein schneiden. Ein paar Tropfen Zitronensaft, wenig Pfeffer und 1 - 2 EL sauren Halbrahm unterheben. Auf einigen Salatblättern anrichten. *Tipp*: Lachstatar am Vortag zubereiten und über Nacht kühl stellen.

- *Forellenfilets geräuchert* mit einer Handvoll rohem Grünzeug und wenig Mandelblättchen, getrockneten Kokosschnitzen oder Olivenöl garnieren.

Fleisch: 50 - 100 g pro Person

– *Carpaccio, Mostbröckli, Bündnerfleisch, Rohschinken* oder anderes Trockenfleisch, dazu eine Handvoll rohes Grünzeug: Feldsalat, Jungspinat, Rucola oder andere Salatsorten, Grün von Frühlingszwiebeln, Petersilie, Schnittlauch, Kresse und/oder Sprossen. Mit Sonnenblumen- oder Kürbiskernen oder einem Kerne-Nuss-Mix und wenig Olivenöl garnieren.

Tierische Milch: 150 - 200 g pro Person, Vollfettvariante

– *Griechisches Joghurt* oder *Joghurt aus Ziegen- oder Schafmilch* mit einer Handvoll Obst, Nüssen, Mandeln, Kokosflocken und/oder Samen.
– *Quark, Skyr, Hüttenkäse, Ricotta* mit einer Handvoll Obst, Nüssen, Mandeln, Kokosflocken und/oder Samen.

Hinweise: Beim Obst sind Beeren ideal, da sie weniger Zucker und viele Ballaststoffe enthalten. Wenn Sie Milchprodukte bereits am Vorabend aus dem Kühlschrank nehmen, sind sie oft besser bekömmlich.

Tiermilchfrei: Rezept jeweils für 1 Person

– *150 - 200 g Kokosmilchjoghurt* mit einer Handvoll Obst, Nüssen, Mandeln, Kokosflocken und/oder Samen.
– *Zuckerfreies Mango-Lassi*: 150 - 200 g Kokosmilch mit 1 reifen Mango, dem Saft von ½ oder 1 Zitrone sowie etwas abgeriebener Zitronenschale (nur der gelbe Teil) pürieren. Optional mit frischen Beeren garnieren.
– *Avocado-Bananen-Crème*: 1 Avocado, 2 Bananen und 1 EL ungesüsstes Kakaopulver mit einer Gabel zerdrücken. Optional mit frischen Beeren garnieren.
– *Chia-Mango-Pudding*: Das Mark von 1 Vanilleschote mit 2 dl Kokosmilch oder Kokosmilchjoghurt, 1 EL Chiasamen und 1 Prise Zimtpulver vermengen und über Nacht zugedeckt kühl stellen. Am Morgen 1 Mango schälen, die Hälfte mit etwas Zitronensaft mit einer Gabel zerdrücken und auf dem Pudding verteilen. Die restliche Mango in Würfel schneiden und darüber streuen.

❖ LÖSUNGSANSATZ 5
Bei Bedarf Zwischenmahlzeiten einnehmen

Es gibt unzählige Empfehlungen, wie viele Mahlzeiten gut für uns sind. Lassen Sie sich davon nicht verunsichern. Entscheidend ist ein einfaches Grundprinzip: Essen Sie, wenn Sie hungrig sind. Kommt also zwischendurch Hunger auf, dürfen Sie ruhig etwas essen – das unterstützt eine gleichmässige Energiezufuhr des Gehirns.

Je nach Bedarf können Sie am Vormittag, Nachmittag oder abends vor dem Zubettgehen einen Snack einplanen. Ideal ist eine Kombination aus Rohkost (Gemüse oder Obst) mit etwas Fett und/oder Eiweiss. Diese Mischung sättigt gut und hält den Blutzuckerspiegel stabil.

Sobald Ihr Körper flexibel zwischen Zucker- und Fettverbrennung wechseln kann (metabolische Flexibilität), werden Sie womöglich keine Zwischenmahlzeiten mehr brauchen.

Rohkost

— *Rohes Gemüse*: Blumenkohl, Cherrytomaten, Chicorée, Fenchel, Karotten, Kohlrabi, Paprikaschote, Radieschen, Rote Bete (Randen), Salatgurke, grüner Spargel, Stangensellerie, Zucchini. Optional dazu ein Dip wie Guacamole, Hummus, Tzatziki.

— *Obst nach Wahl – vorzugsweise Beeren.* Optional dazu ein Dip wie Mandelmus, Sesampaste (Tahini).
  Süss-saure Kombinationen:
  - Saftige Birnen oder Trauben mit Emmentaler, Sbrinz oder Roquefort, ergänzt durch ein paar Walnüsse (Baumnüsse).
  - Melone mit Rohschinken.

— *Trockenfrüchte nach Wahl.*
  - *Bei Lust auf Süsses*: Drei entsteinte Datteln, gefüllt mit je einer Walnuss (Baumnuss) oder Pekannuss.

Fett- und Proteinquellen

- *Nüsse**: Walnüsse (Baumnüsse), Cashewnüsse, Haselnüsse, Kokosnüsse (frisch oder getrocknet), Macadamia, Mandeln, Pekannüsse, Pistazien (auf Erdnüsse und Paranüsse verzichten**).

- *Kerne & Samen nach Wahl.*

- *Avocado, Oliven.*
  - *Herzhafte Oliven*: Abgespülte Oliven mit Thymianblättern, Knoblauchstücken und Olivenöl mischen und kleine Fetawürfel unterheben.

- *Hartgekochte Eier.*

- *Carpaccio, Mostbröckli, Bündnerfleisch, Rohschinken* oder anderes Trockenfleisch.

- *Kalte Puten- und Hähnchenstreifen, Garnelen.* Optional mit Dip wie Guacamole, Hummus, Tzatziki.

- *Milchprodukte, wenn vertragen*: Feta, Hüttenkäse, Mozzarella, Ricotta, Käse (vorzugsweise aus Rohmilch, Ziegen- oder Schafmilch).

---

* Nüsse sind reich an Fett, Eiweiss, Ballaststoffen und Mineralien. Sie bieten ein günstiges Verhältnis von Omega-6- zu Omega-3-Fettsäuren sowie antioxidative und entzündungshemmende Stoffe wie Polyphenole und Vitamin E. Studien zeigen, dass der regelmässige Verzehr von Nüssen, insbesondere Walnüssen, Entzündungsmarker im Blut deutlich reduzieren kann. Trotz ihrer gesundheitlichen Vorteile ist es nicht ratsam, täglich grosse Mengen zu essen oder Nussmehle für Gebäck zu verwenden, da Nüsse verdauungshemmende Substanzen enthalten. Ein bis zwei Handvoll pro Tag sind ideal. Nüsse sollten kühl und dunkel gelagert werden, da sie schnell oxidieren können. Sie sind nicht mehr geniessbar, wenn sie schimmelig sind oder muffig riechen. Wer auf bestimmte Nusssorten allergisch ist, muss diese konsequent meiden.

** Erdnüsse sind keine echten Nüsse, sondern Hülsenfrüchte, die aufgrund ihres hohen Omega-6-Gehalts entzündungsfördernd wirken. Paranüsse haben heutzutage ein Qualitätsproblem. Sie sind häufig mit Aflatoxinen - krebserregenden Schimmelpilzen - belastet und reichern radioaktive Stoffe, insbesondere Radium, in grösseren Mengen an.

❖ LÖSUNGSANSATZ 6
Industriezucker reduzieren & Süssstoffe meiden

Wie wir bereits wissen, besitzen Zucker und Süssstoffe keine positiven gesundheitlichen Eigenschaften; im Gegenteil, sie schaden unserem Körper. Deshalb ist es entscheidend, das Zuckerkarussell zu verlassen.

Heisst das nun, dass wir nie wieder Süsses essen dürfen? Es ist höchst unwahrscheinlich, dass es uns gelingt, Zucker und andere schädliche Nahrungsmittel vollständig aus unserer Ernährung zu verbannen. Wir sind keine Roboter, daher werden auch wir hin und wieder schwach – und das ist vollkommen in Ordnung. Wichtig ist jedoch, dass wir uns bewusst machen, dass uns gewisse Dinge nicht guttun. Je weniger wir von ihnen konsumieren, desto besser ist es für unsere Gesundheit.

Der Zuckerkonsum sollte sich auf ein verträgliches Mass einpendeln, das heisst, nicht mehr als 25 bis 30 Gramm pro Tag (etwa 2 Esslöffel) für Erwachsene, bei Kindern die Hälfte. Süssstoffe sollten aus den genannten Gründen (siehe Abschnitt „Übeltäter") hingegen dauerhaft gemieden werden.

Wenn man Zucker aus dem Weg gehen möchte, ist es wichtig, Limonaden, die übermässig viel Zucker enthalten, strikt zu meiden und Speisen aus frischen Zutaten selbst zuzubereiten. Letzteres ist jedoch nicht immer praktikabel. Besonders, wenn man auswärts isst, ist es schwierig, Zucker zu umgehen. Er findet sich oft, auch eher unerwartet, in Salatsaucen und Suppen. Am besten lässt man die offensichtlichen Zuckerquellen wie Süssgetränke, Alkohol und Desserts weg.

Beim Einkauf von vorgefertigten Produkten sollten Sie grundsätzlich die Zutatenliste studieren. Selbst in salzigen Lebensmitteln steckt oft Zucker - etwa in Ketchup, Heringsalat, Rotkohl aus dem Glas oder Salatsaucen - auch wenn sie nicht süss schmecken.

Wenn „Zucker" in der Zutatenliste steht (Haushaltszucker, Kristallzucker, Invertzucker, Kokosblütenzucker, Malzzucker, Palmzucker, Rohrzucker, Rübenzucker), ist es klar, dass es sich um Zucker handelt.

Allerdings verbirgt sich das süsse Gift oft hinter harmlos klingenden Begriffen, die auf „ose" oder „in" enden, wie: Dextrose, Fruktose, Glukose, Laktose, Maltose, Saccharose, Dextrin, Maltodextrin.

Ebenso zählen Sirup (z. B. aus Ahorn, Mais, Reis, Zuckerrüben), Gerstenmalz(extrakt), Melasse und Süssmolkenpulver dazu. Auch Dicksaft (z. B. aus Agave, Ahorn, Apfel, Birnen) ist letztendlich Zucker.

Besonders häufig sind inzwischen Bezeichnungen wie Fruchtextrakt, Fruchtpüree, Fruchtsaft und Fruchtsaftkonzentrat auf Verpackungen von Frühstücksflocken, Müslis oder Joghurt zu finden. Dabei handelt es sich um Früchte, die verarbeitet und ihrer Ballaststoffe beraubt wurden – übrig bleibt fast ausschliesslich Zucker.

Übrigens, auch Honig besteht aus Glukose und Fruktose und wird im Darm in diese Moleküle zerlegt. Selbst wenn Honig viele gesundheitsfördernde Inhaltsstoffe beinhaltet, hat er praktisch die gleiche Wirkung auf unseren Körper wie Zucker. Daher empfehle ich einen sparsamen Einsatz. Der gesündeste Zucker, den Sie zu sich nehmen können, stammt aus Früchten.

Erst als ich sämtlichen Süsskram aus meinem Speiseplan gestrichen hatte, erkannte ich, wie süchtig ich nach Zucker gewesen war. Die ersten Tage waren hart und es brauchte viel Willenskraft, nicht schwach zu werden. Zum Glück hatte ich vorher alle Süssigkeiten aus dem Haus geschafft – so kam gar keine Versuchung auf. Nur den Schokoaufstrich der Kinder hatte ich behalten und vor mir versteckt. Doch das Gehirn vergisst in seiner Not nicht, wo Süsses lagert – also musste ich schliesslich auch diesen loswerden.

Diese kleine Massnahme hat grosse Wirkung, denn jedes Nein kostet mentale Energie. Wer nichts zu Hause hat, muss sich gar nicht erst überwinden. Das konsequente Entsorgen zuckerhaltiger Produkte kann ich Ihnen daher nur empfehlen.

Am Wochenende gönnte ich mir ein leckeres Dessert, auf das ich mich sehr freute, da es nun etwas Besonderes war. Diese Ausnahme war wichtig für meine Motivation. Nach etwa drei Wochen bemerkte ich jedoch, dass mich extrem süsse Kuchen wie Kirsch- oder Sachertorte oder ein Millefeuille (Crèmeschnitte) nicht mehr reizten. Stattdessen schmeckte mir plötzlich die natürliche Süsse einer Frucht oder sogar die einer Nuss intensiver.

Unsere Geschmacksknospen erneuern sich alle 10 bis 14 Tage und passen sich dem Nahrungsangebot an. Diese Anpassung betrifft übrigens auch Bereiche des Gehirns und des Darms, die unseren Appetit sowie das Verlangen nach bestimmten Substanzen steuern.

❖ LÖSUNGSANSATZ 7
Die richtige Reihenfolge

Bisher galten vor allem die Menge und der Stärkegehalt einer Mahlzeit als entscheidend für den Blutzuckeranstieg und die Insulinausschüttung. Amerikanische Forschende zeigten jedoch vor einigen Jahren, dass sich beide Werte deutlich senken lassen, wenn man die Bestandteile einer Mahlzeit in einer bestimmten Reihenfolge isst.

In einer Studie erhielten die ProbandInnen zunächst Kohlenhydrate in Form von Ciabattabrot und Orangensaft. Nach 15 Minuten folgte gegrillte Hähnchenbrust (ohne Haut) mit grünem Salat und Tomaten an fettarmer Vinaigrette sowie in Butter gedämpftem Brokkoli. Eine Woche später wurde die Reihenfolge umgekehrt: Zuerst der Salat, dann die Hähnchenbrust mit gedämpftem Gemüse, gefolgt von Brot und Orangensaft. In diesem Fall lag die Blutzuckerspitze um 37 % niedriger, und der Körper benötigte 50 % weniger Insulin.

In einer weiteren Studie war der Effekt noch deutlicher: Zwei Gruppen von Typ-2-DiabetikerInnen erhielten über acht Wochen identische Mahlzeiten zum Mittag- und Abendessen. Eine Gruppe sollte jedoch zunächst eiweiss- und fettreiche Lebensmittel essen und erst danach die Kohlenhydrate. Bei ihnen fielen die Blutzuckerspitzen deutlich geringer aus – ähnlich wie im zuvor erwähnten Experiment. Besonders bemerkenswert war, dass der HbA1c-Wert (Langzeitblutzuckerwert) deutlich sank – ein Hinweis darauf, dass sich ihr Typ-2-Diabetes langsam zurückbildete. In der Vergleichsgruppe zeigte sich hingegen keine Besserung.

Zusammenfassend lässt sich sagen: Es kommt nicht nur darauf an, was wir essen, sondern auch, in welcher Reihenfolge wir die grossen Nährstoffgruppen zu uns nehmen.

Die Erklärung für diesen Effekt hängt mit der Funktionsweise unserer Verdauung zusammen. Im Magen werden Stärke- und Zuckermoleküle nicht verdaut, sondern direkt in den Dünndarm weitergeleitet. Diese gelangen dann sehr schnell in den Blutkreislauf und verursachen Blutzuckerspitzen. Wenn wir jedoch vorher Ballaststoffe, Fette und/oder Proteine essen, verlangsamen diese die Magenentleerung und bilden eine Art „Netz" im Dünndarm, das der Glukose den Übergang in den Blutkreislauf erschwert. Die Aufnahme sämtlicher Glukose erfolgt deutlich langsamer. Das Ergebnis ist eine flachere Blutzuckerkurve.

Für viele Menschen ist es eine Herausforderung, langfristig einer kohlenhydratarmen Ernährung treu zu bleiben. Doch die Beachtung der Reihenfolge, in der Lebensmittel während einer Mahlzeit verzehrt werden, bietet eine einfache und gesunde Möglichkeit, den Blutzuckerspiegel positiv zu beeinflussen. So können zucker- und stärkehaltige Speisen weiterhin genossen werden – jedoch mit deutlich geringeren Auswirkungen auf den Körper.

❖ LÖSUNGSANSATZ 8
Jede Hauptmahlzeit beginnt mit Rohkost

Dieser Lösungsansatz setzt das Prinzip der „richtigen Reihenfolge" in die Praxis um. Ziel ist es, jede Hauptmahlzeit - also Mittag- und Abendessen - mit einer Portion Rohkost zu beginnen.

Wenn sich die zahlreichen Studien zum Thema Ernährung in einem Punkt einig sind, dann darin, dass rohes Gemüse (einschliesslich Salate) durchweg gut für uns ist. Es liefert unserem Körper bei geringem Kohlenhydratgehalt einen Cocktail an gesundheitsfördernden Wirkstoffen, die ihn dabei unterstützen, Entzündungen zu bekämpfen. Zu nennen sind beispielsweise die Vitamine C, E und K sowie die natürliche Folsäure (Vitamin B9), die gemeinsam mit den Vitaminen B6 und B12 die gefässschädigende Aminosäure Homocystein senkt, die im Rahmen von Stoffwechselprozessen im Körper anfällt. Dunkelgrünes Gemüse ist ausserdem eine hervorragende Quelle für Magnesium und Chlorophyll. Letzteres ist der grüne Farbstoff, auch als „grünes Blut der Pflanzen" bezeichnet, und er ist bekannt für seine entgiftenden Eigenschaften.

Frische und naturbelassene Pflanzen wie Blattsalate, rohes Gemüse, Kräuter, Wildpflanzen und Sprossen liefern unserem Körper zudem elektrolytreiches Zellwasser – die optimale Hydrierung für unsere Zellen. Schlüsselsubstanzen in rohen Speisen sind auch die zahlreichen Enzyme, die die Arbeit unseres Darms tatkräftig unterstützen und eine optimale Verdauung sowie Nährstoffaufnahme fördern.

Der zentrale Punkt dieses Lösungsansatzes besteht darin, durch die richtige Wahl der Vorspeise die Ballaststoffe wieder in den Fokus zu rücken – und das gleich zu Beginn der Mahlzeit. Doch warum ist das so wichtig – und was genau sind eigentlich Ballaststoffe?

Ballaststoffe sind unverdauliche pflanzliche Bestandteile, die als strukturelles Gerüst und Verpackungsmaterial dienen. Früher nahm man an, dass sie den Darm unverändert passieren und lediglich mit dem Stuhl ausgeschieden würden – daher der irreführende Name „Ballast". Heute ist bekannt, dass sie wertvolle Aktivstoffe mit hohem Gesundheitswert sind und somit einen völlig falschen Namen tragen. Im Englischen werden sie treffenderweise „fibers" - also „Fasern" - genannt.

Wie bereits im letzten Lösungsansatz erwähnt, wirken sich Ballaststoffe sehr positiv auf unseren Blutzuckerspiegel aus – besonders dann, wenn sie *vor* den Kohlenhydraten eingenommen werden. Sie bilden im Darm eine Barriere, durch die Zuckermoleküle langsamer ins Blut gelangen. Dadurch steigt der Blutzuckerspiegel weniger stark an.

Wie gross sollte diese Vorspeise sein? Zwei Hände voll sind ideal. Wenn Sie bisher kaum oder nur wenig Rohkost als Vorspeise gegessen haben, müssen sich Ihre Darmmikroben erst daran gewöhnen. Beginnen Sie am besten mit einer Handvoll Rohkost und steigern Sie die Menge nach und nach.

Frisch und knackig – so sollte ein gesunder Salat sein. Würzen Sie Ihren Salat stets mit frischem Zitronensaft, der teilweise die schädlichen Nitrate neutralisieren kann, die auch in der ökologischen Landwirtschaft als Dünger eingesetzt werden. Tomaten und Obst sollten nicht kombiniert werden, da diese Mischung die Verdauung stören kann. Bei Salaten mit Tomaten empfiehlt es sich daher, statt Zitronensaft wenig Apfelessig zu verwenden, zusammen mit Olivenöl und Salz.

Als Salatoptionen eignen sich beispielsweise:

Salat: Batavia, Brunnenkresse, Chicorée, Chinakohl, Eichblatt, Eisberg, Endivie, Feldsalat (Nüsslisalat), Frisée, Grünkohl, Jungspinat, Kopfsalat, Romana (Lattich), Lollo, Portulak, Radicchio (Cicorino), Rucola, Zuckerhut.

Rohes Gemüse: Blumenkohl (im Mixer zerkleinert), Fenchel, Karotten, Knollensellerie, Kohlrabi, Paprikaschote, Radieschen, Rettich, Rote Bete (Randen), Rot- und Weisskohl, Salatgurke, grüner Spargel, Stangensellerie, Tomaten, Wirsing, Zucchini.

Die verschiedenen Salatsorten und das rohe Gemüse können Sie als eigenständigen Salat zubereiten oder nach Belieben mischen. Noch leckerer und sättigender wird Ihre Vorspeise, wenn Sie sie mit Zwiebel, Frühlingszwiebel oder Knoblauch sowie mit verschiedenen Zutaten ergänzen, wie:

Kräuter: Basilikum, Koriander, Kresse, Petersilie, Pfefferminze, Schnittlauch (Blätter und Blüten), Zitronenmelisse.

Essbare Wildpflanzen: Bärlauch (Blätter und Blüten), Brennnessel, Löwenzahn (Blätter, Blüten und Wurzel).

Sprossen: Alfalfa, Bockshornklee, Brokkoli, Grünkohl, Koriander, Radieschen.

Essbare Blüten: Gänseblümchen, Kapuzinerkresse, Lavendel, essbare Rosen, Stiefmütterchen.

Obst: Apfel, Beeren, Granatapfel, Grapefruit, Melone, Orange, Trauben.

Fett / Eiweiss: Avocado, Kerne, Nüsse, Samen, Oliven, Feta, Mozzarella, Parmesanspäne, gebratene Jakobsmuscheln, Pilze, Speckwürfel, hartgekochtes Ei, Thunfisch (aus dem Glas), Wildlachs geräuchert [1].

❖ LÖSUNGSANSATZ 9
Jede Hauptmahlzeit enthält Eiweiss

Protein, oft auch Eiweiss genannt, ist ein unverzichtbarer, lebenswichtiger Baustein aller Lebewesen, einschliesslich Pflanzen. Das Wort stammt vom griechischen Wort „proteuo", was so viel bedeutet wie „Ich nehme den ersten Platz ein". Das ist keine so verkehrte Beschreibung, denn ohne Protein gäbe es kein Leben.

In jeder menschlichen Zelle befinden sich mehrere Tausend verschiedene Proteine, die spezifische Funktionen im Organismus erfüllen. Als Strukturproteine sind sie in sämtlichen Geweben und Organen zu finden – darunter in Blutgefässen, Haaren, Haut, Knochen, Knorpel, Nägeln, Sehnen und Zähnen. Transportproteine befördern Sauerstoff und Fett dorthin, wo sie im Körper benötigt werden. Speicherproteine helfen dabei, bestimmte Stoffe einzulagern (z. B. Ferritin), während kontraktile Proteine dafür sorgen, dass sich Muskeln zusammenziehen und wir uns bewegen können. Für die Blutgerinnung und das Funktionieren des Immunsystems benötigt der Mensch ebenfalls Proteine. Darüber hinaus gehören Hormone und Enzyme, die an verschiedenen Prozessen im Körper beteiligt sind, zu den Eiweissen. Kurz gesagt: Ohne sie läuft gar nichts.

Täglich werden durch den normalen „Betrieb" unseres Organismus Proteine abgebaut und ihre Bausteine ausgeschieden. Deshalb müssen sie kontinuierlich ersetzt werden. Ein Beispiel sind die roten Blutkörperchen: Sie leisten etwa einen Monat lang hervorragende Arbeit, bevor sie erneuert werden müssen. Dasselbe gilt für andere körpereigene Proteine. Aus diesem Grund dient Eiweiss in der Regel nicht der Energiegewinnung – der Körper greift nur in Ausnahmesituationen auf seine Proteinreserven zurück.

Anfang des 20. Jahrhunderts entdeckten Chemiker, dass jedes Protein aus einer spezifischen Sequenz kleinerer Bausteine besteht – den sogenannten Aminosäuren. Es sind diese kleinen Bausteine, die unsere Zellen für ihre vielfältigen Aufgaben benötigen. Insgesamt gibt es 20 verschiedene Aminosäuren. Elf kann unser Körper selbst herstellen, die übrigen neun nicht. Diese nennt man „essentiell", da sie zwingend über die Nahrung aufgenommen werden müssen. Fehlt auch nur eine einzige dieser Aminosäuren oder liegt sie nicht in ausreichender Menge vor, kommt die Proteinsynthese ins Stocken.

In diesem Fall greift der Körper auf weniger wichtige Strukturen zurück - etwa Muskelmasse oder Teile bestimmter Organe -, um die dringend benötigten Proteine selbst herstellen zu können. Das kann kurzfristig hilfreich sein, etwa bei Nahrungsknappheit, birgt jedoch langfristig die Gefahr von Muskelschwund und Organschäden.

Dementsprechend ist für ein reibungsloses Funktionieren des Organismus nicht nur die aufgenommene Proteinmenge entscheidend, sondern auch der Gehalt an essentiellen Aminosäuren und deren Verfügbarkeit. In diesem Zusammenhang spricht man von der „biologischen Wertigkeit".

Grundsätzlich weisen tierische Eiweisse eine höhere biologische Wertigkeit auf als pflanzliche, da ihre Aminosäurenzusammensetzung dem Körperprotein ähnlicher ist. Tierisches Eiweiss findet sich in Fleisch, Fisch, Eiern und Milchprodukten. Als Referenzwert dient das Vollei: 1 Gramm Protein aus dem Vollei kann 1 Gramm Körperprotein ersetzen und hat daher eine biologische Wertigkeit von 100. Fleisch und Fisch kommen auf Werte von etwa 92.

Untersuchungen zeigen, dass der Nettoaufbau von Körperproteinen nach dem Verzehr gleicher Mengen pflanzlicher Proteine deutlich geringer ausfällt als nach der Aufnahme tierischer Eiweisse. Im Extremfall war der Unterschied zwischen tierischen Quellen wie Fleisch und Fisch sowie pflanzlichen Alternativen wie Bohnen, Tofu und Nüssen fast fünfmal so gross. Das zeigt, wie stark die biologische Wertigkeit einzelner Proteinquellen variieren kann. Durch eine geschickte Kombination lässt sich dieser Wert sogar noch steigern – etwa bei Vollei und Kartoffeln, die gemeinsam eine biologische Wertigkeit von 136 erreichen.

Wie wichtig das ist, zeigte ein Forscherteam aus den USA. Sie fanden heraus, dass Nervenzellen im Gehirn von Omnivoren (Allesfressern) ständig überprüfen, welche essentiellen Aminosäuren der Körper aufnimmt. In Experimenten wurden Ratten fünf bis sieben Tage lang mit wenig Protein gefüttert. Nach dieser Zeit bot man ihnen Futter ohne essentielle Aminosäuren an und versteckte das Futter mit den lebenswichtigen Bausteinen an einem anderen Ort. Die Tiere lehnten die erste Kost ab und begannen innerhalb von 20 Minuten, nach dem Futter mit den benötigten Nährstoffen zu suchen. Nachdem sie es gefunden hatten, frassen sie so lange weiter, bis sie ihren Bedarf an allen essentiellen Aminosäuren gedeckt hatten. Die Wissenschaftler folgerten daraus, dass dieser biochemische Prozess einer Überlebensstrategie gleichkommt.

Zwei Forschende der Oxford University in England konnten 2005 zeigen, dass dieser Mechanismus auch beim Menschen eine Rolle spielt. Ihre „Protein-Hebel-Hypothese" besagt, dass der Körper bestrebt ist, täglich ausreichend Protein - und damit essentielle Aminosäuren - aufzunehmen. Dies führt dazu, dass Menschen tendenziell so lange essen, bis dieser Bedarf gedeckt ist – unabhängig vom Energiegehalt der Nahrung. Eine proteinarme Ernährung kann daher eine übermässige Aufnahme von Kohlenhydraten und Fett fördern und so eine Gewichtszunahme begünstigen.

Wird die Kalorienzufuhr im Rahmen einer Diät reduziert, um Gewicht zu verlieren, verschärft sich das Problem häufig: Viele Diätprogramme enthalten zu wenig Protein. Der Körper beginnt dann, Muskelmasse abzubauen, um seinen Eiweissbedarf zu decken – ein sogenannter kataboler Zustand. Dabei verliert man das „falsche" Gewicht, nämlich Muskeln statt Fett. Da Muskeln selbst im Ruhezustand Energie verbrauchen, sinkt der Grundumsatz (also der Energieverbrauch in Ruhe). Genau das erklärt, warum es nach einer Diät häufig zum bekannten „Jo-Jo-Effekt" kommt – einer schnellen und unerwünschten Gewichtszunahme.

Die „Protein-Hebel-Hypothese" wurde 2011 in einer randomisierten Kontrollstudie an jungen, schlanken ProbandInnen bestätigt. Die Teilnehmenden wurden per Losverfahren zufällig der Therapie- bzw. Kontrollgruppe zugeteilt. Drei Gruppen erhielten vier Tage lang gleich aussehende Mahlzeiten mit entweder 10 %, 15 % oder 25 % Proteinanteil, von denen sie nach Belieben essen durften. Zusätzlich gab es Snacks zur Auswahl. Interessanterweise nahmen die Teilnehmenden der Gruppe mit dem niedrigsten Proteingehalt die meisten Kalorien zu sich und fühlten sich nach den Mahlzeiten trotzdem nicht ausreichend gesättigt. In der Gruppe mit dem höchsten Proteinanteil war es umgekehrt. Folglich scheint der Proteinanteil in der Ernährung bei der Regulierung der Nahrungsaufnahme und somit bei der Kontrolle des Körpergewichts eine Rolle zu spielen.

Anders als Säugetiere können Hefezellen diese Nährstoffe im Notfall selbst herstellen. Diese Tatsache zeigt, wie wichtig die Proteinsynthese für das Überleben aller Organismen ist.

Ein Blick auf traditionelle Essgewohnheiten zeigt, dass das Gespür für eine eiweissreiche Ernährung offenbar angeboren ist. Auch ohne Kenntnisse moderner Ernährungswissenschaft kombinierten Menschen bei einem Mangel an tierischem Eiweiss gezielt pflanzliche Lebensmittel mit unterschiedlichen essentiellen Aminosäuren – und steigerten so die biologische Wertigkeit ihrer Mahlzeiten. Klassische Beispiele sind Gerichte aus Bohnen mit Mais (ca. 99) oder Reis mit Soja (ca. 111).

Für Menschen mit Migräne ist - neben einer ausreichenden Zufuhr von Fetten und Ballaststoffen aus Gemüse (einschliesslich Salaten), Obst und Nüssen - hochwertiges Eiweiss ein wesentlicher Bestandteil des gesamten Plans. Es liefert wichtige Baustoffe für alle Organe - besonders für das Gehirn -, stabilisiert den Blutzuckerspiegel und sorgt von allen drei Hauptnährstoffen (Kohlenhydrate, Fette und Eiweiss) am nachhaltigsten für Sättigung.

Tierisches Eiweiss erleichtert zudem die Versorgung mit entzündungshemmenden und schmerzlindernden Stoffen wie Omega-3-Fettsäuren, Selen, Zink, Vitamin A und Vitamin B12. Letzteres kommt ausschliesslich in tierischen Produkten vor und ist für den Menschen lebensnotwendig. Seine Funktionen - etwa die Energieversorgung der Zellen, die Stabilisierung des Serotoninhaushalts, die Regeneration der Nerven und der Abbau des gefässschädigenden Homocysteins - können die Migräne positiv beeinflussen.

Die meisten Menschen gehen davon aus, dass sie automatisch mit ausreichend Eiweiss versorgt sind, wenn sie „normal" essen, da nahezu alle Lebensmittel Eiweiss enthalten. Vielen ist jedoch nicht bewusst, wie viel Protein täglich benötigt wird und dass alle essentiellen Aminosäuren schlussendlich vorhanden sein müssen.

Für den Baustoff Eiweiss gilt, dass eine Mindestmenge pro Tag erforderlich ist, da ein Überschuss nicht so effizient gespeichert werden kann wie Fette oder Kohlenhydrate. Zudem lässt sich der Eiweissbedarf nicht durch die beiden anderen Energieträger kompensieren.

Die Expertenkomitees der FAO und der WHO empfehlen 0,83 g Protein pro kg Körpergewicht pro Tag als Richtwert für junge Erwachsene. Gesunde Personen ab 65 Jahren, Schwangere sowie Stillende benötigen mehr. Auch SportlerInnen haben - je nach Intensität der Belastung - einen deutlich erhöhten Bedarf.

Neben der Menge spielt auch die Häufigkeit der Proteinzufuhr eine zentrale Rolle. Da der Körper kontinuierlich Proteine auf- und abbaut, ist eine regelmässige, bedarfsdeckende Zufuhr erforderlich. Laut einer amerikanischen Studie führte die gleichmässige Verteilung der Eiweissaufnahme auf drei Mahlzeiten zur höchsten Proteinsynthese.

Bei dem oben genannten Richtwert benötigt eine 70 Kilogramm schwere Person etwa 60 g reines Protein, das heisst etwa 20 g pro Mahlzeit (einschliesslich Frühstück). Der reine Eiweissgehalt von Fleisch oder Fisch beträgt je nach Sorte etwa 20 % bis 25 %, was bedeutet, dass 100 g Fleisch oder Fisch erforderlich sind, um den Bedarf einer Mahlzeit zu decken. Bei den Eiern wären es drei Stück, da ein Hühnerei rund 5 bis 7 g reines Eiweiss enthält. Als Faustregel gilt: Die jeweilige Portion entspricht ungefähr der Grösse der eigenen Handinnenfläche (je grösser der Mensch, desto grösser seine Hand).

Einige von Ihnen werden jetzt denken: „Schadet denn so viel tierisches Eiweiss den Nieren nicht?" Die offiziell empfohlene Proteinzufuhr basiert auf einer physiologisch begründbaren Menge, die den Grundbedarf sowie eine Sicherheitsspanne miteinbezieht. Laut der Schweizerischen Gesellschaft für Ernährung gilt in etwa die doppelte Menge des Referenzwertes, also rund 1,6 g Protein pro kg Körpergewicht und Tag, als sicher für gesunde Erwachsene.

Aber selbst wenn Sie es übertreiben sollten, würden Sie das vermutlich nicht lange durchhalten. Dichte Eiweissquellen aus unverfälschten Lebensmitteln sättigen extrem stark – daher kann man davon langfristig kaum zu viel essen.*

Was weitere Gesundheitsthemen wie Herz-Kreislauf-Erkrankungen oder Krebs betrifft, gibt es keine überzeugenden Belege dafür, dass ein bedarfsdeckender Konsum hochwertiger Eiweiss-Naturprodukte - in Kombination mit reichlich Salat und Gemüse - schädlich wäre.

Die Gleichsetzung tierischer Fette mit gesättigten Fettsäuren führte vor Jahrzehnten zur Behauptung, Eier und Fleisch seien schädlich für uns. Das ist in dreierlei Hinsicht falsch: Erstens kommen gesättigte Fettsäuren nicht nur in tierischen Fetten vor – Kakaobutter, Kokos- und Palmfett bestehen vorwiegend aus gesättigten Fettsäuren. Zweitens setzt sich jedes Fett aus einer Kombination von gesättigten und ungesättigten Fettsäuren zusammen, und drittens enthält ein Lebensmittel nicht nur Fette, sondern auch zahlreiche weitere Inhaltsstoffe. Der Anteil an gesättigten Fettsäuren bei Schweineschmalz, Enten-, Gänse- und Hähnchenfett liegt bei nur 40 %.

---

* Dies gilt nicht für Eiweisspulver. Das verarbeitete Eiweiss wird sehr schnell verdaut, erhöht im Gegensatz zu naturbelassenen Produkten den Blutzuckerspiegel und führt bald wieder zu Hunger. Ausserdem enthalten Eiweisspräparate häufig Zucker oder künstliche Süssstoffe. Lassen Sie daher besser die Finger davon.

Laut aktueller Datenlage gibt es keine eindeutigen Belege für einen schädlichen Effekt gesättigter Fette. Im Gegenteil: Epidemiologische Beobachtungen zeigen, dass Franzosen trotz eines hohen Konsums - etwa durch Käse und Rahmsaucen - eine relativ geringe Inzidenz für kardiovaskuläre Erkrankungen wie Herzinfarkte aufweisen. Dieses Phänomen wird als „französisches Paradox" bezeichnet.

Aber was ist mit rotem Fleisch? In grossen Untersuchungen wie der EPIC-Studie - einer der grössten Kohortenstudien weltweit - zeigte sich, dass lediglich der tägliche Verzehr von verarbeitetem Fleisch und Wurstwaren (z. B. Salami, Speck) mit einem leicht erhöhten Risiko für Herz-Kreislauf-Erkrankungen, Krebs und einer höheren Sterblichkeit verbunden war. Hauptverantwortlich dafür sind Begleitstoffe wie Pökelsalze und Nitrate. Auch schwarz gegrilltes Fleisch gilt als ungesund – das ist allgemein bekannt. Für unverarbeitetes rotes Fleisch oder Hühnerfleisch wurde jedoch kein solcher Zusammenhang festgestellt. Das Fazit lautet daher: Wurst schadet, Fleisch nicht.

Verschiedene Studien zeigen zudem positive Effekte, wenn im Rahmen einer ausgewogenen Ernährung moderate Mengen tierischen Eiweisses mit Gemüse, Obst und hochwertigen Fetten kombiniert werden.

Eine Ernährungsform, die diesem Grundsatz entspricht und für die es die beste Evidenz gibt, gesundheitsfördernd zu sein, ist die mediterrane Kost. Im Rahmen der EPIC-Studie zeigte sich, dass beispielsweise die Griechen täglich durchschnittlich ebenso viel Fleisch und Milchprodukte wie die Deutschen konsumieren, jedoch deutlich mehr Gemüse (einschliesslich Salate), Früchte und Nüsse sowie weniger Getreideprodukte. Auch hier lag - wie in Frankreich - der Anteil gesättigter Fette leicht höher als bei anderen Ernährungsformen.

Ich habe meinen Eiweissbedarf zu Beginn vor allem durch tierische Produkte gedeckt (Fleisch, Fisch, Eier und Milchprodukte). Durch diese kohlenhydratreduzierte Kost konnte ich schnell deutliche Verbesserungen in Bezug auf meine Migräne erzielen. Aus diesem Grund empfehle ich Ihnen ebenfalls, speziell in der Anfangszeit, zu jeder Hauptmahlzeit Ihren Proteinbedarf durch ein tierisches Lebensmittel zu decken. Es müssen keine grossen Mengen sein – bei Fisch, Fleisch und Eiern reichen handflächengrosse Portionen.

Fleisch

Fleisch sollte - wenn möglich - aus Weidehaltung stammen. Tiere in dieser Haltungsform haben ausreichend Bewegung und bekommen natürliches Grünfutter wie Gras, Kräuter, Heu oder Grassilage, statt mit Kraftfutter gefüttert zu werden.

Ein wesentlicher Vorteil dieser artgerechten Aufzucht liegt nicht nur im Tierwohl, sondern auch in der Fleischqualität: Es enthält wertvolle Inhaltsstoffe und ein günstigeres Fettsäureprofil als das Fleisch von Tieren, die Omega-6-reiches Getreide, Mais oder Soja erhalten.

Bio-Fleisch ist nicht immer die bessere Wahl. Zwar gelten in der ökologischen Landwirtschaft strengere Richtlinien zur Tierhaltung, und genmanipuliertes Futter ist meist verboten. Das garantiert jedoch nicht automatisch eine artgerechte Fütterung. Häufig wird Bio-Getreide, Bio-Mais oder Bio-Soja verwendet. So kann das Fleisch eines heimischen Bio-Rinds, das mit Bio-Soja gefüttert wurde, minderwertiger sein als das eines argentinischen Nicht-Bio-Rinds aus Weidehaltung.

Viele Verbraucher fragen sich, wie sie denn erkennen können, ob ein Tier artgerecht gehalten wurde. Orientierung bieten verschiedene Siegel, die über die Haltungsform informieren. Alternativ kann Ihr Metzger Ihnen genauere Auskünfte geben.

Um eine vielfältige Nährstoffversorgung sicherzustellen, sollten Sie regelmässig variieren: Probieren Sie Geflügel, Kalb, Lamm, Rind, Wild und Schwein. Auch innerhalb von Wild und Geflügel lohnt es sich, unterschiedliche Sorten wie Hirsch, Reh, Wildschwein, Gans und Pute in den Speiseplan aufzunehmen.

Ergänzen Sie Ihre Ernährung zudem mit Innereien, die einen anderen Nährstoffmix als reines Muskelfleisch bieten. Diese sind besonders reich an B-Vitaminen, Vitamin C, Vitamin K2 sowie wichtigen Mineralstoffen und Spurenelementen wie Magnesium, Phosphor und Zink. Darüber hinaus liefern sie Carnitin, Coenzym Q10 und Kreatin. Innereien sind vor allem die beste Quelle für Vitamin A (Retinol). Dieses ist nicht nur für die Augengesundheit wichtig, sondern spielt auch eine zentrale Rolle für ein starkes Immunsystem. Darüber hinaus trägt Vitamin A wesentlich zur Gesunderhaltung der sogenannten Epithelbarriere bei – der schützenden Zellschicht von Darm, Haut und Lunge. Wird sie geschädigt, können sich chronische Erkrankungen entwickeln oder bestehende Beschwerden verschlimmern. Über die normale Ernährung ist es schwierig, ausreichend Vitamin A aufzunehmen. Pflanzliches Beta-Karotin wird nur begrenzt in Retinol umgewandelt. Um den Tagesbedarf zu decken, wären zum Beispiel rund 500 Gramm Karotten, 1,5 Kilogramm Brokkoli oder über 7 Kilogramm Tomaten nötig.

Ausserdem sind Innereien äusserst kostengünstig. Gut sortierte Metzgereien oder grössere Supermärkte führen in der Regel eine breite Auswahl – alternativ lohnt sich eine Nachfrage an der Fleischtheke oder eine Vorbestellung. Da viele Produkte tiefgekühlt geliefert werden, empfiehlt es sich, einen Vorrat anzulegen. So haben Sie bei Bedarf stets eine hochwertige Proteinquelle zur Hand.

Das Wissen, wie Innereien zu schmackhaften Gerichten verarbeitet werden können, ist heute nicht mehr weit verbreitet. Daher möchte ich Ihnen an dieser Stelle einige einfache und leckere Rezepte vorstellen.

Rezepte für Innereien (jeweils für 2 Personen):

— *Hühnerleber*: 350 g Hühnerleber (frisch oder aufgetaut) unter kaltem Wasser abspülen und mit Küchenpapier trockentupfen. In Olivenöl bei starker Hitze offen braten, bis sie innen leicht rosa, aber nicht blutig ist. Mit Salz, Pfeffer und dunklem Balsamico-Essig würzen.

- *Kalbsnieren*: 350 g Kalbsnieren (frisch oder aufgetaut) unter kaltem Wasser abspülen und mit Küchenpapier trockentupfen. Längs halbieren, dann quer in 1,5 - 2 cm dicke Scheiben schneiden. In Olivenöl bei starker Hitze anbraten, mit Salz und Pfeffer würzen. Hitze reduzieren und offen weiterbraten, bis sie innen leicht rosa, aber nicht blutig sind.

- *Kalbsleber auf venezianische Art*: 4 Zwiebeln in feine Ringe schneiden und mit Olivenöl und wenig Salz in der grössten Bratpfanne bei mittlerer Hitze dünsten, bis sie weich und goldgelb sind. Mit einer Schaumkelle herausnehmen und beiseitelegen. Hitze stark erhöhen und eventuell noch wenig Olivenöl hinzufügen. 300 g geschnetzelte Kalbsleberstücke *nebeneinander* in die Pfanne legen (dies ist wichtig, da sie sonst schmoren, hart, bitter und grau werden). Die Leber wenden, sobald sie gut gebräunt ist. Hitze reduzieren, mit Salz und Pfeffer würzen und fertig braten, sodass sie innen leicht rosa, aber nicht blutig ist. Mit den Zwiebeln belegen.

- *Kalbsleber mit Salbei*: Einige Salbeiblätter in wenig Olivenöl bei mittlerer Hitze knusprig frittieren – sie sollten dabei grün bleiben. Mit einer Schaumkelle herausnehmen und beiseitelegen. Hitze stark erhöhen und eventuell noch wenig Olivenöl hinzufügen. 300 g Kalbsleberscheiben *nebeneinander* in die Pfanne legen. Die Leber wenden, sobald sie gut gebräunt ist. Hitze reduzieren, mit Salz und Pfeffer würzen und fertig braten, sodass sie innen leicht rosa, aber nicht blutig ist. Mit den Salbeiblättern belegen.

- *Rindskutteln an Tomatensauce*: 1 Zwiebel fein hacken und in Olivenöl andünsten. 400 g Kuttelstreifen (frisch oder aufgetaut) unter kaltem Wasser abspülen und in einem Sieb abtropfen lassen. In die Pfanne geben und mit wenig Salz würzen. 150 g passierte Tomaten (aus dem Glas) und 0,2 dl Gemüsebrühe hinzufügen. Aufkochen und mit Salz und Pfeffer abschmecken. Bei kleiner Hitze zugedeckt schmoren, bis die Kutteln so weich sind, dass sie mit einer Gabel mühelos zerteilt werden können (ca. 2 Stunden). Dabei darauf achten, dass die Flüssigkeit nicht zu stark einkocht; gegebenenfalls etwas Wasser hinzufügen. Optional Kümmel untermischen.

Milchprodukte

Auch bei Milchprodukten gilt: Sie sollten idealerweise von artgerecht gehaltenen Weidetieren stammen. Gutes Futter und Bewegung verbessern sowohl die Fett- als auch die Proteinqualität der Milch. Bevorzugen Sie Vollfettprodukte wie Vollrahm statt Halbrahm, da der höhere Fettgehalt den Blutzuckerspiegel stabilisiert und länger sättigt.

Ziegen- und Schafmilch sind bekömmlicher als Kuhmilch, da sie kleinere Fettkügelchen und mehr kurz- und mittelkettige Fettsäuren enthalten. Die Unterschiede sind jedoch gering. Bei Milchempfindlichkeit bleibt nur der Verzicht.

Fische / Meeresfrüchte

Fische, Muscheln, Garnelen, Krebse und Hummer liefern eine Vielzahl an Nährstoffen in idealer Kombination. Sie sind besonders eiweissreich (etwa 20 %) und enthalten nur geringe Mengen an Kohlenhydraten.

Fisch ist eine der besten Quellen für wertvolle Omega-3-Fettsäuren, insbesondere EPA und DHA. Diese Fettsäuren finden sich vor allem in fettreichen Fischen wie Lachs, Hering, Makrele, Sardellen und Sardinen – allerdings nur, wenn diese mit Krill oder Mikroalgen gefüttert wurden. Achten Sie daher auf nachhaltigen Wildfang, etwa mit dem MSC-Siegel. Fische aus Aquakulturen hingegen werden häufig mit Omega-6-reichem Getreide, Mais und Soja gefüttert, und es können Chemikalien sowie Antibiotika zum Einsatz kommen.

In den letzten Jahren wächst die Sorge, dass Seefische durch Schwermetalle wie Quecksilber belastet sein könnten. Dieses bekannte Nervengift kann sich im Gehirn anreichern. Untersuchungen zeigen jedoch, dass Selen - ein Mineralstoff, der in Fischen und Meerestieren reichlich enthalten ist - Quecksilber bindet und dessen Schädlichkeit mindern kann. Kleinere, kurzlebige Fische sind weniger stark belastet als grössere Arten wie Hecht, Heilbutt, Schwertfisch oder Thunfisch. Daher sollte der Verzehr dieser grösseren Fische seltener erfolgen.

Eier

Studien zeigen, dass der Verzehr von Eiern den Cholesterinspiegel bei den meisten Menschen nicht negativ beeinflusst. Besonders bei einer kohlenhydratreduzierten Ernährung können Eier entzündungshemmend wirken, da sie den CRP-Wert (C-reaktives Protein, ein Entzündungsmarker) senken. Zudem sind Eier äusserst nährstoffreich: Sie liefern Omega-3-Fettsäuren, Vitamin A, B-Vitamine, Vitamin D, E und K, Cholin, Eisen, Kalium, Kalzium, Kupfer, Lecithin, Mangan, Phosphor, Selen, Zink und zahlreiche Antioxidantien – ein beeindruckendes Nährstoffprofil. Damit zählen sie zu den wertvollsten Lebensmitteln.

Allerdings gehört die Hühnerei- bzw. Eierallergie neben der Milchallergie zu den häufigsten Lebensmittelallergien. Sie entsteht, wenn das Immunsystem auf Ei-Proteine reagiert – oft ohne dass Betroffene davon wissen. Ein einfacher Selbsttest besteht darin, einen Monat auf Eier zu verzichten und dann drei Tage lang jeweils drei Eier zu essen. Treten Beschwerden auf, ist es vermutlich sinnvoll, auf Eier zu verzichten.

Zur Vorbeugung kann es hilfreich sein, im Herbst und Winter regelmässig eierfreie Tage einzulegen, da eine Lebensmittelrotation das Allergierisiko senken kann. Früher waren Eier meist nur saisonal in der warmen Jahreszeit erhältlich.

Die Qualität von Eiern hängt stark von der Haltungsform ab. Eier von freilaufenden Hühnern mit Zugang zu natürlichem Futter enthalten mehr hochwertige Fette, Proteine und Vitamine. Enten-, Gänse- oder Wachteleier bieten Abwechslung und ein anderes Nährstoffprofil, daher sollten Sie auch diese in Ihre Ernährung einbauen.

❖ LÖSUNGSANSATZ 10
Jede Hauptmahlzeit enthält Fett

Viele von uns haben ein kompliziertes Verhältnis zu Fett, da es jahrzehntelang fälschlicherweise pauschal als „Gesundheitskiller" und „Fettmacher" bezeichnet wurde. Inzwischen hat ein Umdenken stattgefunden, und eine differenziertere Betrachtung hat sich durchgesetzt.

Seit Beginn der Low-Fat-Bewegung in den siebziger und achtziger Jahren essen wir deutlich fettärmer. In den USA, wo dieser Trend ausgelöst wurde und auch heute noch viele Nahrungsmittel mit besonders geringem Fettanteil konsumiert werden, sind dennoch zwei Drittel der Bevölkerung übergewichtig. Auch das Risiko für kardiovaskuläre Erkrankungen ist gestiegen, anstatt zu sinken.

Die Folge der Fettphobie war ein höherer Kohlenhydratkonsum, denn damit fettreduzierte Kost überhaupt schmeckt, wird das fehlende Fett häufig durch Zucker ersetzt. Auch andere Füllstoffe wie Zucker sind nötig, wenn Fett fehlt.

Fett ist neben Eiweiss der wichtigste Baustoff für unseren Körper und unser Gehirn. Gesunde Fettsäuren sind ein natürlicher Bestandteil jeder Ernährungsweise. Sie dürften bei unseren frühesten Vorfahren stets einen Teil der Nahrung ausgemacht haben, da sie unzählige lebenswichtige Funktionen in unserem Organismus erfüllen. Fette sind essentielle Bausteine der Nerven-, Immun- und Gehirnzellen – unser Gehirn besteht immerhin zu etwa 60 % aus Fett, und ganze 25 % des gesamten Cholesterins befinden sich dort.

Zudem sind Fette wichtig für eine ausgeglichene Hormonproduktion. Sie unterstützen die Aufnahme fettlöslicher Vitamine wie A, D, E und K und sind ein bedeutender Geschmacksträger. Ein Mangel an diesen Vitaminen wird mit Gehirnerkrankungen in Verbindung gebracht.

Sogar Tiere benötigen Fett. Im Jahr 1929 ernährte das Wissenschaftlerpaar Georg und Mildred Burr Mäuse ohne Fett, jedoch mit Vitaminen. Dabei traten Mangelsymptome wie Hauterkrankungen, Nierenschäden und Wachstumsverzögerungen auf.

Fett ist zudem eine hervorragende Energiequelle für den gesamten Organismus, da es pro Gewichtseinheit mehr als doppelt so viel Energie liefert wie Kohlenhydrate und Proteine. Von allen Nährstoffen bleibt Fett bei der Verdauung am längsten im Magen und sorgt dadurch für einen hohen Sättigungswert. Ausserdem puffert Fett den Anstieg des Blutzuckerspiegels nach einer Mahlzeit ab.

Wie bereits im Abschnitt „1. Blutzuckerschwankungen" dargelegt, zeigte die extrem fettbetonte ketogene Ernährung in Studien vielversprechende Wirkungen auf neurologische Symptome – einschliesslich Migräne.

Fett ist also nicht das Problem, sondern ein Teil der Lösung.

Längst ist bekannt, dass die Art des Fettes, das wir zu uns nehmen, die Zusammensetzung jeder Zelle unseres Körpers beeinflusst. Dies scheint wiederum Auswirkungen auf die Migräne zu haben. So konnten Forschende in Baltimore zeigen, dass die Häufigkeit und Schwere der Attacken bei vielen MigränikerInnen erheblich abnahmen, wenn sie linolsäurereiche Pflanzenöle (Omega-6) vermieden und stattdessen täglich 1,5 Gramm marines Fischöl konsumierten.

Im Fokus standen dabei zwei Omega-3-Fettsäuren, die zentrale Bestandteile von Fischöl sind: Eicosapentaensäure (EPA) und Docosahexaensäure (DHA). Wissenschaftler gehen davon aus, dass diese Substanzen entzündungshemmende und schmerzlindernde Eigenschaften entfalten, wenn ihre Konzentration in den Geweben ansteigt.

In der genannten Studie zeigten sich auch positive Effekte auf die Migräneentstehung, wenn Fette wie Butter, Kokos- oder Olivenöl verwendet wurden. Der Nutzen dort scheint vor allem auf den Verzicht entzündungsfördernder, Omega-6-reicher Öle wie Distel-, Erdnuss-, Maiskeim-, Soja-, Sonnenblumen- und Weizenkeimöl zurückzuführen zu sein.

Aber erhöhen gesättigte Fettsäuren aus Butter, anderen tierischen Produkten oder Kokosöl nicht das Risiko für Herzerkrankungen? Auch hier ist ein Umdenken nötig, denn diese pauschale Aussage ist wissenschaftlich nicht haltbar. In grossen Bevölkerungsstudien - etwa die Framingham- und der jüngst veröffentlichten PURE-Studie - liess sich kein eindeutiger Zusammenhang zwischen dem Verzehr gesättigter Fette und der Entstehung von Herz-Kreislauf-Erkrankungen feststellen. Auch aktuelle Interventionsstudien können eine schädliche Wirkung nicht zweifelsfrei belegen.

Im Gegenteil: Der Mensch benötigt gesättigte Fette, da sie essenzielle Bausteine von Zellmembranen sind und somit eine zentrale Rolle für die Funktion und Struktur vieler Organe spielen. Auch die Knochen profitieren von gesättigten Fetten, da sie helfen, Kalzium effektiv zu assimilieren. Zudem verdanken die weissen Blutkörperchen einen Teil ihrer Fähigkeit, Krankheitserreger zu erkennen und zu bekämpfen, den Fettsäuren, die in Butter und Kokosöl enthalten sind.

Sogar das Hormonsystem ist auf gesättigte Fettsäuren angewiesen, um biochemische Botenstoffe wie Insulin korrekt zu produzieren. Gesättigte Fette sind somit nicht nur ungefährlich, sondern auch essenziell für viele lebenswichtige Prozesse im Körper. Speziell Kokosöl erwies sich als besonders nützlich für die Hirngesundheit. Die mittelkettigen, leicht verdaulichen Fettsäuren können das Gehirn bei nachlassender Zuckerverwertbarkeit mit Energie versorgen, ohne dabei auf Insulinrezeptoren angewiesen zu sein.

Auch die Tatsache, dass gesättigte Fettsäuren rund 50 % der Fettbestandteile in der Muttermilch ausmachen, zeigt, dass sie keineswegs grundsätzlich schädlich sein können.

Meine Empfehlungen für Fette und Öle:

Fette und Öle werden nach ihrem Zustand bei Zimmertemperatur unterschieden: Bleibt ein Fett bei etwa 18 °C fest, gilt es als Fett – flüssige Fette hingegen werden als Öle bezeichnet. Butter ist daher ein Fett, da sie bei Zimmertemperatur fest bleibt.

Das Fett der Kokosnuss wird erst ab etwa 25 °C flüssig. Bleibt es auch dann fest, wurde es vermutlich künstlich gehärtet, wodurch gesundheitsschädliche Transfette entstehen. In seiner natürlichen Form zählt es zu den Ölen.

Für die kalte Küche
- Butter
- Olivenöl extra vergine   (Kühl und dunkel lagern; nicht im Kühlschrank)
- Leinöl   (Beim Kauf *muss* es gekühlt sein; zu Hause sofort in den Kühlschrank stellen und zügig verbrauchen)

Für die warme Küche
- Kochbutter (Butterschmalz)
- Ghee*   (Nur in den Kühlschrank, wenn es beim Kauf im Kühlregal war)
- Kokosöl   (Nur in den Kühlschrank, wenn es beim Kauf im Kühlregal war)
- Olivenöl extra vergine

Für das heisse Anbraten hitzestabile, gesättigte Fette
- Kochbutter (Butterschmalz)
- Ghee*
- Kokosöl
- Rindertalg und Schweineschmalz

Hinweis: Prinzipiell eignet sich auch Olivenöl zum heissen Anbraten. In Italien verwendet man Olivenöl im Alltag bei allem, was gebraten wird.

---

* Ghee, also geklärte Butter, ist ein fester Bestandteil der indischen und pakistanischen Küche. In der ayurvedischen Lehre gilt es als verjüngend. Durch langsames Erhitzen und Abschöpfen werden Milcheiweiss, Milchzucker und Wasser entfernt, was Speisen leichter verdaulich macht. Das reine Butterfett ist ideal zum Backen, Braten und Frittieren, da es stark erhitzbar ist. Auch Menschen mit Laktoseintoleranz oder Milcheiweissallergie vertragen es meist gut.

LÖSUNGSANSATZ 11
Stärkereiche Lebensmittel in gekochtes Gemüse tauschen

Diese Massnahme ist ebenfalls einfach umzusetzen: Wir ersetzen die schnell verbrennbaren Stärkeprodukte, die heute den grössten Anteil in unserer Ernährung ausmachen, durch stärkeärmeres, nährstoffreiches und gekochtes Gemüse.

Konkret bedeutet das: Produkte mit glutenhaltigem Getreide wie Dinkel, Einkorn, Emmer, Gerste, Grünkern, Roggen und Weizen (einschliesslich Kamut und Triticale), glutenfreie Alternativen wie Amaranth, Buchweizen, Erdmandel, Hafer, Hirse, Kartoffel, Süsskartoffel, Mais, Pastinake, Reis, Quinoa und Teff sowie Hülsenfrüchte (Bohnen, Erbsen, Kichererbsen, Linsen, Sojabohnen) werden zugunsten einer grossen Vielfalt an Gemüsesorten reduziert, die bis zum Rand mit Vitalstoffen gefüllt sind und den Blutzuckerspiegel in einem gesunden Bereich halten.

Der Stoffwechsel vieler Migränebetroffener hat durch das ständige Zuführen von stärkereichen Produkten das Umschalten in die Fettverbrennung verlernt. Durch den niedrigen Kohlenhydratanteil wird der Körper nun wieder darauf trainiert, auf Fettzellen als stabile Energielieferanten zurückzugreifen.

Viele Menschen befürchten einen Vitalstoffmangel, wenn sie Getreide aus ihrer Ernährung verbannen. Diese Angst ist unbegründet. Im Gegenteil: Die gesundheitsfördernden Substanzen sind im Gemüse praktisch überall in höherem Masse vorhanden.

Der Vergleich wird oft mit Vollkorn gemacht, da dieses für unsere Gesundheit als besonders zuträglich gilt, weil es mehr Vitalstoffe als Auszugsmehl enthält. Gemüse hat jedoch auch hier praktisch überall die Nase vorn. Es bietet eine vielfältigere Auswahl an Ballaststoffen und enthält deutlich mehr verschiedene Vitamine, Mineralstoffe und Spurenelemente. Gemüse hat neben Obst die höchste natürlich vorkommende Konzentration an Antioxidantien und hydriert unsere Zellen.

Wenn wir Gemüse zum Hauptdarsteller unserer Ernährung machen, können wir alle drei Ernährungsfallen umgehen: Der Blutzuckerspiegel schnellt nicht in die Höhe, der Darm wird nicht mit potenziell unverträglichen Substanzen belastet, und die Versorgung mit lebenswichtigen Vitaminen und Mineralstoffen wird sichergestellt. Darüber hinaus ist die Vielzahl an löslichen und unlöslichen Ballaststoffen in den verschiedenen Gemüsesorten die Lieblingsspeise unserer nützlichen Mitbewohner im Darm.

Die Begriffe „löslich" und „unlöslich" beziehen sich auf die Wasserlöslichkeit. Lösliche Fasern wie Beta-Glukan und Pektin lösen sich in Wasser auf, während unlösliche Fasern wie Lignane und Zellulose das nicht tun.

Damit die verschiedenen Bakterienstämme im Darm prächtig gedeihen und nebenbei gesundheitsfördernde Stoffe produzieren können, sollten wir sie jede Woche mit einer Vielfalt faseriger Lebensmittel versorgen.

Der britische Epidemiologe und Darmexperte Tim Spector hat eine grosse Studie mit 11.000 ProbandInnen durchgeführt. Das Resultat war eindeutig: 30 verschiedene Pflanzen pro Woche hielten die Darmbakteriengemeinschaft gesund. Zudem war das Ergebnis unabhängig davon, ob sich nun die an der Studie beteiligten Menschen vegan, vegetarisch, gluten- oder laktosefrei ernährten.

Vielleicht denken Sie jetzt: „Das ist doch nicht zu schaffen". Doch, das ist möglich! Denn jede Sorte Salat, Gemüse, Gewürz, Kraut, Pilz, Nuss, Samen, Sprossen und Frucht zählt als separate Pflanze. Wenn Sie also nicht immer zur gleichen Gemüsesorte greifen und zudem täglich verschiedene „Regenbogenfarben" abdecken - rot, orange, gelb, grün, blau und lila -, kommen Sie ganz schnell auf diese Zahl. Diese Farbpigmente enthalten ausserdem sekundäre Pflanzenstoffe (Phytochemikalien), die weitere vorteilhafte Wirkungen auf unseren Organismus entfalten.

Verwenden Sie nach Möglichkeit frische und saisonale Produkte aus regionalem Anbau. Diese sind tendenziell geschmacksintensiver, nahrhafter und liefern die benötigten Nähr- und Vitalstoffe zur richtigen Zeit. Den Vitamin-C-reichen Kohl gibt es beispielsweise im Winter, wenn die Erkältungszeit ist. Zudem sorgt eine auf Jahreszeiten abgestimmte Ernährung für natürliche Abwechslung im Speiseplan.

Nicht immer ist heimisches Obst und Gemüse erhältlich, und gewisse Sorten wachsen in unseren Breitengraden nicht. Ausländische Naturprodukte bereichern nicht nur unsere Speisen, sondern enthalten auch andere Nährstoffe. Aus diesem Grund würde ich auf ihren Einsatz nicht verzichten.

Was die CO_2-Bilanz betrifft, entspricht dies nicht immer unseren Erwartungen, da heimisches Gemüse und Obst, das in beheizten Gewächshäusern angebaut oder über den Winter gelagert wird, oft einen ebenso hohen Fussabdruck hinterlässt wie importierte Ware.

Hier ein paar einfache und schmackhafte Rezepte für Gemüsebeilagen:

— *Grüne Bohnen (Cocobohnen, Stangenbohnen) & Zuckerschoten (Kefen)*: Enden abschneiden und in kochendem Salzwasser offen weich garen. Abseihen und mit so viel Olivenöl vermengen, dass sie einen glänzenden Überzug erhalten. Mit Salz, Pfeffer und Zitronensaft abschmecken.

— *Brokkoli & Stangenbrokkoli*: In Röschen teilen und in kochendem Salzwasser offen garen. Abseihen und mit Olivenöl und ein bis zwei gepressten Knoblauchzehen vermengen. *Variation*: Einige geschälte und leicht zerdrückte Knoblauchzehen und eine Prise Chiliflocken bei mittlerer Hitze in Olivenöl goldgelb braten. Den gegarten Brokkoli mit einer Schaumkelle aus dem Wasser heben und vorsichtig mit dem Knoblauch-Chili-Öl vermengen.

– *Cima di Rapa (Stängelkohl, Rübstiel)*: Blätter und Röschen vom Stengel abstreifen und in kochendem Salzwasser offen garen. Abseihen, abtropfen lassen und grob zerkleinern. In Olivenöl mit einigen geschälten und leicht zerdrückten Knoblauchzehen sowie Salz und wenig Chiliflocken andünsten. Hitze reduzieren und zugedeckt weich garen, dabei immer wieder umrühren.

– *Löwenzahn (junge Blätter)*: In wenig kochendem Wasser offen blanchieren, bis Blätter zusammenfallen. Abseihen und abtropfen lassen. In Olivenöl mit einigen geschälten und leicht zerdrückten Knoblauchzehen sowie Salz und wenig Chiliflocken andünsten. Hitze reduzieren und zugedeckt weich garen.

– *Mönchsbart (Barba di frate)*: Die harten Halme abschneiden und in kochendem Salzwasser offen garen. Abseihen und abtropfen lassen. Inzwischen einige geschälte und leicht zerdrückte Knoblauchzehen in Olivenöl goldgelb braten. Mönchsbart hinzufügen und so lange sautieren, bis er gut mit Öl überzogen ist. Würzen.

– *Spinat*: Waschen und tropfnass in einen Kochtopf geben. Etwas Salz hinzufügen und zugedeckt erhitzen, bis der Spinat weich ist. Abseihen und abtropfen lassen. Inzwischen einige geschälte und leicht zerdrückte Knoblauchzehen in Olivenöl goldgelb braten. Spinat hinzufügen und so lange sautieren, bis er gut mit Öl überzogen ist. Würzen.

– *Mangold (Krautstiel)*: Die in Stücke geschnittenen Stiele in kochendem Salzwasser etwa 5 Minuten offen kochen. Die Blätter hinzufügen und alles zusammen garen. Abseihen und vorsichtig möglichst viel Wasser herausdrücken. Mit Salz, Olivenöl und Zitronensaft würzen. *Optional*: Gegarte Mangoldstiele im Backofen mit Parmesan und Butter (siehe Fenchel weiter unten) oder mit Béchamelsauce (siehe Blumenkohl nächste Seite) gratinieren.

– *Frühlingszwiebel*: Längs halbieren und in einer Pfanne mit Olivenöl bei mittlerer Hitze zugedeckt weich garen. Mit Salz und Pfeffer würzen.

– *Fenchel*: Das Fenchelgrün am Knollenansatz abschneiden und beiseitelegen. Alle äusseren Teile der Knolle, die beschädigt oder verfärbt sind, entfernen. Vom Wurzelansatz nur wenig abschneiden. Die Knollen senkrecht in 1 cm dicke Scheiben schneiden und offen in kochendem Salzwasser oder im Steamer garen. Mit Olivenöl, Salz und Pfeffer würzen und mit Fenchelgrün garnieren. *Variation*: Gegarte Fenchelscheiben mit Parmesan und wenig Butter belegen und im vorgeheizten Backofen bei 200 °C (Oberhitze) gratinieren.

– *Kohlrabi*: Schälen und in Stücke schneiden. Offen in kochendem Salzwasser oder im Steamer garen. Mit Salz, Pfeffer, Apfelessig und Olivenöl würzen.

– *Karotte*: Schälen und in schräge Stücke schneiden. Offen in kochendem Salzwasser oder im Steamer garen. Mit Salz, Pfeffer und Olivenöl würzen.

- *Blumenkohl & Romanesco*: In Röschen teilen und in *reichlich* kochendem Salzwasser offen garen (mehr Wasser sorgt für einen süsseren Geschmack und kürzere Garzeit). Abseihen und mit Salz, Pfeffer, Olivenöl und Apfelessig würzen. *Optional*: Gegarter Blumenkohl mit Béchamelsauce im Backofen gratinieren.

  - *Rezept für Béchamelsauce (2 Personen)*: 4 EL Butter mit 4 EL Mehl bei mittlerer Hitze anschwitzen, bis das Mehl gut vermengt ist. 6 dl Milch angiessen und unter ständigem Rühren aufkochen. 1 TL Salz und wenig Muskatnuss hineinreiben. Hitze reduzieren und weiterrühren, bis die Sauce einen Löffelrücken gleichmässig überzieht. Gegarter Blumenkohl vorsichtig mit Béchamelsauce vermengen, in eine Ofenform geben und mit Parmesan bestreuen. Im vorgeheizten Backofen bei 220 °C (Oberhitze) gratinieren.

- *Blumenkohlreis*: In Röschen teilen und im Mixer oder mit Küchenreibe auf Reisgrösse zerkleinern. In Kokosöl anbraten und mit Salz und Pfeffer würzen.

- *Blumenkohlstampf (4 Personen)*: 800 - 900 g Blumenkohl in Röschen teilen und mit 4 geschälten Knoblauchzehen offen in *reichlich* kochendem Salzwasser offen garen. Inzwischen 2,5 dl ungesüsste Kokosmilch mit einer Prise Muskatnuss, Salz und Pfeffer aufkochen. Den weichen Knoblauch hinzufügen und mit einer Gabel leicht zerdrücken. Etwa 5 Minuten offen köcheln lassen. Blumenkohl mit der Kokosmilch gut pürieren und nach Belieben würzen.

- *Knollenselleriestampf*: Knollensellerie schälen und in Stücke schneiden. Offen in kochendem Wasser oder im Steamer weich garen. Durch das Passe-Vite drehen, die Kartoffelpresse drücken oder mit dem Kartoffelstampfer zerdrücken. Wenig Zimmerwarme Butter, Ghee oder Olivenöl sowie Kokosmilch oder Sahne unterrühren. Mit Salz, Pfeffer und wenig Muskatnuss würzen.

- *Petersilienwurzelstampf*: Petersilienwurzeln schälen und in Stücke schneiden. Offen in kochendem Wasser oder im Steamer weich garen. Durch das Passe-Vite drehen, die Kartoffelpresse drücken oder mit dem Kartoffelstampfer zerdrücken. Wenig zimmerwarme Butter, Ghee oder Olivenöl sowie Kokosmilch oder Sahne unterrühren. Mit Salz, Pfeffer und wenig Muskatnuss würzen.

- *Butternut-Spalten*: Butternut-Kürbis der Länge nach in Spalten schneiden und entkernen. Mit Salz und Pfeffer würzen. Im Steamer garen und mit etwas Olivenöl beträufeln. *Variation im Backofen*: Die Spalten würzen, mit frischen Rosmarinnadeln bestreuen und mit Olivenöl beträufeln. Im vorgeheizten Backofen bei 200 °C backen.

- *Rondini*: Mit einem Küchenmesser den Deckel abschneiden/schlagen. Die Kerne mit einem Löffel herauskratzen und das Innere mit Salz würzen. Im Steamer garen. Das angesammelte Wasser im Inneren abgiessen. Mit Olivenöl beträufeln.

– *Aubergine*: Würfeln und in Olivenöl andünsten. Bei Bedarf zusätzliches Olivenöl hinzufügen. Auberginen müssen nicht ganz glasig werden, da sie das Öl zunächst aufnehmen und einen Teil wieder abgeben. Mit wenig Salz und Chiliflocken würzen. Hitze reduzieren und zugedeckt bei mittlerer Hitze sehr weich garen. *Optional*: Am Schluss eine Knoblauchzehe dazupressen.

– *Paprikaschote im Ofen*: Den Backofen auf 240 °C vorheizen. Paprikaschote auf den Ofenrost setzen und backen, bis die Haut Blasen wirft, gebräunt ist und sie etwas zusammenfällt. Herausnehmen, in Küchentuch wickeln und abkühlen lassen. Die Haut abziehen, Stielansatz, Kerne und weisse Rippen entfernen, das Fruchtfleisch vierteln. Mit Olivenöl und Salz würzen. *Optional*: Klein gehackte krause Petersilie und grob geschnittenen Knoblauch untermischen.

– *Peperonata*: 2 geschälte Knoblauchzehen in Olivenöl kurz andünsten. Die gleiche Menge rote Zwiebeln wie Paprikaschoten (Farbe nach Belieben) verwenden und die Zwiebeln in Halbringe schneiden. Zwiebeln 15 Minuten mitdünsten. Inzwischen Paprikaschoten entkernen, Stielansatz und weisse Rippen entfernen und der Länge nach in Streifen schneiden. Paprikaschoten hinzufügen und mit Salz und Pfeffer würzen. Zugedeckt bei mittlerer Hitze 15 Minuten garen. Knoblauch entfernen. Mit passierter Tomatensauce (aus dem Glas) knapp bedecken. Alles zugedeckt nochmals 15 Minuten garen. Abschmecken.

– *Zucchini gelb & grün*: Die Enden abschneiden und die Zucchini sowie 1 Zwiebel in dünne Scheiben schneiden. Die Zwiebelscheiben in Kochbutter (Butterschmalz) bei mittlerer Hitze goldbraun braten. Die Zucchinischeiben hinzufügen und mit Salz würzen. Hitze erhöhen und regelmässig umrühren, bis die Zucchini weich sind und hellbraune Ränder haben. *Variation*: Grob gehackter Knoblauch in Olivenöl goldgelb braten. Zucchinischeiben mit Salz, Pfeffer und wenig frischem oder getrocknetem Oregano beigeben. Bei mittlerer Hitze bissfest garen.

– *Ratatouille*: Zur Zubereitung des Gemüseeintopfs mit Aubergine, Paprika, Zucchini und weiteren Zutaten siehe „Ratatouille-Shakshouka" auf Seite 70.

– *Grünkohl oder Rotkohl oder Weisskohl oder Wirsing*: Kohlgemüse ohne Strunk in sehr feine Streifen schneiden. Gehackte Zwiebel in Olivenöl bei mittlerer Hitze goldgelb dünsten. Gehackter Knoblauch hinzufügen und ebenfalls goldgelb dünsten. Den Kohl hinzufügen, gründlich durchheben und erhitzen, bis er zusammenfällt. Mit Salz, Pfeffer und wenig Apfelessig würzen. Zugedeckt bei niedriger Hitze weich garen. Bei Bedarf etwas Wasser hinzufügen.

– *Rosenkohl*: Den Strunkansatz der Röschen etwas kürzen, kreuzweise einschneiden und die vergilbten Blätter entfernen. In kochendem Salzwasser offen garen. Abseihen und mit Olivenöl würzen oder in gebratenen Speckwürfeln schwenken.

- *Spargel grün, gegart*: Den Spargel im unteren Drittel mit beiden Händen fassen und brechen – er bricht dort, wo der holzige Teil beginnt. Das untere Ende zusätzlich leicht schälen, falls die Schale noch faserig ist. Die Stangen in kochendem Wasser oder im Steamer garen. Mit Salz, Pfeffer sowie reichlich Olivenöl und Apfelessig würzen.

- *Spargel grün, gebraten*: Den Spargel im unteren Drittel mit beiden Händen fassen und brechen – er bricht dort, wo der holzige Teil beginnt. Das untere Ende zusätzlich leicht schälen, falls die Schale noch faserig ist. Die Stangen in etwa 4 cm lange Stücke schneiden. Wenig Ingwer in kleine Würfel schneiden und ½ frische Chilischote fein hacken. Ingwer und Chili in Olivenöl andünsten. Spargelstücke hinzufügen und unter ständigem Rühren knackig braten. 1 EL Balsamico-Essig untermischen und mit Salz würzen.

- *Spargel weiss, gegart*: Den Spargel gut schälen und die holzigen Enden abschneiden. Die Stangen in kochendem Wasser mit etwas Zitronensaft oder im Steamer garen. Mit Salz, Pfeffer sowie reichlich Olivenöl und Apfelessig würzen. *Variation*: Anstelle von Olivenöl und Apfelessig mit *Sauce Hollandaise* servieren.
  - *Rezept für Sauce Hollandaise (2 Personen)*: Wasser in einer hohen Bratpfanne oder einem weiten Kochtopf bis knapp über die Hälfte der Randhöhe erhitzen, aber nicht zum Sieden bringen. Hitze reduzieren, sodass sich das Wasser nur noch leicht bewegt. 1 EL Gemüsebrühe, 1 TL Apfelessig und 2 zimmerwarme Eigelbe in dünnwandige Chromstahl-Schüssel geben und diese ins Wasser stellen (sollte Pfannenboden nicht berühren). Mit einem Handmixer so lange rühren, bis Ei-Masse etwas heller wird. 100 g kalte Butter in kleine Portionen hinzufügen und jeweils gut verrühren. Mit Salz und Pfeffer würzen.
  Tipp: Hinter- oder Vorderschinken dazu servieren.

- *Tomaten & Cherrytomaten im Backofen*:
  - *Tomaten* halbieren und mit Schnittseiten nach oben dicht in eine ofenfeste Form setzen. Mit Salz und Pfeffer würzen. Glattblättrige Petersilie und Knoblauch fein hacken und Tomaten damit bestreuen. Mit Olivenöl beträufeln und auf der obersten Schiene im vorgeheizten Backofen (160 °C) weich backen.
  - *Cherrytomaten* in eine ofenfeste Form setzen und mit Salz und Pfeffer würzen. Bei 220 °C in der Mitte des Backofens backen, bis sie platzen. *Optional*: Nach dem Backen mit Basilikumpesto oder einer Sauce aus Olivenöl, Balsamico-Essig, gehacktem Knoblauch und klein geschnittener glattblättriger Petersilie beträufeln. Schön sieht es aus, wenn die Cherrytomaten am Zweig bleiben.

❖ LÖSUNGSANSATZ 12
Nährstoffergänzungen bei Migräne – wir brauchen sie doch

Mikronährstoffe sind essenziell für nahezu alle Vorgänge in unserem Körper. Sie liefern zwar keine Energie, doch sie ermöglichen es den Zellen, Kohlenhydrate, Eiweisse und Fette richtig zu verarbeiten und dem Körper zugänglich zu machen. Einige Vitalstoffe besitzen zudem antiallergische Wirkungen.

Bei Migräne können Nährstoffmängel eine Rolle spielen, da sie essenzielle Funktionen im Körper und Gehirn beeinträchtigen können. Nur wenn unsere Zellen umfassend mit allen notwendigen Nährstoffen versorgt sind, kann der Organismus reibungslos funktionieren. Nahrungsergänzungsmittel sind dabei keine Wundermittel – sie sollen, wie der Name schon sagt, die tägliche Ernährung ergänzen, nicht ersetzen.

Jedes natürliche Lebensmittel enthält Tausende von Nährstoffen, die sich künstlich nicht vollständig nachbilden lassen. Deshalb sollten nährstoffreiche Lebensmittel die Basis bilden – abgerundet durch hochwertige Präparate, um eine lückenlose Versorgung sicherzustellen.

In diesem Ratgeber finden Sie eine Auswahl von Mikronährstoffen, die häufig im Stoffwechsel fehlen und erfolgreich zur Migräneprävention eingesetzt werden. Es ist wichtig zu beachten, dass in einigen Studien unter ärztlicher Aufsicht hochdosierte Supplemente verwendet wurden, um die Anzahl der Migränetage und die Intensität der Kopfschmerzen zu reduzieren. Solche Dosierungen oder Nahrungsergänzungsmittel im Allgemeinen sind jedoch nicht für jeden Menschen mit Migräne geeignet. Daher sollten Sie eine Einnahme zuerst mit Ihrer behandelnden Ärztin oder Ihrem behandelnden Arzt besprechen und sich strikt an deren Empfehlungen halten.

Ich empfehle die Verwendung von Einzelpräparaten anstelle von Mischprodukten. Mischpräparate decken oft nicht alle benötigten Nährstoffe ab, und die Dosierungen einzelner Mikronährstoffe sind häufig zu niedrig, um bestehende Defizite auszugleichen. Zudem können sie Spurenelemente enthalten, die von einigen Menschen nicht gut vertragen werden oder bei bestimmten Erkrankungen ungeeignet sind – wie beispielsweise Jod oder Eisen. Zusätzlich kann bei der gleichzeitigen Einnahme verschiedener Vitamine und Mineralstoffe die Aufnahme einzelner Nährstoffe gehemmt werden, oder sie können sich gegenseitig stören (z. B. sollte Zink nicht gleichzeitig mit Eisen oder Kupfersalzen und Selen nicht zusammen mit Vitamin C eingenommen werden).

Um die Umsetzung zu erleichtern, habe ich am Ende des Buches Bezugsquellen angegeben, die ich persönlich getestet habe. Ich weise jedoch darauf hin, dass ich keine Garantie für die Qualität oder Wirksamkeit dieser Produkte übernehmen kann. Diese Vorschläge dienen lediglich der Orientierung und stellen keine Werbung dar. Ich habe keinerlei finanzielle Verbindungen zu den genannten Anbietern oder deren Produkten.

B-Vitamine - die Nervennahrung

Insgesamt gibt es acht Vitamine der B-Gruppe: Thiamin (B1), Riboflavin (B2), Niacin (B3), Pantothensäure (B5), Pyridoxin (B6), Biotin (B7), Folsäure (B9) und Cobalamin (B12). Da der Körper die meisten nicht selbst bildet, müssen sie regelmässig über die Nahrung aufgenommen werden.

B-Vitamine übernehmen zahlreiche Aufgaben im Körper: Sie regulieren den Kohlenhydrat-, Fett- und Eiweiss-Stoffwechsel sowie den Blutzuckerspiegel. Zudem unterstützen sie die Kommunikation zwischen Nervenzellen und fördern die Energiegewinnung in den Mitochondrien. Darüber hinaus sind sie an der Schmerzlinderung, Immunstärkung und Entgiftung beteiligt. Auch unterstützen sie die Blutbildung und schützen als Antioxidantien die Zellen vor schädlichen Oxidationsprozessen.

Studien zeigen, dass Menschen, die an Migräne leiden, im Vergleich zu Nicht-MigränikerInnen weniger Folat (B9) über die Nahrung aufnehmen. Vitamin B9 ist neben Vitamin B12 ein wichtiger Kofaktor für Enzyme, die eine wesentliche Rolle im Homocysteinstoffwechsel spielen.

Homocystein ist eine gefässschädigende Aminosäure, die im Rahmen von Stoffwechselprozessen im Körper entsteht. Erhöhte Homocysteinspiegel können zu Gefässverengungen sowie zur Aktivierung der Blutgerinnung und damit zu einem erhöhten Thromboserisiko führen. Sie werden auch mit einer höheren Prävalenz von Migräne in Verbindung gebracht. Speziell Menschen, die von Migräne mit Aura betroffen sind, weisen im Vergleich zu Kontrollpersonen signifikant höhere Homocysteinspiegel im Hirnwasser auf.

Neuere Erkenntnisse deuten darauf hin, dass Homocystein auf den Teil des Gedächtnisses einwirken könnte, der schmerzhafte Erinnerungen speichert. Je länger ein Schmerz anhält, desto mehr Homocystein würde sich ablagern. So könnte der akute Schmerz im Gehirn gespeichert und in einen chronischen Schmerz verwandelt werden, wenn der eigentliche Auslösereiz längst verheilt ist, aber das Homocystein den Kopf immer noch daran erinnert.

In einer sechsmonatigen, randomisierten australischen Doppelblindstudie führte die Einnahme eines Vitamin B-Komplexes - bestehend aus 25 mg Vitamin B6, 2 mg Folsäure und 400 µg (mcg) B12 - zu einer Senkung des Homocysteinspiegels sowie zu einer deutlichen Reduktion von Migräneanfällen und Schmerzintensität bei PatientInnen mit Aura im Vergleich zur Kontrollgruppe.

In einer international publizierten Studie gelang es deutschen MigräneärztInnen, mit einer Kombination aus 400 mg Vitamin B2, 600 mg Magnesium und 150 mg Coenzym Q10 - verabreicht in zwei Tagesdosen über drei Monate - ebenfalls die Zahl der Migränetage und die Schmerzintensität deutlich zu verringern sowie die Lebensqualität der PatientInnen zu verbessern. Da alle drei Mikronährstoffe eine zentrale Rolle bei der Energieproduktion in den Mitochondrien spielen, wird vermutet, dass ein Mangel zu einer verringerten Energieversorgung des Gehirns beitragen und somit an der Entstehung von Migräne beteiligt sein könnte.

Ich empfehle einen B-Vitamin-Komplex [2], der alle acht B-Vitamine in gut bioverfügbarer Form enthält. Die gemeinsame Einnahme ist vorteilhaft, da sie ihre vielfältigen Aufgaben im Körper nur als Team erfüllen können. Es ist ohnehin schwierig, anhand von Mangelerscheinungen genau zu erkennen, welches der vielen B-Vitamine dem Körper fehlt.

Bei dieser Vitamingruppe achte ich besonders darauf, dass Vitamin B12 nicht als günstiges, synthetisches Cyanocobalamin vorliegt, sondern in den besser verfügbaren Formen Adenosylcobalamin und/oder Methylcobalamin.

Auch beim Vitamin B9 sollte man aus demselben Grund auf natürlich vorkommendes Folat statt synthetischer Folsäure zurückgreifen (lateinisch folium = Blatt, da es in grünen Pflanzenblättern vorkommt). Etwa 30 Prozent der Bevölkerung sind ausserdem nicht in der Lage, synthetische Folsäure in ihre aktive Form umzuwandeln. Daher empfehle ich 5-Methyltetrahydrofolat (5-MTHF) oder Metafolin®.

Vitamin C - das Multitalent

Vitamin C ist ein bekannter Nährstoff – fast jedes Kind weiss, dass es gut gegen Erkältungen hilft und in Zitronen und Orangen enthalten ist. Das „Erkältungsvitamin" ist aber auch an vielen weiteren Vorgängen in unserem Körper beteiligt. Beispielsweise fördert es die Aufnahme von Eisen und ist am Aufbau von Neurotransmittern beteiligt, die Informationen an die Nerven weitergeben. Darüber hinaus ist Vitamin C als Kofaktor für die Produktion von Kollagen unentbehrlich. Es kann zudem den Histaminabbau beschleunigen, was bei allergischen Reaktionen hilfreich sein kann.

Eine der zentralen Funktionen von Vitamin C ist seine antioxidative Wirkung, die Entzündungen modulieren kann. Speziell Menschen mit Migräne weisen einen hohen oxidativen Stresspegel und neurogene Entzündungen auf. Verschiedene Studien ergaben, dass die Gabe von Vitamin C vorteilhaft auf das Schmerzgeschehen wirken kann.

Vielleicht fragen Sie sich, ob sich der Bedarf nicht allein über die Ernährung decken lässt – etwa mit Zitrusfrüchten, Beeren, Brokkoli, Blattgemüse oder Paprika. Grundsätzlich ist das möglich, insbesondere bei einer Ernährung nach den hier empfohlenen Prinzipien. In der Anfangsphase kann jedoch eine höhere Dosierung nötig sein, um Migräne wirksam zu lindern – daher ist der Einsatz von Supplementen oft sinnvoll.

Da Vitamin C wasserlöslich ist, wird ein Überschuss über die Nieren ausgeschieden, sodass keine Überdosierung zu befürchten ist. Gepuffertes Vitamin C [3] ist anderen Formen überlegen, da es die zelluläre Verwertung verbessert und besonders gut verträglich ist.

Vitamin D - der ultimative Alleskönner

Vitamin-D-Rezeptoren finden sich nahezu in allen Zellen, was darauf hinweist, dass der gesamte Organismus das „Sonnenhormon" benötigt. Zahlreiche Studien der letzten 50 Jahre belegen, dass Vitamin D nicht nur für den Knochenstoffwechsel, sondern auch für die Funktion fast aller Organe sowie ein intaktes Immunsystem wichtig ist.

Relativ neu ist die Erkenntnis, dass Vitamin D auch Migräne lindern kann. In einer Studie von 2015 erhielten 56 MigränepatientInnen über zehn Wochen täglich 7.000 IE Vitamin D oder ein Placebo (Scheinmedikament). In der Interventionsgruppe sanken Häufigkeit, Schwere und Dauer der Anfälle deutlich.

In unseren Breitengraden ist ein Vitamin-D-Mangel weit verbreitet – besonders im Winter, da rund 90 % des Bedarfs über Sonnenlicht gedeckt werden. Mit der Nahrung lässt sich Vitamin D kaum ausreichend aufnehmen, es sei denn, man isst täglich grosse Mengen fettreichen Fisch oder Lebertran.

Ich empfehle, in der warmen Jahreszeit regelmässig massvoll Sonne zu tanken, um die Speicher aufzufüllen. Von Mai bis September kann der Körper über die Haut genug Vitamin D bilden. Zudem hilft Wärme, die oft verspannte Schulter-Nacken-Muskulatur bei MigränepatientInnen zu lockern.

Hier ein paar Tipps dazu:

➢ *Zeitpunkt*: Empfohlen wird das Sonnenbaden bei wolkenlosem Himmel um die Mittagszeit, da der UVB-Anteil dann am höchsten ist. Eine Faustregel besagt: Wenn die Sonne so tief steht, dass Ihr Schatten länger ist als Sie selbst, ist in der Regel keine Vitamin-D-Synthese mehr möglich.

➢ *Dauer und Hauttyp*: Die empfohlene Sonnendauer hängt vom individuellen Hauttyp ab. Ein Aufenthalt von 15 bis 20 Minuten in der prallen Sonne genügt in der Regel, um ausreichend Vitamin D zu bilden. Längere Exposition erhöht das Risiko für UV-bedingte Gesundheitsschäden.

➢ *Sonnenschutz*: Für die Vitamin-D-Bildung sollten mindestens Arme und Beine für eine gewisse Zeit ohne Sonnenschutz dem Sonnenlicht ausgesetzt sein. Achten Sie jedoch unbedingt darauf, keinen Sonnenbrand zu riskieren.

➢ *Magnesium als Kofaktor*: Nehmen Sie Magnesium ein – es spielt eine zentrale Rolle bei der enzymatischen Aktivierung von Vitamin D. Ein Magnesiummangel kann zu einem Vitamin-D-Mangel führen – und umgekehrt.

Die Leber kann Vitamin D für die Wintermonate speichern, wenn zuvor ausreichend Sonne getankt wurde. Allerdings kann das eingelagerte „Sonnenhormon" mit der Zeit inaktiv werden, insbesondere bei einer belasteten Leber.

Es empfiehlt sich, im Herbst den Vitamin-D-Spiegel messen zu lassen und bei Bedarf zu supplementieren [4]. Ein im Oktober bestehender Mangel hält meist bis zum Frühling an. *Wichtig*: Da Vitamin D fettlöslich ist, sollte es immer zusammen mit einer fetthaltigen Mahlzeit eingenommen werden.

Magnesium - der Energienährstoff

Magnesium ist ein essenzielles Elektrolyt, das an rund 80 % aller bekannten Stoffwechselprozesse beteiligt ist. Es spielt auch eine zentrale Rolle bei der Aktivierung von Vitamin D. Als „Energienährstoff" ist Magnesium an nahezu allen energieabhängigen Vorgängen beteiligt – insbesondere an der Bildung von ATP (Adenosintriphosphat) in den Zellkraftwerken, den Mitochondrien.

Darüber hinaus reguliert es den Nervenbotenstoffwechsel und den Gefäss-tonus, verhindert einen übermässigen Kalziumeinstrom in die Zellen und fördert die Verfügbarkeit von Serotonin – dem sogenannten Glückshormon. Das wirkt entspannend und hilft, Stress zu reduzieren.

Zudem verbessert Magnesium die Hirndurchblutung – ein wichtiger Aspekt bei Migräne, da eine gestörte Durchblutung die Reizweiterleitung beeinträch-tigen kann. Auch seine schmerzlindernde Wirkung ist bedeutsam: Magnesium blockiert Schmerzrezeptoren und kann so die Schmerzempfindung verringern.

Einige Studien deuten darauf hin, dass Magnesiummangel bei Migränepa-tientInnen häufiger vorkommt und die Anfallshäufigkeit steigt, wenn der Spiegel unter dem Normwert liegt. Da Magnesium überwiegend in den Knochen und der Skelettmuskulatur gespeichert ist und der Körper den Blutspiegel lange konstant hält, lässt sich ein Mangel im Blut nur schwer nachweisen.

Eine Dosierung von 6 bis 10 mg Magnesium pro Kilogramm Körpergewicht hat sich bei Migräne bewährt. Diese Menge konnte die Häufigkeit und Schwere von Migräneattacken um bis zu 50 % reduzieren. Wichtig ist, dass die Einnahme mehrmals täglich erfolgt (mindestens zweimal), da die Aufnahmefähigkeit mit zu-nehmender Einzeldosis abnimmt und grössere Mengen abführend wirken kön-nen. Es ist sinnvoll, mit einer kleineren Dosis Magnesium zu beginnen und diese schrittweise zu erhöhen, damit sich der Körper daran gewöhnen kann. Wird der Stuhl zu weich oder tritt Durchfall auf, reduzieren Sie die Menge entsprechend.

Es kann bis zu fast einem Jahr dauern, bis der Magnesiumspiegel ein aus-reichendes Niveau erreicht, da der Aufbau in den Zellen nur langsam erfolgt. Für die zusätzliche Magnesiumzufuhr sollten gut bioverfügbare Formen wie Aspartat, Citrat, Gluconat, Glycinat (oder Bisglycinat), Malat, Orotat, Threonat oder Taurat [5] gewählt werden. Verzichten Sie möglichst auf Präparate mit künstlichen Süss-stoffen – viele Brausetabletten enthalten diese.

Bei Migräne empfehle ich besonders die Tauratverbindung - also die Verbin-dung von Taurin mit Magnesium -, da sie die Bildung von ATP, dem Zellbrenn-stoff, unterstützt und im Gehirn gut verfügbar ist. Taurin wird wegen seiner posi-tiven Wirkung auf die geistige und sportliche Leistungsfähigkeit auch in Energy-Drinks eingesetzt. Magnesiumglycinat (oder Bisglycinat) überzeugt ebenfalls bei Migräne, da es schlaffördernd und beruhigend wirkt. Beide Formen sind auch bei einem empfindlichen Verdauungssystem gut verträglich.

Generell sollte Magnesium nicht direkt vor dem Sport oder während körper-licher Belastung eingenommen werden, sondern idealerweise in der Regenera-tionsphase.

Omega-3 - für fitte Gehirnzellen

Das Gehirn ist eines der fettreichsten Organe im Organismus. Ohne Wasser besteht es zu etwa 60 % aus Fetten, 30 % aus Eiweiss und 10 % aus Kohlenhydraten. Besonders bedeutend sind die marinen Omega-3-Fettsäuren Eicosapentaensäure (EPA) und Docosahexaensäure (DHA), auch „Gehirnfettsäuren" genannt. Sie sind essenzielle Bestandteile der Gehirnstruktur und müssen regelmässig zugeführt werden, um neue Nervenzellen und Synapsen - also Kontaktstellen für die Signalübertragung - bilden und die Zellkommunikation aufrechterhalten zu können.

Zudem fördern EPA und DHA die Durchblutung, unterstützen die Nährstoffaufnahme in die Zellen und den Abtransport von Abfallstoffen. Sie wirken stark entzündungshemmend. All diese Eigenschaften können insbesondere bei Migräne zur Schmerzlinderung beitragen. Darüber hinaus begünstigen sie - gemeinsam mit Vitamin D - die Bildung von Glückshormonen wie Serotonin. Dieses hilft, eine Reizüberflutung des Gehirns zu verhindern. Daher kommen beide Fettsäuren nicht nur bei Migräne, sondern auch bei ADHS und Depressionen erfolgreich zum Einsatz.

In einer kontrollierten Doppelblindstudie aus dem Jahr 2017 führte die tägliche Zufuhr von 3.000 bis 4.000 mg EPA/DHA bei zwei Dritteln der Teilnehmenden zu einer rund 80-prozentigen Reduktion der Häufigkeit und Schwere von Migräneattacken.

Da der Körper Omega-3-Fettsäuren nicht selbst herstellen kann, müssen sie über die Nahrung aufgenommen werden. Nennenswerte Mengen finden sich in fettreichen Fischen wie Wildlachs, Hering, Makrele, Sardelle und Sardine, ausserdem in Krill, Kaviar sowie Mikroalgen.

Pflanzliche Quellen wie Lein- oder Rapsöl, Walnüsse und Chiasamen enthalten zwar ebenfalls Omega-3-Fettsäuren – allerdings in Form von alpha-Linolensäure, einer Vorstufe, die nur zu einem geringen Teil (0,5 % bis 10 %) in die wirksamen Formen EPA und DHA umgewandelt wird. Der Bedarf an diesen beiden Fettsäuren lässt sich deshalb durch pflanzliche Quellen kaum decken und sollte direkt zugeführt werden.

Da die wenigsten Menschen täglich fettreiche Seefische in ausreichender Menge verzehren, ist eine regelmässige Supplementierung [6] sinnvoll. Entscheidend ist dabei die Qualität der Präparate. Sowohl Fischöl als auch Algenöl sollten labordiagnostisch kontrolliert und frei von Schwermetallen sowie anderen Umweltschadstoffen sein.

Viele Fischölpräparate enthalten Konzentrate, in denen die Fettsäuren nicht mehr in ihrer natürlichen Form vorliegen – was nachteilig sein kann. Solche Produkte erkennt man am Anteil von EPA und DHA: Überschreitet dieser 30 % der empfohlenen Tagesdosis - was dem natürlichen Gehalt in fettreichen Fischen entspricht - handelt es sich um ein Konzentrat.

Ein Beispiel: Laut Nährwerttabelle enthält ein Produkt 2.000 mg Fischöl, davon entfallen 800 mg auf EPA und 400 mg auf DHA – insgesamt also 1.200 mg. Das entspricht 60 % und nicht 30 %. Gerundete Werte für EPA und DHA sind ein weiteres Indiz für Konzentrate. Bei Algen beträgt der Anteil an EPA und DHA bereits etwa 60 %, weshalb Algenöle von Natur aus konzentriert sind und nicht weiter angereichert werden müssen.

Wichtig: Für die Aufnahme von Omega-3-Fettsäuren sind Verdauungsenzyme und Gallensäfte nötig – daher sollten Omega-3-Präparate immer mit einer fetthaltigen Mahlzeit eingenommen werden.

Ob Ihr Körper ausreichend mit marinen Fettsäuren versorgt ist, kann durch eine labordiagnostische Überprüfung des Omega-3-Index festgestellt werden [6].

Coenzym Q10 - der Energiebooster

Coenzym Q10, auch Ubiquinon genannt, ist kein essenzieller Nährstoff, da ihn unser Körper bis zum Alter von 40 Jahren normalerweise selbst herstellen kann. Nachher lässt die körpereigene Bildung in der Regel stark nach. Es ist auch in geringen Mengen in Eiern und Innereien enthalten.

Diese fettlösliche vitaminähnliche Substanz ist ein wichtiger Elektronenüberträger in den Mitochondrien, also den Kraftwerken unserer Zellen, die ohne Q10 nicht arbeiten können. Unabhängig davon, ob Kohlenhydrate oder Fette in Energie umgewandelt werden, ist Coenzym Q10 für den Energiefluss innerhalb der Zelle entscheidend. Aus diesem Grund wird es auch als „Turbogenerator" bezeichnet. Zudem kann es freie Radikale neutralisieren und so die Mitochondrien vor schädigenden Einflüssen schützen.

Mit zunehmendem Alter nimmt die körpereigene Produktion von Coenzym Q10 stetig ab, was auch die Konzentration von Adenosintriphosphat (ATP), dem wichtigsten Energieträger unserer Zellen, sinken lässt. Eine unzureichende Coenzym-Q10-Versorgung ist daher mit einer Abnahme der physischen und mentalen Leistungsfähigkeit verbunden. Besonders energieintensive Organe wie das Gehirn sind dann stark von mitochondrialen Störungen betroffen.

Coenzym Q10 und seine reduzierte Form Ubiquinol haben sich mittlerweile nicht nur in der Prävention, sondern auch in der Therapie einer Vielzahl von Erkrankungen klinisch bewährt. In Studien mit Erwachsenen, Jugendlichen und Kindern besserte sich das Migränegeschehen nach einem Ausgleich des Mangels mit Coenzym Q10 deutlich.

In der Migränevorbeugung hat sich eine Dosierung von 200 bis 300 mg pro Tag bewährt. Die mit Abstand beste Bioverfügbarkeit hat die Coenzym-Q10-Form Ubiquinol [7].

❖ LÖSUNGSANSATZ 13
Keine isolierten Kohlenhydrate

Wie ich bereits mehrfach betont habe, führen kohlenhydratreiche Lebensmittel zu ungesunden Schwankungen des Blutzuckerspiegels, was besonders für Migränebetroffene problematisch sein kann. Wenn Sie Kohlenhydrate erst nach Ballaststoffen, Proteinen und Fetten zu sich nehmen - wie im Lösungsansatz 7 „Die richtige Reihenfolge" beschrieben -, wird die Glukosespitze im Vergleich zum Verzehr auf nüchternen Magen deutlich verringert.

Daher gilt: Möchten Sie zum Beispiel Getreideprodukte (wie Nudeln, Pizza), Kartoffeln, Mais oder Reis essen, sollten Sie dies nach einer Vorspeise tun, die Ballaststoffe, Fette und/oder Proteine enthält. Auch Süsses sollte nicht auf nüchternen Magen gegessen werden, sondern nach einem gesunden Snack oder einer ausgewogenen Mahlzeit.

Manchmal befinden wir uns in Situationen, in denen wir Hunger haben und hauptsächlich Croissants, Toastbrot, Nudeln oder ein Stück Kuchen zur Verfügung stehen – etwa wenn wir unterwegs sind, auf einer Party oder bei einem Geschäftsfrühstück. Die Lösung ist einfach: Kombinieren Sie diese Speisen mit Fett und/oder Protein. So wird die Glukose langsamer und in geringerem Masse vom Körper aufgenommen, und Ihr Blutzuckerspiegel bleibt im „grünen Bereich".

Das Croissant oder das Brot können Sie - je nachdem, was verfügbar ist - mit Butter oder Kräuterbutter, Käse, Aufschnitt oder Räucherlachs kombinieren oder in Olivenöl dippen. Noch besser ist es, wenn Sie den Käse, Aufschnitt oder Lachs vorher essen.

Die Nudeln geniessen Sie mit einer Bolognese-Sauce oder bestreuen sie mit einer ordentlichen Portion Parmesan. Den Kuchen können Sie mit Sahne garnieren, und generell sollten Nuss-, Obst- oder Quarkgebäck bevorzugt werden. Wenn Sie Eis geniessen möchten, wählen Sie lieber cremiges Sahneeis statt Sorbet.

❖ LÖSUNGSANSATZ 14
Maximal 1 Portion Glutenhaltiges pro Tag

Ich habe dargelegt, wie der Verzehr von Gluten selbst bei Menschen ohne Zöliakie die Darmwand für mehrere Stunden durchlässiger machen kann. Bei kontinuierlicher Aufnahme kann dies zu einer chronischen Beeinträchtigung der Darmbarriere führen. Studien zeigen, dass MigränepatientInnen häufiger unter dem Reizdarmsyndrom leiden und dass Gluten dabei eine mögliche Rolle spielt. Ein geschwächter Darm kann über die sogenannte Darm-Hirn-Achse auch die Funktion und Gesundheit des Gehirns beeinflussen – was gerade bei Migräne von Bedeutung ist.

Selbst wenn Sie keine offensichtlichen Darmprobleme haben und bei Ihnen keine Glutenunverträglichkeit diagnostiziert wurde, könnte Ihr Darm dennoch Schwierigkeiten mit Weizen oder allgemein mit Getreide haben. Aus diesem Grund - und weil wir ohnehin kohlenhydratreiche Lebensmittel meiden sollten, bis der Fettverbrennungsmodus reaktiviert ist - empfiehlt es sich, glutenhaltige Produkte vorübergehend aus dem Speiseplan zu streichen.

Wenn bei Ihnen keine Zöliakie vorliegt und Gluten nicht dauerhaft gemieden werden muss, ist es nach einer Karenzzeit in der Regel unproblematisch, glutenhaltige Getreidesorten wie Dinkel, Einkorn, Emmer, Gerste, Grünkern, Roggen und Weizen (einschliesslich Kamut und Triticale) wieder in Ihre Ernährung aufzunehmen. Begrenzen Sie jedoch den Verzehr auf eine Portion pro Tag, um der Darmbarriere ausreichend Zeit zur Regeneration zu geben. Bevorzugen Sie dabei Produkte aus vollem Korn wie Vollkornbrot, oder solche, die durch längere Reife- und Gärzeiten hergestellt werden, wie Sauerteigbrot.

Was ist von glutenfreien Broten, Muffins, Crackern und Kuchen zu halten, wie sie in Supermärkten, Bäckereien und Bioläden angeboten werden? Aufgrund der Beliebtheit der glutenfreien Ernährung gibt es heute ein grosses Sortiment. Da diesen Produkten jedoch das Klebereiweiss fehlt, leiden Backeigenschaft, Geschmack und Mundgefühl. Um das auszugleichen, werden oft viele Zusatzstoffe eingesetzt – etwa Emulgatoren, Zucker, Glukose-Fruktose-Sirup, schlechte Fette (teils sogar Transfette), Aromen und weitere Zusätze. Die Bezeichnung „glutenfrei" bedeutet also nicht automatisch „gesund". Wenn Sie gelegentlich ein glutenfreies Produkt geniessen möchten, spricht nichts dagegen. Achten Sie jedoch darauf, dass keine ungesunden Zusatzstoffe enthalten sind.

Alternativen, die von Natur aus glutenfrei sind, gibt es zahlreiche: Amaranth, Buchweizen, Erdmandel, Hafer, Hirse, Kartoffel, Süsskartoffel, Kastanie, Kürbis, Mais, Pastinake, Reis (auch in Form von Reisnudeln und Reiswaffeln), Quinoa, Teff und Hülsenfrüchte (auch in Form von Glasnudeln aus Erbsenmehl).

DIE PRAKTISCHE ANWENDUNG

Sie haben nun alle wichtigen Informationen zur Entstehung von Migräne und den Auswirkungen der Ernährung darauf erhalten. Jetzt, da Sie die gesunden Lebensmittel und alle Lösungsansätze kennen, ist es an der Zeit, sich damit zu beschäftigen, wie Sie diese in Ihren Alltag integrieren können. Im zweiten Teil des Buches erwartet Sie nun das Beste – nämlich das Essen.

Im folgenden Aktionsplan möchte ich Ihnen die Umstellung Ihrer Ernährung so einfach wie möglich machen – mit einer klaren und leicht umsetzbaren Strategie. Der Ernährungsfahrplan gliedert sich in vier aufeinander aufbauende Phasen: Einstieg, Aufbau, Konsolidierung und Wiedereinführung. Die ersten drei dauern jeweils vier Wochen, während die Wiedereinführung Sie ein Leben lang begleiten wird.

Wir beginnen mit dem Einstieg, der sich auf einige wenige, aber wirkungsvolle Massnahmen konzentriert. So können Sie in Ruhe erste Anpassungen an Ihrer aktuellen Ernährungsweise vornehmen und gleichzeitig eine neue Routine entwickeln. Die nächste Phase, der Aufbau, führt zusätzliche Lösungsansätze ein und legt einen klaren Plan fest, was Sie im Laufe des Tages essen und trinken sollten. Ziel dieser vier Wochen ist es, Ihren Blutzuckerspiegel möglichst stabil zu halten, Ihre Zellen optimal zu versorgen und Ihre metabolische Flexibilität wiederherzustellen. In der darauf folgenden Konsolidierungsphase erhalten Sie mehr Freiraum, um Ihre Ernährung individuell anzupassen. Während der Wiedereinführung können Sie schliesslich experimentieren, bis Sie Ihren langfristigen und persönlichen Ernährungsstil gefunden haben.

Wenn Sie den Vorgaben eine Zeit lang gefolgt sind, werden Sie die Signale Ihres Körpers verstehen und lernen, wie Sie mit bewussten Ernährungsentscheidungen Ihre Migräne langfristig in den Griff bekommen können. Die positive Wirkung auf Ihre Energie und Lebensqualität wird Sie überzeugen, sodass Sie kaum noch den Wunsch verspüren, zu Ihren alten Essgewohnheiten zurückzukehren.

Übrigens eignet sich diese gesunde Ernährungsweise auch hervorragend für Kinder und Jugendliche, sowohl mit als auch ohne Migräne. Da diese Altersgruppe in der Regel sehr aktiv ist, sollte ihre Ernährung von Anfang an ausreichend gute glutenfreie Kohlenhydrate (siehe vorherige Seite) neben dem Gemüse beinhalten. Wichtig ist auch zu wissen, dass das Gehirn eines Kindes fast genauso gross ist wie das eines Erwachsenen – die Leber jedoch kleiner und der Glykogenspeicher somit begrenzter. Deshalb benötigen Kinder und Jugendliche in der Regel Zwischenmahlzeiten.

Bevor Sie jedoch Änderungen an Ihrer Ernährung oder der Ihrer Kinder vornehmen, sollten Sie diese mit Ihrer behandelnden Ärztin oder Ihrem behandelnden Arzt besprechen. Dies ist besonders wichtig, wenn Medikamente eingenommen werden, da gegebenenfalls eine Anpassung der Dosierung erforderlich sein könnte.

DER ZWÖLF-WOCHEN-AKTIONSPLAN

Phase 1: Der Einstieg

Der Zweck der Einstiegsphase besteht darin, Sie sowohl körperlich als auch mental auf die Ernährungsumstellung vorzubereiten. Da die Veränderungen Ihrer bisherigen Gewohnheiten erheblich sein können, könnten auch mögliche körperliche Symptome wie eine verstärkte Migräneanfälligkeit, Stimmungsschwankungen, Erschöpfung, Benommenheit oder Schwindel auftreten. Um den Einstieg zu erleichtern, konzentrieren wir uns deshalb in den ersten vier Wochen auf sechs einfache Lösungsansätze.

Es kann sinnvoll sein, bereits frühzeitig mit der Einnahme bestimmter Nahrungsergänzungsmittel (siehe Lösungsansatz 12) zu beginnen, um Nährstoffmängel schneller auszugleichen. Besprechen Sie dies jedoch unbedingt vorab mit Ihrer behandelnden Ärztin oder Ihrem behandelnden Arzt und richten Sie sich nach deren Empfehlungen.

Zusätzlich rate ich Ihnen, die im zweiten Teil der Migränebewältigung unter dem Titel „Elektrosmog: Gesundheitsrisiko und Therapiebremse" beschriebenen Massnahmen (ab Seite 116) zumindest teilweise - oder, wenn möglich, vollständig - umzusetzen. Der Aufwand ist überschaubar, und durch diese Intervention können Sie einen weiteren potenziellen, alltäglichen Stressfaktor reduzieren.

Abschliessend empfehle ich Ihnen, den dritten und letzten Teil der Migränebewältigung mit dem Titel „Emotionen: Die Mind-Body-Verbindung erkennen" (ab Seite 126) zu lesen. Machen Sie sich dabei keine übermässigen Gedanken. Einige der Erkenntnisse, die Sie beim Durchlesen gewinnen, könnten jedoch unbewusst dazu beitragen, Spannungen in Ihrem Körper bereits zu lindern.

Durchführung von Phase 1, Dauer: 4 Wochen (Woche 1 - 4)
Angewandte Lösungsansätze 1 - 6

- ❖ Lösungsansatz 1: Alle Getränke durch Wasser ersetzen

- ❖ Lösungsansatz 2: Richtig Hydrieren

- ❖ Lösungsansatz 3: Koffeinkonsum einschränken

- ❖ Lösungsansatz 4: Das Frühstück neu erfinden

- ❖ Lösungsansatz 5: Bei Bedarf Zwischenmahlzeiten einnehmen

- ❖ Lösungsansatz 6: Industriezucker reduzieren & Süssstoffe meiden

Optional:

- ❖ Lösungsansatz 12: Nährstoffergänzungen bei Migräne – wir brauchen sie doch

- – Migränebewältigung Teil 2 Elektrosmog: Gesundheitsrisiko und Therapiebremse

- – Migränebewältigung Teil 3 Emotionen: Die Mind-Body-Verbindung erkennen

So geht's in Woche 1 - 4:

Gleich nach dem Aufstehen den Körper hydrieren
➢ Trinken Sie morgens auf nüchternen Magen 5 dl zimmerwarmes oder leicht erwärmtes stilles Wasser mit dem Saft einer halben Zitrone oder Limette.

Frühstück innerhalb von 1 Stunde nach dem Aufstehen
➢ Probieren Sie die Frühstücksideen aus Lösungsansatz 4 aus und achten Sie darauf, wie Sie sich danach fühlen. Zu Beginn kann die Umstellung ein Völlegefühl verursachen – ein Verbenentee (auch Eisenkraut oder Verveine) kann allgemein die Verdauung unterstützen. Mit der Zeit werden Sie herausfinden, welche Varianten für Sie am besten verträglich und energiereich sind. Variieren Sie regelmässig, um eine breite Palette an Nährstoffen zu erhalten und Abwechslung zu schaffen. Wenn Sie auf Milch oder andere Produkte reagieren, lassen Sie die entsprechenden Varianten einfach weg.

Richtig hydrieren durch den Tag
➢ Ab jetzt verzichten wir auf zuckerhaltige oder mit Süssstoffen versetzte Getränke, Milch und Alkohol in jeglicher Form. Achten Sie darauf, den ganzen Tag über ausreichend Wasser sowie andere hydrierende und reinigende Getränke - wie sie in Lösungsansatz 2 aufgeführt sind - zu sich zu nehmen.

Optional: maximal 2 koffeinhaltige Getränke pro Tag
➢ Für KaffeetrinkerInnen ist es wichtig, den Konsum auf maximal zwei Tassen pro Tag zu reduzieren, da höhere Mengen Migräneattacken auslösen und das Migränegeschehen chronifizieren können. Reduzieren Sie die Menge schrittweise, um mögliche Entzugssymptome zu minimieren, beispielsweise indem Sie jede Woche eine Tasse weniger trinken. Spätestens in der vierten Woche sollte Ihr Kaffeekonsum bei höchstens zwei Tassen täglich liegen. Achten Sie darauf, dass sie diese nicht später als nach dem Mittagessen trinken, da Koffein eine lange Halbwertszeit hat und den Schlaf beeinträchtigen kann. Dies gilt auch für andere koffeinhaltige Getränke wie schwarzen, grünen, weissen, Matcha-, Mate- und Oolong-Tee. Energy-Drinks, Cola, Pepsi, Eistee und Guarana-Getränke sollten Sie ohnehin meiden – sie enthalten nicht nur Koffein, sondern zusätzlich Zucker und andere problematische Zusatzstoffe.

Optional: Zwischenmahlzeiten einnehmen

➤ Wenn sich zwischendurch der Hunger meldet, greifen Sie ruhig zu einem gesunden Snack (Empfehlungen finden Sie im Lösungsansatz 5). Achten Sie jedoch darauf, so viel zu essen, dass Sie wirklich satt sind – ständiges Snacken sollte vermieden werden, da der Darm regelmässige Pausen braucht.

Vermeiden Sie Zucker und alle Süssstoffe → 1 Ausnahme pro Woche ist erlaubt

➤ Die Auswahl der Lebensmittel zum Mittag- und Abendessen können Sie frei treffen. Verzichten Sie jedoch während dieser vier Wochen auf jeglichen Zucker, mit einer Ausnahme pro Woche. *Tipp*: Ein Dessert nach einer ausgewogenen Mahlzeit erhöht den Blutzuckerspiegel weniger stark als auf nüchternen Magen. Süssstoffe sollten Sie ab jetzt hingegen dauerhaft meiden.

Hinweise: Wenn Sie Ihren Kaffee oder koffeinhaltigen Tee unbedingt süssen möchten, verwenden Sie maximal einen gestrichenen Teelöffel Zucker pro Tasse. Beim Essen auswärts ist es oft schwierig, Zucker ganz zu meiden, da er häufig in Salatsaucen und Suppen enthalten ist. Vermeiden Sie einfach offensichtliche Zuckerquellen wie Süssgetränke, Alkohol und Desserts.

Nach dem Abendessen

➤ Eine Tasse Hibiskus-Tee oder Zitronenmelissen-Tee hydriert Ihre Leber und hat eine beruhigende Wirkung.

Optional: Betthupferl

➤ Wenn Sie vor dem Schlafengehen hungrig werden, kann ein kleiner Snack (siehe Lösungsansatz 5) helfen, das Risiko morgendlicher Migräneattacken zu verringern. Vermeiden Sie dabei Obst, da der enthaltene Zucker den Schlaf stören kann. Besser geeignet sind eiweissreiche Lebensmittel wie Milchprodukte (z. B. Feta, Hüttenkäse, Mozzarella, Ricotta, Käse), hartgekochte Eier oder Trockenfleisch.

Phase 2: Der Aufbau

Sie haben den ersten Schritt, die Einstiegsphase, erfolgreich abgeschlossen. Mit einem verhältnismässigen Verzicht und überschaubaren Aufwand haben Sie den Grundstein dafür gelegt, dass Ihr Körper in vollem Umfang von der Aufbauphase profitieren kann. Nun setzen wir die Massnahmen der Lösungsansätze 1 bis 12 um. Die ersten sechs Lösungsansätze kennen Sie ja bereits – jedoch gibt es bei Nummer 3 (Koffeinkonsum) eine Verschärfung.

In dieser Phase eliminieren wir - neben Zucker - auch die übrigen Kohlenhydrate, insbesondere Stärke, wie sie in Brot, Kartoffeln, Nudeln, Reis und ähnlichen Produkten vorkommt. Diese werden durch reichlich Ballaststoffe aus Salaten und Gemüse sowie durch gesunde Fette und Proteine ersetzt, die nahezu keine Kohlenhydrate enthalten. Der geringe Kohlenhydratanteil zwingt Ihren Körper, auf seine eigenen Reserven zurückzugreifen.

Die ausgewählten Lebensmittel versorgen Ihren Organismus in den nächsten vier Wochen auf zellulärer Ebene mit allem, was Ihr Stoffwechsel, Ihr Darm und Ihr Gehirn benötigen. Das gesamte Konzept ist darauf ausgelegt, die Mitochondrien - die Kraftwerke Ihrer Zellen - optimal zu unterstützen. Dadurch profitieren diese von einer umfassenden „Runderneuerung".

Mit den empfohlenen Massnahmen erreichen Sie mehrere Ziele zugleich: Sie stabilisieren Ihren Blutzuckerspiegel, versorgen Ihr Gehirn kontinuierlich mit Energie, füllen wichtige Nährstoffspeicher auf und vermeiden gleichzeitig Gluten, Zusatzstoffe sowie andere potenzielle Intoleranzauslöser.

Damit sich Erfolge einstellen können, sollte die Ernährungsumstellung konsequent über den gesamten Zeitraum durchgeführt werden. Dennoch dürfen Sie sich eine freie Mahlzeit pro Woche gönnen, ohne ein schlechtes Gewissen zu haben. Gelegentliche Ausnahmen schaden dem langfristigen Ernährungsziel nicht und tragen dazu bei, die Motivation aufrechtzuerhalten.

Der Umstieg in der Aufbauphase erfordert etwas Durchhaltevermögen, da es anfangs ungewohnt sein kann, auf vertraute Lebensmittel zu verzichten. Doch die Zeitspanne ist überschaubar und Erfahrungen zeigen, dass es mit der Zeit zunehmend leichter fällt. Wer die erste Woche durchhält, schafft auch längere Phasen. Unsere Geschmacksknospen und die Darmflora unterstützen uns dabei, da sie sich schnell an die neue Ernährung gewöhnen. Nach zwei bis drei Wochen ist es nicht ungewöhnlich, dass uns süsse Speisen oder blähende Gerichte wie Pizza weniger zusagen. Auch das Gehirn lässt sich „umprogrammieren", wenn es regelmässig mit Lebensmitteln wie Salat oder Gemüse in Kontakt kommt.

Neue Gewohnheiten festigen sich in etwa vier Wochen. Bald wird es für Sie also selbstverständlich sein, mehr Gemüse zu essen, auf Nudeln zu verzichten oder eine Frucht anstelle eines Stücks Kuchen zu geniessen.

Auf die Gefahr hin, mich zu wiederholen: In dieser Phase sollten Sie Ihren Proteinbedarf vorwiegend durch tierische Produkte decken, um Ihre Nährstoffversorgung optimal sicherzustellen.

Wie besprochen, sind Hülsenfrüchte wie Bohnen, Erbsen, Kichererbsen, Linsen und Sojabohnen kohlenhydratreich. Sie enthalten zudem hohe Mengen an Omega-6-Fettsäuren sowie potenziell blähende und darmschädigende Stoffe. Besonders die eiweissreiche Sojabohne enthält hormonell wirksame Substanzen, die Hormonschwankungen und damit Migräneattacken begünstigen können. Indem Sie diese Kategorie von Lebensmitteln vorübergehend meiden, entwickeln Sie ein besseres Gespür für Ihre persönliche Verträglichkeit und können später leichter entscheiden, welche Rolle Hülsenfrüchte in Ihrer Ernährung spielen sollen.

Da Ihr Körper nun keine der primären Kohlenhydratquellen mehr als Energielieferanten nutzen kann, muss er sich entsprechend anpassen. Trotz der Einstiegsphase kann es vorübergehend zu einem Gefühl des Unwohlseins oder einer sogenannten „Keto-Grippe" kommen. In dieser Zeit sollten Sie keine sportlichen Höchstleistungen einplanen beziehungsweise Ihre körperliche Aktivität reduzieren. Sobald Ihr Körper fettadaptiert ist, wird Ihr Energieniveau deutlich höher und ausgeglichener sein.

Dieser Zustand lässt sich mit einer Fastenphase vergleichen. Viele berichten, dass die ersten Tage herausfordernd sind, sie sich danach jedoch wie „neugeboren" fühlen – vital und energiegeladen. Das liegt daran, dass der Körper in den Zustand der Fettverbrennung übergeht und beginnt, gespeichertes Fett als stabile, kontinuierliche Energiequelle für die Zellen zu nutzen.

Durchführung von Phase 2, Dauer: 4 Wochen (Woche 5 - 8)
Angewandte Lösungsansätze 1 - 12 → 1 Ausnahme pro Woche erlaubt

❖ Lösungsansatz 1: Alle Getränke durch Wasser ersetzen

❖ Lösungsansatz 2: Richtig Hydrieren

❖ Lösungsansatz 3: Koffeinkonsum einschränken

❖ Lösungsansatz 4: Das Frühstück neu erfinden

❖ Lösungsansatz 5: Bei Bedarf Zwischenmahlzeiten einnehmen

❖ Lösungsansatz 6: Industriezucker reduzieren & Süssstoffe meiden

❖ Lösungsansatz 7: Die richtige Reihenfolge

❖ Lösungsansatz 8: Jede Hauptmahlzeit beginnt mit Rohkost

❖ Lösungsansatz 9: Jede Hauptmahlzeit enthält Eiweiss

❖ Lösungsansatz 10: Jede Hauptmahlzeit enthält Fett

❖ Lösungsansatz 11: Stärkereiche Lebensmittel in gekochtes Gemüse tauschen

❖ Lösungsansatz 12: Nährstoffergänzungen bei Migräne – wir brauchen sie doch

Weitere Massnahmen:

– Migränebewältigung Teil 2 Elektrosmog: Gesundheitsrisiko und Therapiebremse

– Migränebewältigung Teil 3 Emotionen: Die Mind-Body-Verbindung erkennen

So geht's in Woche 5 - 8:

Gleich nach dem Aufstehen den Körper hydrieren
➢ Trinken Sie morgens weiterhin auf nüchternen Magen 5 dl zimmerwarmes oder leicht erwärmtes stilles Wasser mit dem Saft einer halben Zitrone oder Limette.

Frühstück innerhalb von 1 Stunde nach dem Aufstehen
➢ Sie sollten nun die für Sie am besten verträglichen und energiereichsten Frühstücksrezepte gefunden haben. Behalten Sie diese weiterhin bei.

Richtig hydrieren durch den Tag
➢ Auch hinsichtlich der Hydrierung sollten Sie inzwischen Ihre idealen Getränke gefunden haben. Behalten Sie diese weiterhin bei.

(!) Koffeinkonsum vollständig einstellen
➢ Ich verstehe, dass dies eine äusserst unbeliebte Massnahme ist, die viele Migränegeplagte vehement ablehnen oder infrage stellen. Auch ich hatte anfangs grosse Schwierigkeiten, mich damit anzufreunden – doch es hat sich gelohnt. Der Verzicht auf Koffein ist ein essenzieller Schritt im Kampf gegen Migräne, da Koffein die natürliche Gefässregulation erheblich beeinflusst. Alles, was diesen sensiblen Mechanismus stört, kann sich negativ auf das Migränegeschehen auswirken – und Koffein gehört leider zu den stärksten Störfaktoren.

Optional: Zwischenmahlzeiten einnehmen
➢ Auch bei den Snacks wissen Sie nun, welche Ihnen guttun und welche nicht. Sollten Sie weiterhin eine Zwischenmahlzeit benötigen, bleiben Sie bei den bewährten Optionen.

Mittag- & Abendessen → Ausnahme: 1 freie Mahlzeit pro Woche
➢ Hier sind gleich fünf Lösungsansätze integriert, nämlich die Punkte 7 bis 11. Die Mahlzeit beginnt mit einem grossen Salat, gefolgt von einer Portion tierischem Eiweiss und reichlich gekochtem Gemüse – alles zubereitet mit hochwertigem Fett.

Die Umsetzung ist unkompliziert und gestaltet sich wie folgt:
– 2 Handvoll Rohkost als Vorspeise
– 1 handflächengrosse Portion Eiweiss: Fleisch, Fisch, Eier oder 1 Handvoll Milchprodukte
– 1 handflächengrosse Portion hochwertige Fette
– Teller mit gedämpftem Gemüse auffüllen (mindestens die Hälfte des Tellers).

Um zusätzlichen Stress zu vermeiden, sollte der Aufwand für die Zubereitung überschaubar bleiben. Kochen Sie anfangs keine zeitintensiven Gerichte. Für Ihre Eiweissportion nehmen Sie zum Beispiel eine Hähnchen- oder Putenbrust, drei Eier, ein Rindersteak oder ein Lachsfilet und braten diese in etwas Olivenöl, Kokosöl oder Ghee (Kokosöl passt gut zu Geflügel & Fisch, Ghee zu Fleisch & Eiern). Zum Würzen reichen Salz und frisch gemahlener Pfeffer.

Innereien sind ebenfalls schnell und unkompliziert zuzubereiten (siehe Rezepte auf den Seiten 84 und 85). Wenn Sie Milchprodukte mögen und vertragen, können Sie gelegentlich eine Handvoll Feta, Hüttenkäse, Mozzarella, Ricotta oder Käse verwenden, um Ihren Eiweissbedarf zu decken.

Füllen Sie den restlichen Teller mit köstlichem, gekochtem Gemüse auf. Variieren Sie die Gemüsesorten regelmässig, denn jedes Lebensmittel bietet ein individuelles Nährstoffprofil. Sie können das Gemüse im Steamer garen, in Wasser kochen, im Backofen backen oder grillen. Je mehr Zubereitungsmethoden Sie anwenden, desto vielfältiger sind die Vitalstoffe, die Sie aus diesen Produkten gewinnen. Das Gemüse muss übrigens nicht immer bissfest sein, sondern darf auch weich gekocht werden.

Verzichten Sie weiterhin auf Zucker und dauerhaft auf Süssstoffe. Einmal pro Woche dürfen Sie sich jedoch eine Ausnahme gönnen und eine Mahlzeit ganz nach Ihren Vorlieben zusammenstellen. Dabei sind kohlenhydratreiche, gluten- und zuckerhaltige Speisen erlaubt.

Ich genoss es sehr, am Wochenende wieder Nudeln oder Pizza - und manchmal sogar ein Dessert dazu - essen zu dürfen. Allerdings merkte ich schnell, dass es mir im Nachhinein nicht guttat. Oft war ich danach aufgebläht und schlapp. Immer häufiger verzichtete ich deshalb freiwillig auf diese Ausnahme.

Nach dem Abendessen
➢ Trinken Sie weiterhin eine Tasse Hibiskus-Tee oder Zitronenmelissen-Tee.

Optional: Betthupferl
➢ Wenn Sie vor dem Schlafengehen weiterhin einen Snack brauchen, bleiben Sie dabei.

Nährstoffergänzungen, Massnahmen Elektrosmog & Emotionen
➢ Nehmen Sie nun regelmässig die Nährstoffergänzungen ein, die Ihnen von Ihrer behandelnden Ärztin oder Ihrem behandelnden Arzt empfohlen wurden.
➢ Setzen Sie die Massnahmen im 2. Kapitel „Elektrosmog: Gesundheitsrisiko und Therapiebremse" (ab Seite 116) vollständig um.
➢ Setzen Sie sich mit den emotionalen Faktoren im 3. Kapitel der Migränebewältigung „Emotionen: Die Mind-Body-Verbindung erkennen" (ab Seite 126) auseinander.

Phase 3: Die Konsolidierung

Herzlichen Glückwunsch! Sie haben nun die schwierigste Phase überstanden und die Grundlage für einen gesunden Stoffwechsel gelegt. Um zu verstehen, wie schnell sich eine gesunde Ernährung auf unsere Zellen auswirkt, ist ein Blick auf ihre Lebensdauer hilfreich. Viele Zellen brauchen Monate, um sich zu erneuern, weshalb wir den Körper weiterhin unterstützen sollten.

Um Ihnen mehr Spielraum bei der Essensauswahl zu geben und den Erfolg dennoch nicht zu gefährden, sollten Sie für die nächsten vier Wochen die gesunde Basis des Ernährungsplans aus der Phase 2 beibehalten. Was bedeutet das konkret? Sie dürfen nun mehr Ausnahmen zulassen – und zwar nach der 80/20-Regel, einem praktischen Ansatz, der einfach erklärt werden kann: Zu 80 % halten Sie sich weiterhin an die Vorgaben, die verbleibenden 20 % sind für Ausnahmen vorgesehen. Auf diese Weise überwiegen die positiven Aspekte der Ernährungsweise.

Bei täglich drei Hauptmahlzeiten heisst das, dass Sie sich vier „freie Mahlzeiten" pro Woche gönnen können. Ich habe die 80/20-Regel so umgesetzt, dass ich mich zu Hause strikt an die Vorgaben hielt und die Ausnahmen für das Essen auswärts aufsparte, da es dort schwieriger ist, Mahlzeiten nach den eigenen Vorgaben auszuwählen.

Wenn Sie Lust auf Kaffee oder koffeinhaltigen Tee haben, ist es ab jetzt erlaubt, gelegentlich eine kleine Menge zu geniessen. Achten Sie jedoch auf die nachfolgenden Hinweise, um den Konsum bekömmlich und kontrolliert zu gestalten.

Durchführung von Phase 3, Dauer: 4 Wochen (Woche 9 - 12)
Angewandte Lösungsansätze 1 - 12 → 4 Ausnahmen pro Woche erlaubt

➢ Halten Sie sich an die Anweisungen der Phase 2: Der Aufbau.

➢ Nun sind bis zu vier Ausnahmen pro Woche erlaubt, das heisst, Sie können vier Mahlzeiten ganz nach Ihren Vorlieben zusammenstellen. Somit sind hier kohlenhydratreiche, gluten- und zuckerhaltige Speisen erlaubt. Süssstoffe sollten Sie hingegen dauerhaft meiden.

➢ Der Konsum von Kaffee oder koffeinhaltigem Tee sollte auf maximal zwei Tassen pro Tag begrenzt werden und nicht später als nach dem Mittagessen erfolgen. Dabei kann jeweils ein gestrichener Teelöffel Zucker hinzugefügt werden, falls gewünscht. Es ist ratsam, diese Menge Koffein nicht täglich zu konsumieren, da sich der Körper sonst wieder an das Koffein gewöhnt. Der optimale Zeitpunkt für die Einnahme von Koffein ist vor oder während körperlicher Anstrengung – sei es beim Sport, bei körperlicher Arbeit, beim Schwimmen oder Wandern. In diesen Situationen werden die durch Koffein ausgeschütteten Stresshormone schneller abgebaut, was ihre potenziell schädliche Wirkung reduziert.

Phase 4: Die Wiedereinführung

Nach zwölf Wochen sollte Ihr Stoffwechsel wieder ins Gleichgewicht kommen, was zu einer deutlichen Linderung des Migränegeschehens führen kann. Bei manchen Betroffenen verschwindet die Migräne sogar vollständig. Das hängt jedoch von der Dauer Ihrer Beschwerden ab: Je länger die Migräne besteht, desto mehr Zeit benötigt der Körper, um sich davon zu erholen.

Es ist möglich, dass sich der positive Effekt des Aktionsplans anfangs vor allem körperlich bemerkbar macht, beispielsweise durch eine Reduktion von Magen-Darm-Beschwerden oder eine gesteigerte Vitalität. Feiern Sie auch diese Teilerfolge, denn sie zeigen, dass Sie auf dem richtigen Weg sind.

Die Verbesserung von Gesundheit und Lebensqualität ist ein allmählicher Prozess, da sich die Zellen kontinuierlich erneuern – ein Leben lang. Auch die Genesung verläuft individuell, aber mit Geduld wird sie eintreten. Sollten Sie mit Ihrer Migränesituation noch nicht zufrieden sein, halten Sie in diesem Fall unbedingt am Ernährungsfahrplan der Phase 3 fest.

Bei mir dauerte es etwa zwei Jahre, bis ich meine Migräne schliesslich in den Griff bekam. Allerdings hatte ich nicht von Anfang an alle drei Interventionen umgesetzt. Dennoch profitierte ich bereits früh von einer deutlich geringeren Migränefrequenz, mehr Energie und einer spürbar höheren Lebensqualität.

Hat sich bei Ihnen eine gewisse oder komplette Schmerzfreiheit eingestellt, können Sie wieder mit Gluten und allgemein Kohlenhydraten experimentieren. Beachten Sie dabei jedoch die letzten zwei Lösungsansätze:

❖ Lösungsansatz 13: Keine isolierten Kohlenhydrate
❖ Lösungsansatz 14: Maximal 1 Portion Glutenhaltiges pro Tag

Wenn Sie wieder mehr Kohlenhydrate in Ihren Speiseplan aufnehmen, sollten Sie langsam beginnen und es nicht übertreiben. Erfahrungsgemäss fühlen sich MigränepatientInnen am wohlsten mit Speisen, die den Blutzuckerspiegel stabil halten, wenig Insulin erfordern und so einen ausgeglichenen Hormonhaushalt unterstützen. Beginnen Sie zum Beispiel mit einer handflächengrossen Portion Stärke – auf Kosten von Gemüse. Da jeder Mensch einen individuellen Stoffwechsel hat, müssen Sie selbst herausfinden, wie viel Kohlenhydrate Sie vertragen. Sind Sie körperlich aktiv, können Ihre Muskeln mehr Glukose aufnehmen und als Energie verwerten. Ihren Zuckerkonsum sollten Sie jedoch auf die von der WHO empfohlene Höchstmenge von etwa 30 Gramm pro Tag begrenzen.

Ihr eigener Körper ist der beste Lehrmeister in Sachen Ernährung. Achten Sie auf seine Signale und nehmen Sie bewusst wahr, was Ihr Körper anfordert und wie es ihm nach dem Essen geht. Nahrung sollte Ihnen Energie und Wohlbefinden schenken. Fühlen Sie sich jedoch nach einer Mahlzeit nicht energiegeladen und gut gelaunt, sondern eher schlapp, aufgebläht oder missmutig, schwitzen oder haben sogar Herzrasen, liegt dies vermutlich an unverträglichen Lebensmitteln oder einem übermässigen Konsum von Kohlenhydraten.

Wenn Ihrem Körper bestimmte Nährstoffe fehlen, können Sie ein starkes Verlangen nach bestimmten Proteinquellen, Obst- oder Gemüsesorten entwickeln. Das kann völlig anders aussehen als das, was Sie ursprünglich für Ihre nächste Mahlzeit geplant hatten. Finden Sie heraus, welche Ernährung in verschiedenen Lebensphasen für Sie am besten ist, und folgen Sie Ihrem eigenen Ernährungsplan. Ihre gesunden Essgewohnheiten und Ihre Beziehung zum Essen werden sich zeitlebens weiterentwickeln.

Denken Sie jedoch immer daran, dass Migräne eine Prädisposition darstellt und das Damoklesschwert deshalb ein Leben lang über jedem Migränegeplagten schwebt.

Als es mir bezüglich Migräne wieder gut ging, ass ich regelmässig Kohlenhydrate und erhöhte langsam die Menge. Wenn ich jedoch nach einer Vorspeise nur einen Teller Nudeln ass, meldete sich der Hunger bald zurück. Abends hatte ich Schwierigkeiten einzuschlafen, wenn ich zu wenig Eiweiss gegessen hatte, und musste wieder aufstehen, um ein Stück Käse oder eine Mozzarella zu essen. Spätestens nach einer Woche bemerkte ich auch wieder eine gewisse Trägheit, wenn ich zu meinen alten Gewohnheiten zurückgekehrt war und es eine Zeit lang mit Nudeln, Brot und Desserts sowie Kaffee übertrieb (zum Beispiel im Urlaub). Kamen dann noch Reisestress oder andere Stressfaktoren hinzu, riskierte ich erneut eine Migräneattacke.

Mehr als nur Ernährung: Das 3E - Programm

Obwohl die Ernährung das Herzstück des Programms bildet und optimale Gesundheit nur möglich ist, wenn unsere Zellen mit den richtigen Nährstoffen versorgt werden, gibt es auch weitere Einflussgrössen, die eine bedeutende Rolle in der Gesundheitsgleichung spielen.

Wie eingangs erwähnt, ist Stress mehr als nur die gefühlte Arbeitsüberlastung oder persönliche Konflikte. Stressreaktionen hinterlassen biochemische Spuren in unseren Zellen, und diese Effekte kumulieren sich im Laufe der Jahre.

Migräne ist ein multifaktorielles Geschehen, bei dem ein erhöhter Stresspegel im System durch Kopfschmerzen Alarm schlägt. Diese Erkenntnis sollten wir auch in die Prävention einfliessen lassen. Das bedeutet, dass wir uns nicht ausschliesslich auf eine einzelne Ebene des Problems konzentrieren und dabei andere Aspekte ausser Acht lassen sollten. Ein temporäres Defizit auf einer Ebene kann oft durch Massnahmen auf einer anderen Ebene ausgeglichen werden. Ab einem bestimmten Punkt ist es daher ratsam, den Blick über den Tellerrand zu wagen und auch in anderen Lebensbereichen nachhaltige Veränderungen vorzunehmen.

Die Ernährung war auch nicht das Einzige, was ich veränderte, um meine Symptome rückgängig zu machen. Zwei weitere wichtige Einflussfaktoren - beide beginnen ebenfalls mit dem Buchstaben „E" - entdeckte ich an unerwarteten Stellen: die Reduktion elektromagnetischer Strahlung (Elektrosmog) und das tiefe Verständnis für das Zusammenspiel von Körper und Seele (Emotionen).

MIGRÄNEBEWÄLTIGUNG TEIL 2
ELEKTROSMOG: GESUNDHEITSRISIKO UND THERAPIEBREMSE

Der Begriff „Elektrosmog" bezeichnet die elektromagnetische Belastung unserer Umwelt – eine Form der „elektrischen Umweltverschmutzung". Im deutschen Sprachraum hat er sich als Sammelbegriff für alle technisch erzeugten elektrischen Ströme und magnetischen Felder etabliert.

Überall dort, wo Elektrizität erzeugt, transportiert oder genutzt wird, entsteht nicht-ionisierende Strahlung – also Strahlung, die nicht genug Energie besitzt, um das Erbmaterial direkt zu schädigen.

Da Strom nicht gleich Strom ist, unterscheidet man zwischen Gleichstrom - wie er etwa von der Strassenbahn genutzt wird - sowie niederfrequentem und hochfrequentem Wechselstrom. Niederfrequente Quellen sind zum Beispiel Stromleitungen im Haus, Haushaltsgeräte, Hochspannungsleitungen und Bahnstromanlagen. Hochfrequente elektromagnetische Strahlung kommt unter anderem beim Mobilfunk, bei WLAN, schnurlosen Telefonen und in der Magnetresonanztomographie (MRI) zum Einsatz.

Wie alles begann

Als Thomas Edison gegen Ende des 19. Jahrhunderts New York City als erste Stadt der Welt mit einem Elektrizitätsnetz ausstattete, wurde Strom zum grundlegenden Bestandteil des häuslichen Lebens. In jedem Gebäude begann man, Kabel für Beleuchtung, Heizung und elektronische Haushaltsgeräte zu verlegen. Das war der Beginn der sogenannten „schmutzigen Elektrizität", oder wie sie im angelsächsischen Raum genannt wird: „dirty electricity".

Schon damals wurden „strahlende" Wände, Böden und Decken mit verschiedenen Krankheiten in Verbindung gebracht. Speziell niederfrequente Strahlung stand im Verdacht, das Leukämierisiko bei Kindern zu erhöhen.

Dr. Samuel Milham, ein renommierter Epidemiologe, der sich auf öffentliche Gesundheit spezialisiert hat, hat über 100 wissenschaftliche Publikationen verfasst, von denen viele die gesundheitlichen Auswirkungen von Elektrizität untersuchen. 1997 wurde ihm der Ramazzini Award des internationalen Kollegiums Ramazzini in Bologna verliehen – eine Ehrung für seine herausragenden Beiträge zur Erforschung der beruflich bedingten Krebsrisiken, die durch elektromagnetische Felder verursacht werden.

Milham konnte in seinen Studien nachweisen, dass die flächendeckende Einführung von Elektrizität in Städten und ländlichen Gebieten eng mit einem signifikanten Anstieg von Zivilisationskrankheiten wie Herz-Kreislauf-Erkrankungen, Diabetes und Krebs verbunden war. Besonders auffällig war die erhöhte Sterblichkeit durch diese Krankheiten sowie eine steigende Suizidrate, die er ebenfalls mit der verstärkten elektromagnetischen Belastung in Verbindung brachte.

„Alle Dinge sind Gift, und nichts ist ohne Gift – allein die Dosis macht, dass ein Ding kein Gift ist." Paracelsus, Arzt (1493 - 1541)

Die Wirkung nicht-ionisierender Strahlung auf den Menschen hängt von ihrer Intensität und Frequenz ab. Es ist bekannt, dass niederfrequente elektrische und magnetische Felder bei hoher Intensität Nerven- und Netzhautzellen (innere Augenhaut) stimulieren sowie Muskelzellen, insbesondere den Herzmuskel, anregen und dadurch unwillkürliche Muskelkontraktionen auslösen können.

Zudem ist bekannt, dass hochfrequente (nicht-ionisierende) elektromagnetische Strahlung die Zelldurchlässigkeit beeinflusst (mehr dazu später) und thermische Effekte im menschlichen Körper hervorruft. Beim Telefonieren mit dem Smartphone erwärmt sich beispielsweise der entsprechende Ohr- und Kopfbereich. Um mögliche negative gesundheitliche Auswirkungen dieser biologischen Effekte zu minimieren, wurden international geltende Grenzwerte festgelegt.

Mobilfunkstrahlung – das neue Umweltgift?

Einige Umweltmediziner kritisieren jedoch das Modell, auf dessen Grundlage die aktuellen Grenzwerte festgelegt wurden. Ihrer Ansicht nach sind diese zu hoch angesetzt und könnten langfristig gesundheitsschädlich sein. Hinzu kommt, dass mit jeder neuen Generation von Mobilfunkgeräten zwar die Strahlung abnimmt, sich die übertragene Datenmenge jedoch jährlich verdoppelt. Um das rasch ansteigende Datenaufkommen zu bewältigen und eine hohe Netzverfügbarkeit zu gewährleisten, müssen die Mobilfunknetze ständig ausgebaut werden. Die menschengemachten, gebündelten Frequenzen sowie die vielen strahlenden Geräte wie WLAN-Router, Bluetooth-Technologie, schnurlose Telefone, TV-Box, Multifunktionsdrucker, Smartuhren, „intelligente" Stromzähler (Smart Meter) und vieles mehr, summieren sich zu einer hohen, unnatürlichen Strahlung – und das rund um die Uhr.

Die rasante Verbreitung kabelloser Geräte schafft laut Milham ein allgegenwärtiges „strahlendes Umfeld", das langfristig eine Epidemie unterschiedlichster Erkrankungen auslösen könnte. Tatsächlich leiden heute viele Menschen unter einer Vielzahl chronischer Krankheiten – oftmals sogar an mehreren gleichzeitig.

Angriff auf das biologische System

Der menschliche Organismus reagiert empfindlich auf elektromagnetische Felder, da die Reizübertragung im Körper auf elektrischen Impulsen beruht. Rund 70 Billionen Zellen kommunizieren über komplexe, niederfrequente elektromagnetische Signale. Auf diese Weise werden Informationen übertragen und in biochemische sowie physiologische Vorgänge umgesetzt. Wir sind also selbst elektromagnetische Wesen.

Zahlreiche neuere wissenschaftliche Veröffentlichungen haben gezeigt, dass lebende Organismen von Elektrosmog beeinflusst werden, und zwar bei Feldstärken, die weit niedriger sind als in den meisten nationalen und internationalen Richtlinien vorgeschrieben. Die schädigenden Wirkungen entfalten sich, wenn Zellkommunikationswege gestört oder gar unterbrochen werden. Das führt zu abnormen physiologischen Abläufen, unter anderem in unserem Nervensystem, und versetzt unseren Organismus in oxidativen Stress.

Die übermässige Freisetzung freier Radikale kann Zellen schädigen oder irreparabel zerstören und spielt damit eine zentrale Rolle bei der Entstehung chronischer Krankheiten. Erste Symptome sind häufig Kribbeln in den Händen, Kopfschmerzen, Tinnitus, Übelkeit oder Augenprobleme. Hinzu kommen bei einigen ein Engegefühl in der Brust, Hautausschläge oder eine Überempfindlichkeit gegenüber Geräusche.

Bleiben die Betroffenen der Belastung ausgesetzt, können sich diese ersten Anzeichen zu schwereren Beschwerden ausweiten – etwa Herzrhythmusstörungen, Schlaflosigkeit, chronische Erschöpfung, Schwindel oder Depressionen.

Wenn der Zellstoffwechsel durcheinander gerät

Der Mediziner Martin L. Pall, emeritierter Professor für Biochemie und medizinische Grundlagenwissenschaften an der Washington State University in Pullman, gilt als einer der führenden Wissenschaftler auf dem Gebiet der elektromagnetischen Felder. Er hat detailliert herausgearbeitet, wie durch Bestrahlung - bereits weit unterhalb der geltenden Grenzwerte und ohne feststellbare Erwärmung des Gewebes - eine Abfolge biochemischer Prozesse in unseren Zellen ausgelöst wird, die erheblichen Schaden anrichten kann. Seine Arbeit bestätigt, was seit vielen Jahren vermutet wird: dass künstlich erzeugte elektromagnetische Felder die Entstehung freier Radikale, oxidativen Stress und daraus resultierende Zellschäden massgeblich begünstigen.

In seinen Forschungen weist Pall darauf hin, dass elektromagnetische Felder mit Strukturen im menschlichen Körper interferieren. Unsere Zellen besitzen auf ihrer Aussenhülle, der Zellmembran, zahlreiche Sinnesstrukturen. Dazu zählen auch die spannungsabhängigen Kalziumkanäle – im Englischen „Voltage-Gated Calcium Channels" (VGCC) genannt. Sie kommen vor allem in der Membran erregbarer Zellen vor, also beispielsweise in Muskelzellen (wie Herz- und Skelettmuskulatur) sowie in Nervenzellen (Neuronen und Nervengewebe) und werden bereits durch geringste elektrische Spannung aktiviert, wodurch sie sich öffnen. Auf diese Weise fliessen Kalzium-Ionen, die im Extrazellulärraum eine deutlich höhere Konzentration aufweisen als im Intrazellulärraum, ins Zellinnere. Der Vorgang eines spontanen Einstroms der Ionen in Richtung ihres Konzentrationsgefälles nennt man „Osmose". Während des Ruhepotentials sind die Kalziumkanäle geschlossen.

Diese Kalzium-Ionen regen die Zellkraftwerke - je nach Zelltyp - an, verschiedene Prozesse auszulösen, wie die Öffnung von Kaliumkanälen, die Ausschüttung von Neurotransmittern (chemische Botenstoffe, die Signale zwischen Nervenzellen übertragen), Muskelkontraktionen oder die Hochregulierung der Expression bestimmter Gene.

Kommt nun hochfrequente elektromagnetische Strahlung ins Spiel - wie etwa durch WLAN oder schnurlose Telefone - und sind wir ihr über längere Zeit ausgesetzt, können diese Felder die Kalziumkanäle in den Zellmembranen übermässig öffnen. Dies führt dazu, dass die Zellen zu viel Kalzium aufnehmen, was die empfindlichen chemischen Reaktionen in den Zellen erheblich stört. Dieser Prozess beeinflusst den Zellstoffwechsel und führt zu Deregulationen und Instabilitäten in den Selbstregulierungsmechanismen des Organismus.

Laut Pall kann dies eine Vielzahl gesundheitlicher Auswirkungen zur Folge haben, darunter Herzrhythmusstörungen, Hormonungleichgewichte, Unfruchtbarkeit, neurophysiologische Veränderungen, Migräne und Schlafstörungen.

Er weist zudem darauf hin, dass die DNA-Reparatur in Stammzellen nach der Exposition gegenüber elektromagnetischen Feldern verringert wird, wodurch die Zellen vermehrt DNA-Schäden aufweisen. Besonders besorgniserregend ist, dass Stammzellen bei Kindern wesentlich häufiger vorkommen als bei Erwachsenen, was sie anfälliger für Störungen macht – insbesondere während der Gehirnentwicklung. Dies könnte eine mögliche Erklärung für die zunehmenden Fälle von ADHS und Autismus darstellen. Darüber hinaus legt die Forschung nahe, dass Kinder unter diesen Bedingungen ein höheres Risiko haben könnten, an Krebs zu erkranken als Erwachsene.

In einer gross angelegten epidemiologischen Studie, die in 13 Ländern durchgeführt wurde, zeigte sich, dass Personen, die in den vorangegangenen fünf bis zehn Jahren häufig mit dem Mobiltelefon telefoniert hatten, ein erhöhtes Risiko für bösartige Hirntumoren (Gliome) sowie für gutartige Tumoren des Hör- und Gleichgewichtsnervs (Vestibularisschwannome) aufwiesen.

Aufgrund dieser und weiterer Studien stufte die Internationale Agentur für Krebsforschung (IARC), eine Unterorganisation der WHO, hochfrequente Strahlung im Jahr 2011 als „möglicherweise krebserregend" ein. Niederfrequente elektromagnetische Felder wurden bereits 2002 in die gleiche Kategorie eingeordnet.

„Die WLAN-Technologie ist ein Experiment auf Kosten der Gesellschaft mit ungewissem Ausgang." Prof. Dr. Franz Adlkofer

Eine ukrainische Forschergruppe des Kiewer Instituts für experimentelle Pathologie, Onkologie und Radiobiologie analysierte 100 verfügbare Studien und kam zum Schluss, dass in 93 dieser Studien Hochfrequenzstrahlung (Mobilfunkstrahlung), obwohl sie weit unter den Grenzwerten lag, durch die Überproduktion freier Radikale schädliche Oxidationsprozesse in den Zellen auslöst und somit ein erhebliches krankheitserregendes Potenzial besitzt. Damit bestätigen sie die von Pall aufgeführten gesundheitlichen Störungen.

Auf der nächsten Seite habe ich die dokumentierten, multifaktoriellen Gesundheitseffekte, die in den 93 Studien gefunden wurden und auf das Migränegeschehen Einfluss nehmen können, aufgeführt.

Allergische Reaktionen: Erhöhter oxidativer Stress und/oder eine gestörte Reparatur von DNA-Schäden lösen entzündliche und allergische Reaktionen aus, indem sie die Ausschüttung von Histaminen verstärken.

Erbgutschädigung: Die europäische REFLEX-Studie, durchgeführt von zwölf Forschergruppen aus sieben europäischen Ländern, darunter ein Professor der ETH Zürich, zählt zu den bedeutendsten Projekten der internationalen Grundlagenforschung. Sie konnte mutagene Auswirkungen (DNA-Strangbrüche) der Mobilfunkstrahlung nachweisen. Mutagene sind biologische, chemische oder physikalische Einflussfaktoren, die Veränderungen des Erbguts hervorrufen.

Herz-Kreislauf-Störungen: Der Herzschlag wird durch Schrittmacherzellen gesteuert. Diese weisen eine sehr hohe Dichte an spannungsabhängigen Kalziumkanälen (VGCC) auf. Wird die Durchlässigkeit der Zellmembran durch Elektrosmog erhöht, kommt es zu einem erhöhten Kalziumeinstrom. Das kann zu fehlerhaften elektrischen Reizleitungen im Herzen führen. Medikamente wie Kalziumkanalblocker, die das Eindringen von Kalzium-Ionen verhindern und bei Angina pectoris, Herzrhythmusstörungen und Migräne eingesetzt werden, führen zu einer schnellen Linderung der oben genannten Symptome.

Hormonstörungen: Durch die Exposition gegenüber elektromagnetischen Feldern sinkt der Spiegel bestimmter Hormone, während der Spiegel anderer Hormone zunächst steigt und nach längerer Zeit ebenfalls sinkt. Dies führt zu Unregelmässigkeiten im Hormonsystem.

Migräne: Elektrische Ströme im Gehirn können beeinflusst werden. Eine Studie aus dem Jahr 2016 mit 114 MigränepatientInnen zeigte eine signifikante Korrelation zwischen Smartphone-Gebrauch, WLAN-Exposition und einer erhöhten Häufigkeit sowie Intensität von Migräneanfällen.

Nervensystem unter Daueranspannung: Der andauernde Einfluss körperfremder Frequenzen versetzt die menschlichen Zellen in einen permanenten Stresszustand. Als Folge davon werden von den Nebennieren rund um die Uhr Stresshormone ausgeschüttet, und das Nervensystem kommt nicht mehr zur Ruhe. Im Gehirn kommt es zu einer Reizüberflutung.

Schlafstörungen: Die Produktion des Schlafhormons Melatonin wird reduziert. Langfristig kann die Schlafqualität massiv beeinträchtigt werden, was sich nachteilig auf die Stimmung und Energie auswirkt.

Vitamin D-Aufnahme verringert: Die Aktivität von Vitamin D wird reduziert, was sich negativ auf die Funktion aller Organe auswirkt.

Zell-Energiestoffwechsel wird gehemmt: Oxidativer Stress und genschädigende Wirkungen beeinträchtigen den Energiestoffwechsel in den Zellen und hemmen die Synthese von ATP (Adenosintriphosphat).

Meine persönliche Erfahrung mit Elektrosmog

Wie ich bereits erläutert habe, machte ich nach der Ernährungsumstellung grosse Fortschritte. Meine Migräne trat immer seltener auf, und auch die Intensität nahm ab. Ich brauchte weniger Schlaf, hatte mehr Energie und fühlte mich insgesamt viel vitaler. Das war ein neues und grossartiges Gefühl für mich. Ich genoss es sehr, wieder aktiv zu sein und Dinge zu unternehmen – auch wenn die Migräne noch nicht ganz verschwunden war. Doch sie schränkte meine Lebensqualität nicht mehr ein.

Ich weiss nicht mehr, wann es begonnen hat, da sich die Beschwerden schleichend entwickelten. Nach anfänglichen Ein- und Durchschlafstörungen verschlechterte sich die Schlafqualität zunehmend. Ich spürte, dass es in meinem Herzbereich vibrierte, sobald ich im Bett lag. Am Morgen fühlte ich mich müde bis erschöpft und konnte mich auch tagsüber kaum mehr erholen. Ich hatte derart starke Verspannungen in meinem Kieferbereich, dass diese in den Nacken, die Schultern und den Rücken ausstrahlten. Ich bekam dadurch wieder öfter Migräne.

Mein Mann berichtete mir, dass ich jede Nacht mit den Zähnen knirschen würde. Also besorgte ich mir beim Zahnarzt eine teure Aufbiss-Schiene und ging zur Kiefermassage. Beides half nicht. Mit der Zeit kam es morgens durch einen stark erniedrigten Puls zu massivem Schwindel. Ich konnte mir das alles nicht erklären. Gleichzeitig hatten auch meine Kinder plötzlich unerklärliche Symptome. Meine Tochter bekam Hautausschläge am ganzen Körper und hatte Haarausfall und mein Sohn war tagsüber - wie ich auch - erschöpft. Intuitiv wusste ich, dass es noch einen anderen grossen Stressfaktor geben musste, den ich übersehen hatte. Ich fing also wieder an, Literatur zu wälzen – ohne Erfolg.

Auch hier half mir wieder ein Zufall. Ich traf einen „alten" Kollegen und wir sprachen darüber, wie es uns die letzten Jahre ergangen war. Er war immer noch als Linienpilot und Flugkapitän tätig und seine Partnerin hatte mittlerweile eine eigene Praxis für Physiotherapie eröffnet. Nebenbei hatten sie angefangen, Welpen aufzuziehen. Da sie in der Wohnung nicht genug Platz für alles hatten, kauften sie ein altes, schönes Haus.

Kaum waren sie eingezogen, fingen jedoch Probleme an: Die Welpen wurden krank und sie beide schliefen sehr schlecht. Das zehrte an ihren Kräften. Er vermutete bald störende Strahlen und liess das Haus fachkundig untersuchen. Tatsächlich strahlten die Wände des alten Hauses sehr stark, und unter dem Schlafplatz der Welpen befand sich eine Wasserader.

Als sie die kleinen Hunde in ein anderes Zimmer verlegten und die Stromzufuhr nachts in ihrem Schlafzimmer unterbrachen, konnten sie wieder bestens schlafen, und auch die Hunde wurden gesund.

Da wurde ich hellhörig und begann, mich intensiv mit diesem unbekannten Thema auseinanderzusetzen. Dabei fiel mir etwas Entscheidendes auf: Einige

Zeit vor den Beschwerden hatten wir mehrere neue kabellose Technologien installiert – eine Speicherbox, zwei WLAN-Verstärker und drei schnurlose Telefone mit nur einer Basisstation. Ich stellte fest, dass die drei Hörer auch im Standby-Modus ständig miteinander kommunizierten und kontinuierlich Strahlung aussendeten. Wie viele andere liessen wir das WLAN rund um die Uhr eingeschaltet. Zusätzlich verlaufen mehrere Kabel durch die Betonwände unserer Schlafzimmer, und armierter Beton kann elektromagnetische Felder verstärken, da die Eisenstangen wie Antennen wirken.

Ich wollte die Situation mit meinem Mann besprechen, zögerte jedoch, da das Thema umstritten ist und er als Mathematiker und Physiker grundsätzlich skeptisch gegenüber Dingen ist, die sich schwer beweisen lassen. Zudem war er derjenige, der für all die neuen Technologien in unserem Haus „Feuer und Flamme" war. Ich befürchtete, er könnte das Ganze als „Hokuspokus" abtun.

Die Symptome wurden schliesslich so schlimm, dass ich das Gespräch suchte. Zu meiner Überraschung stiess ich bei ihm auf offene Ohren, denn auch er hatte starke gesundheitliche Schwierigkeiten entwickelt. Regelmässig wachte er mitten in der Nacht mit Herzrasen auf und konnte nur mit Mühe wieder einschlafen. Auch beim Wandern hatte er schon mehrmals ein Druckgefühl im Brustbereich verspürt und einmal sogar einen Schwächeanfall erlitten.

Ich vereinbarte sofort einen Termin für eine geopathologische Untersuchung. Dabei zeigte sich, dass unsere Situation noch gravierender war als die meines Kollegen. Die Schlafzimmerwände emittierten ein Vielfaches der üblichen 50 Hertz – im Kopfbereich unseres Bettes wurden bei mir 178, bei meinem Mann sogar 398 Hertz gemessen. Unter unserem Bett und dem unserer Tochter verlief jeweils eine Wasserader, und mehrere externe Mobilfunkantennen strahlten direkt in unser Schlafzimmer und das unseres Sohnes. Zusätzlich sendeten WLAN und kabellose Telefone starke Signale in sämtliche Schlafräume. Die Belastung war enorm – wir standen buchstäblich „unter Strom". Kein Wunder, dass unsere Körper so gestresst waren.

Mit einigen Sofortmassnahmen - wie dem Verschieben der Betten, der Reduzierung der DECT-Leistung unserer Funktelefone sowie dem nächtlichen Abschalten von WLAN und Strom in unseren Schlafzimmern - konnten wir uns vollständig erholen. Ich erinnere mich noch genau an den Tag nach der Messung. Nachdem der Geopathologe unsere Telefone umprogrammiert hatte und ich abends wie empfohlen das WLAN abgeschaltet und den Strom in unserem Schlafzimmer über den Sicherungskasten unterbrochen hatte, schlief ich erstmals seit Monaten wieder durch – und wachte ohne Kiefer-, Nacken- oder Schulterverspannungen auf. Auch mein Sohn stand voller Energie auf. Es war kaum zu fassen!

Schliesslich verkabelten wir alle Anschlüsse (LAN), sodass wir zu Hause kein WLAN mehr benötigen. Zusätzlich installierten wir Netzfreischalter in den Schlafzimmern, um nachts den Strom zu unterbrechen.

Steter Tropfen höhlt den Stein

Entstehen chronische Erkrankungen also durch menschengemachte elektromagnetische Strahlung? Nein, nicht ausschliesslich. An der Destabilisierung unserer Zellgesundheit sind viele verschiedene Faktoren beteiligt: Bewegungsmangel, Umweltgifte, Ernährungsfehler, Rauchen - ja, sogar Gedanken und Gefühle - können eine Rolle spielen.

Die Belastung durch Elektrosmog nimmt jedoch stetig zu und ist mittlerweile allgegenwärtig. Da unser Organismus sehr empfindlich auf äussere Einflüsse reagiert, kann er sich nicht mehr ausreichend erholen. Die körpereigene Regulierung gerät aus dem Takt, was unterschiedlichste Beschwerden auslösen kann. Das Tückische daran ist, dass Strahlung unsichtbar ist und ihre Auswirkungen oft erst dann spürbar werden, wenn die Funktionstüchtigkeit des gesamten Organismus bereits nachgelassen hat. Hinzu kommt, dass die möglichen Symptome sehr vielfältig sind und selten mit Elektrosmog in Verbindung gebracht werden. Was ist also zu tun?

Wie man sich bettet, so schläft man

Wir können uns der Strahlenbelastung heutzutage nicht mehr entziehen. Allerdings gibt es viele Möglichkeiten, den negativen Einfluss zu reduzieren, denn die meisten Immissionen sind „hausgemacht". Wer seine Strahlenbelastung verringern möchte, sollte also am besten zu Hause anfangen.

Besondere Aufmerksamkeit gilt dabei dem Schlafzimmer, da wir etwa ein Drittel unseres Lebens im Bett verbringen. Aufgrund der langen Aufenthaltszeit und der Tatsache, dass sich unsere Zellen vorwiegend in der Nacht entgiften, reparieren und erneuern, kommt der Situation im Schlafzimmer eine besondere Bedeutung zu. Sind wir erhöhter Strahlung ausgesetzt, können die körperlichen Prozesse durch die Ausschüttung von Stresshormonen gestört werden. Zusätzlich begünstigt die Stressreaktion eine nächtliche Unterzuckerung, die sich ebenfalls nachteilig auf das Migränegeschehen auswirken kann.

Vor Elektrosmog schützen – was Sie selbst tun können

Mit diesen bewährten Massnahmen lässt sich die Strahlenbelastung effektiv verringern:

➢ Räumen Sie alle elektronischen Geräte, einschliesslich Fernseher, Lautsprecher-Boxen und schnurlose Telefone, vollständig aus dem Schlafzimmer. Auch Verlängerungskabel und Mehrfachsteckdosen sollten nicht am oder unter dem Bett platziert werden.

➢ Schnurlose Telefone erzeugen permanente und stark gepulste Strahlung, auch im Standby-Modus. Neuere DECT-Modelle (Digital Enhanced Cordless Telecommunications) können auf den Eco-Modus umgestellt werden. Aktivieren Sie diese Funktion unbedingt, da die Strahlung sonst hoch bleibt – selbst wenn das Gerät nicht in der Nähe des Schlafzimmers steht.

➢ Da Magnetfelder auch massiv gebaute Wände nahezu ungehindert durchdringen, ist bei der Standortwahl von elektrischen Geräten im Dauerbetrieb auch die Situation in den Nachbarzimmern zu berücksichtigen. Schalten Sie alle nicht benötigten Geräte nachts aus.

➢ Besonders wichtig ist das nächtliche Abschalten des WLANs – idealerweise bereits 1 bis 3 Stunden vor dem Schlafengehen. Die ununterbrochene hochfrequente Strahlung kann verschiedene schädliche Auswirkungen auf unseren Organismus haben – unter anderem die Funktion der Zirbeldrüse beeinträchtigen, die das Schlafhormon Melatonin produziert. Schlaf spielt eine entscheidende Rolle für Migränebetroffene. Der Zusammenhang zwischen Schlafdauer, Schlafqualität und Kopfschmerzerkrankungen - einschliesslich Migräne, Spannungskopfschmerzen und Clusterkopfschmerzen - ist durch Studien gut belegt.

➢ Stellen Sie das Smartphone, iPad, den Computer etc. nachts auf Flugmodus oder schalten Sie diese ganz aus, und legen Sie sie weg vom Bett. Abstand ist generell ein effektives Mittel, um die Stärke der von solchen Geräten ausgehenden Felder zu reduzieren. Beispielsweise verringert die Verdoppelung des Abstands die elektrische Feldstärke auf ein Viertel der ursprünglichen Stärke (Abstandsquadratgesetz aus dem Strahlenschutz).

➢ Wenn Sie das Smartphone als Wecker neben dem Bett nutzen, sollte es auf Flugmodus eingestellt und nicht am Stromnetz zum Aufladen angeschlossen sein.

➢ Bewahren Sie kabellose Stifte für Touchscreens, kabellose Mäuse, AirPods etc. in einer Aluminium-Box auf oder umhüllen Sie sie mit Aluminiumfolie.

➢ Smart Meter, also elektronische Strom-, Wasser- und Gaszähler, die ihre Messdaten speichern und automatisch an den Energieversorger übermitteln, sollten verkabelt werden.

➢ Netzbetriebene Radiowecker sollten nicht in unmittelbarer Nähe des Kopfes stehen. Halten Sie einen Minimalabstand von einem Meter. Noch besser: Benutzen Sie einen batteriebetriebenen Funkwecker (der darin enthaltene Funksender strahlt praktisch nicht).

➢ Schlafen Sie nicht auf Heiz- / Magnetkissen oder Heiz- / Magnetdecken und verzichten Sie auf Wasserbetten.

➢ Ihr Bett sollte keine Metallumrandung und Ihre Matratze keine Metallanteile haben. Auch grössere Metallgegenstände wie Bügelbretter, Heimtrainer, Metallstehlampen und -regale sowie starke Magnete sollten sich nicht in der Nähe des Schlafplatzes befinden. Diese können die vorhandenen elektrischen Wechselfelder verstärken.

Falls Sie unter Schlafstörungen, Nacken-, Schulter- und Rückenschmerzen oder Schwindel leiden, könnte es sich lohnen, den Strom in Ihrem Schlafzimmer über den Sicherungskasten zu unterbrechen. Die in den Wänden Ihres Schlafzimmers verlegten Stromleitungen erzeugen elektrische Felder, die stärker sind als die nächtlichen Frequenzen unseres Gehirns und anderer Organe und deren Funktion stören können. Probieren Sie es einfach ein paar Nächte aus und beobachten Sie, wie Sie sich morgens fühlen. Es könnte eine erhebliche Verbesserung Ihrer Situation bewirken.

Wenn Sie überzeugt sind und diese Massnahme beibehalten möchten, würde sich eine Netzfreischaltung lohnen. Sprechen Sie in diesem Fall mit Ihrem Elektriker. In modernen Hotelzimmern können Sie die Schlüsselkarte aus der Halterung nehmen.

Sollten Sie trotz all dieser Massnahmen weiterhin schlecht schlafen oder morgens nicht erholt aufwachen, kann es hilfreich sein, den Schlafplatz zu verändern – sei es durch Umstellen des Bettes oder einen Zimmerwechsel. Es könnte sein, dass sich Ihr Schlafbereich in einer geobiologisch belasteten Zone, etwa durch eine Wasserader oder ein ungünstiges lokales Magnetfeld, befindet. Derartige Einflüsse können die Zellfunktionen beeinträchtigen und die Schlafqualität erheblich vermindern.

In solchen Fällen kann es auch sinnvoll sein, eine Geopathologin oder einen Geopathologen [8] hinzuzuziehen, um den Schlafplatz mittels geeigneter Messverfahren professionell untersuchen zu lassen.

MIGRÄNEBEWÄLTIGUNG TEIL 3
EMOTIONEN: DIE MIND-BODY-VERBINDUNG ERKENNEN

Gibt es sie oder nicht – die „Migränepersönlichkeit"? Dieser Frage gehen Forschende seit Langem nach, denn es ist bekannt, dass Menschen unterschiedlich auf Stresssituationen reagieren und Emotionen körperliche Beschwerden verstärken können. Studien zeigen ausserdem, dass achtsambasiertes Stressreduktionstraining die Häufigkeit von Migränetagen verringern kann.

In der täglichen Praxis zeigt sich bei MigränepatientInnen immer wieder, dass die pflichtbewusste Persönlichkeit deutlich dominiert. Sie erscheinen zum Beispiel sehr pünktlich zu Verabredungen oder sind oft schon vor der vereinbarten Zeit am Treffpunkt. Im Berufsleben legen sie grossen Wert darauf, dass alles reibungslos und geordnet verläuft und mögen es nicht, wenn zum Feierabend noch unerledigte Aufgaben liegen bleiben. Auffällig ist, dass MigränepatientInnen in der Regel sehr wenige krankheitsbedingte Fehltage haben. Ihr Haushalt ist üblicherweise ausgesprochen ordentlich und sauber.

Charaktermerkmale
Hinter der sogenannten „Migränepersönlichkeit" könnte also eine gewisse Zwanghaftigkeit stecken. Tatsächlich gibt es umfangreiche klinische Untersuchungen zu den psychologischen Ursachen von Kopfschmerzen. Der einflussreiche Neurologe, Psychosomatiker und Schmerzexperte Harold Wolff (1898-1962) untersuchte die Wechselwirkungen zwischen psychologischen Faktoren und neurophysiologischen Mechanismen. Im Rahmen seiner Studien befragte er KopfschmerzpatientInnen. Laut seiner Einschätzung waren diese Personen häufig ehrgeizig, leistungsorientiert, perfektionistisch, zwanghaft, ordentlich, gewissenhaft, rigide und emotional gehemmt, insbesondere im Umgang mit Aggressivität.

Als einer der ersten Kliniker bewertete er nicht nur das, was diese Personen über sich selbst sagten oder wie sie sich darstellten, sondern beschrieb auch ihr expressives Verhalten und ihren Gesichtsausdruck wie folgt: „Wie mit einstudiertem Gleichmut, meist begleitet von einem angespannten Gesichtsausdruck, einer gefurchten Stirn und Verspannungen zwischen den Augenbrauen". Während der Interviews wurden bei den PatientInnen physiologische Messungen durchgeführt. Es zeigte sich, dass bestimmte Themen, insbesondere solche mit belastendem Inhalt, häufig zu einem deutlichen Anstieg der physiologischen Aktivität führten.

In einer klinischen Studie aus dem Jahr 2007 war eine komorbide Persönlichkeitsstörung häufiger mit chronischer und schwerer Migräne assoziiert. Bei knapp 33 Prozent der ProbandInnen wurden zwanghafte und anankastische Züge festgestellt. Letztere zeichnen sich durch ein starkes Kontrollbedürfnis, Perfektionismus und Starrheit aus. Dieser Prozentsatz ist etwa dreimal so hoch wie in der Allgemeinbevölkerung.

All die stille und unterdrückte Wut

Eine ebenfalls 2007 durchgeführte Studie untersuchte, inwieweit Ärger und dessen Ausdruck, Ängstlichkeit, Depressivität und eine generelle Tendenz zur Somatisierung - also körperliche Reaktionen auf seelische Konflikte - die Häufigkeit von Migräneattacken beeinflussen. Die logistische Regression ergab, dass ausschliesslich die Variable „nach innen gerichteter Ärger" die Wahrscheinlichkeit erhöhte, zur Gruppe der PatientInnen mit häufigen Migräneanfällen zu gehören.

Bereits im Jahr 1959 beschrieb der amerikanische Internist und Psychiater George L. Engel (1913-1999) das Konzept einer allgemeinen Schmerzpersönlichkeit („pain prone patient"), einer klinischen Figur, die massgeblich durch unterdrückte Feindseligkeit und Aggressivität gekennzeichnet ist. Auf Grundlage einer psychodynamischen Theorie entwarf Engel das Bild des chronischen Schmerzpatienten, der von übermässigen Schuldgefühlen geprägt ist. Dieser hat Schmerz als Störung „ausgewählt", um sich zu bestrafen und somit von diesen Gefühlen zu entlasten.

Eine der ersten, die sich mit der Psyche von Menschen mit Migräne auseinandersetzte, war die deutsche Benediktinerin Hildegard von Bingen (1098-1179). Sie selbst war von Migräne betroffen und schrieb, dass es von entscheidender Bedeutung sei, bei der Behandlung von MigränepatientInnen auch ihre Psyche zu berücksichtigen. Migränekranke seien oft reizbar, überempfindlich, von zwanghaftem Streben nach Vollkommenheit, feindselig und ressentimentgeladen. Ein(e) Patient(in) müsse nicht alle diese Eigenschaften in sich vereinen, es genüge bereits eine, wenn sie nur stark genug ausgeprägt sei. Übrigens, so Hildegard, könne man verdeckte Wut durch kräftiges Schimpfen abbauen – und so einem Migräneanfall vorbeugen.

Eine weitere Hypothese zur Rolle gehemmter Emotionalität - insbesondere unterdrückten Ärgers - als mögliche Ursache von Kopfschmerzen oder zumindest als typische Begleiterscheinung bei Betroffenen stammt aus der frühen Neuzeit. In einer medizinischen Schrift aus dem Jahr 1734 beschreibt der Mediziner Junkerius kopfschmerzgeplagte Menschen als solche mit „ira, imprimis tacita et supressa" – also mit Wut, insbesondere stiller und unterdrückter Wut.

Dr. John Sarno (1923-2017), Professor für klinische Rehabilitationsmedizin an der New York School of Medicine, griff das Merkmal des unterdrückten Ärgers ebenfalls auf. Er postulierte die Theorie, dass ein überwältigend grosser Teil der schmerzhaften physischen Leiden - wie beispielsweise Rücken- und Knieschmerzen, Karpaltunnelsyndrom, Migräne, Tennisarm, Wachstumsschmerzen bei Kindern und andere - nicht durch strukturelle Abnormitäten oder kleine Verletzungen, die man sich bei körperlicher Aktivität zugezogen hat, verursacht werden, sondern auf den psychischen Stress zurückzuführen sind, der sich im Laufe des Lebens angesammelt hat.

Weil unangenehme Gefühle wie Angst, Ärger, Enttäuschung, Frustration, Hilflosigkeit, Scham, Trauer, Traurigkeit, Verlegenheit und Verletzlichkeit schwer zu ertragen sind, werden sie häufig unterdrückt. Im Laufe der Jahre entsteht so unbewusst ein inneres Reservoir an unterdrückter Wut bis hin zu Zorn, das sich schliesslich auf physiologischer Ebene Ausdruck verschaffen kann.

Im Gegensatz zu Engel ging es laut Dr. Sarno dem Gehirn jedoch nicht um Bestrafung, sondern vielmehr darum, dass die Schmerzen als Ablenkungsstrategie dienen sollen, damit die im Inneren brodelnden unangenehmen Emotionen nicht an die Oberfläche kommen. Diese könnten überwältigend sein und zu unangebrachtem Handeln führen – mit allen möglichen Konsequenzen.

Wut und Zorn sind zwei Eigenschaften des Menschen, die in der Gesellschaft kein gutes Image haben. Körperliche Symptome hingegen werden als Krankheit akzeptiert.

Der Feind in uns

Dieser kurze Streifzug durch die Geschichte des Konzepts der „Schmerzpersönlichkeit" verdeutlicht die lange Tradition der Auseinandersetzung mit der Wahrnehmung und dem Ausdruck von Ärger in unserer Gesellschaft. Neben den äusseren schädlichen Einflüssen, die unsere körpereigene Abwehr schwächen, gibt es offenbar noch einen weiteren entscheidenden Stressfaktor – er entsteht in unserem Inneren.

Wieso wir fühlen, was wir fühlen

Aber wie erzeugt unser Gehirn Wahrnehmungen? Wir lernen durch Erfahrungen, insbesondere durch solche, die mit Gefühlen einhergehen. Negative Gefühle schützen uns vor Gefahren und helfen uns dabei, in der Welt zu bestehen. Wenn wir das aus der Sicht der Evolution betrachten, dann überlebten diejenigen Menschen eher, die Bedrohungen schneller erkannten und angemessen handelten.

Diese Erfahrungen werden als Einstellungen festgeschrieben. Wir können uns das wie Programme auf unserer inneren Festplatte vorstellen. Nehmen unsere Sinne etwas wahr, gleicht das Gehirn blitzschnell den Input mit den eingespeicherten Mustern ab. Dank dieser Datenbank kann das Gehirn sofort Hypothesen aufstellen und Schlüsse ziehen, was die eingehenden sensorischen Informationen bedeuten könnten. Es sind also Vermutungen - und nicht die Sinneseindrücke selbst -, die die Wahrnehmungen vor unserem geistigen Auge erzeugen.

Je mehrdeutiger die Eindrücke sind, desto mehr muss sich das Gehirn auf das Vorwissen verlassen und dieses ergänzen. Da die angesammelten Informationen von Person zu Person verschieden sind, kommt es beispielsweise bei doppeldeutigen Zeichnungen vor, dass eine Person ein Kaninchen und eine andere Person eine Ente erkennt.

Das Gehirn bewertet die eingehenden Reize jedoch nicht nur, sondern es tut auch etwas mit diesen Informationen. Es passt das Verhalten einer Person blitzschnell der Situation an, indem es dieselben Gedanken, Gefühle und Reaktionen hervorruft, die mit einer früheren konkreten Erfahrung verknüpft sind.

Diese individuellen Erfahrungen und Verhaltensmuster beeinflussen unsere Reaktion auf Stress und bestimmen letztlich, wie empfindlich das Stresssystem reagiert und wie schnell es wieder in seine Ruhelage zurückkehrt. Die Stressbiografie eines Menschen ist so einzigartig wie sein Fingerabdruck.

Unter der Wasserlinie

Geruchsstoffe beispielsweise sind eng mit Erinnerungen verknüpft, weil unser Geruchssinn enge neuroanatomische Verbindungen mit dem Gedächtnis pflegt. Gerüche hinterlassen prägende Spuren in unseren grauen Zellen, die noch Jahrzehnte später Assoziationen hervorrufen können.

Wenn ich zum Bespiel den Duft einer frischen Apfelwähe wahrnehme, die meine Mutter früher für uns backte, versetzt es mich direkt in meine Kindheit zurück. Auch frisch gemähte Wiesen verbinde ich mit angenehmen Gedanken an vergangene Zeiten. Im Gegensatz dazu lässt mich der typische Geruch von Arztpraxen erstarren. Und penetrante Parfüms sind für mich der Albtraum schlechthin – warum das so ist, weiss ich allerdings nicht. Da ich den Duft nicht ausblenden kann, löste er früher oft eine Reizüberflutung und damit schwere Migräneattacken aus.

Aus Überlebensgründen neigen wir dazu, negative Erfahrungen stärker zu gewichten als angenehme Erlebnisse. Wir haben also eine natürliche Tendenz zur Negativität. Bestimmte Programmierungen werden sogar an unsere Nachkommen weitergegeben. Ererbte Muster sind beispielsweise die Angst- und Fluchtreaktion bei einer Begegnung mit einer Spinne, Schlange oder Ratte. In extremen Fällen löst schon das Bild dieser Tiere oder der blosse Gedanke daran eine Reihe von Symptomen aus. In der Vergangenheit stellten diese Lebewesen eine ernsthafte und alltägliche Bedrohung dar. Gegen das Gift einer Spinne oder Schlange gab es meistens keine Hilfe. Ratten waren für die Verbreitung von Krankheiten wie der Pest verantwortlich.

Die Macht des Unterbewusstseins

Im Laufe der Evolution hat sich ein System im Gehirn etabliert, das die unzähligen Stimuli unbewusst verarbeitet. Man nimmt an, dass wir mehr als 90 % der Sinneseindrücke, die auf uns einprasseln, gar nicht bewusst wahrnehmen. Nur die wirklich relevanten Botschaften werden an das Bewusstsein weitergeleitet. Ein bekannter Vergleich beschreibt die Situation als einen riesigen Eisberg, bei dem der grösste Teil unter der Oberfläche verborgen liegt.

Und das ist auch gut so: In Tests hat sich herausgestellt, dass das Bewusstsein nicht mehr als 60 Bits pro Sekunde verarbeiten kann. Bits sind die Grundeinheiten der Information. Der Begriff stammt von „binary digit", also Binärziffer – binär bedeutet „aus zwei Einheiten bestehend". Beim Lesen verarbeitet der bewusste Verstand rund 45 Bits pro Sekunde. Beim Rechnen sinkt die Zahl auf etwa 12 Bits. Vorsichtige Schätzungen gehen davon aus, dass allein die Augen pro Sekunde mindestens 10 Millionen Bits an das Gehirn senden!

Aber nicht nur visuelle Reize wie Bilder, Farben und Formen erreichen uns permanent, sondern auch akustische Signale (Geräusche, Stimmen und Töne), sensitive Eindrücke (Berührungen, Stimmungen, ein kalter oder warmer Luftzug) sowie olfaktorische Wahrnehmungen (Essenzen). Müsste unser Gehirn all diese Informationen bewusst verarbeiten, wäre es hoffnungslos überfordert.

Aus diesem Grund fängt das Unterbewusstsein, das eine ungeheure Verarbeitungs- und Speicherleistung besitzt, die unzähligen Sinneseindrücke ab und speichert sie. Es ist wie ein Vorzimmer, das uns von dem Wirrwarr an Reizen aus der Aussenwelt abschirmt. Im Unterbewusstsein sind also all die Informationen gespeichert, die wir über uns selbst und die Welt gesammelt haben.

Da das Unterbewusstsein per Definition nicht ins Bewusstsein tritt, haben wir den Eindruck, es sei gar nicht vorhanden. Wir glauben, dass wir alle Vorgänge bewusst wahrnehmen und steuern. Wie sehr dieser Eindruck täuscht, zeigt das Beispiel des sogenannten „Cocktailparty-Effekts". Stellen Sie sich vor, Sie unterhalten sich auf einer Party mit jemandem. Um Sie herum führen andere Personen Gespräche, denen Sie jedoch keine Aufmerksamkeit schenken. Plötzlich horchen Sie auf: In einer nahen Gesprächsgruppe fiel Ihr Name. Sie wissen natürlich, dass Sie den anderen Gesprächen bis dahin nicht zugehört haben. Aber wenn das wirklich so wäre, wie konnten Sie dann Ihren Namen hören? Die Antwort lautet: In Wahrheit hat Ihr Unterbewusstsein die Unterhaltung sehr wohl verfolgt. Benachrichtigt hat es Sie jedoch erst, als Ihr Name fiel.

Was hat dazu geführt, dass dieses Ereignis die ganze Aufmerksamkeit auf sich zog? Es könnte sich um eine Bedrohung handeln. Sobald das Unterbewusstsein eine potenzielle Gefahr ausmacht, schlägt es Alarm, der innerhalb weniger Millisekunden sämtliche Vorgänge im kognitiven Teil des Gehirns unterbricht, um die Konzentration auf das zu richten, was für das Überleben entscheidend ist. Augenblicklich übernehmen Reflexe und instinktives Verhalten die Kontrolle.

Die erste Variante des „Bewusstwerdens" ist die Orientierung. Das Gehirn versucht, so viele Informationen wie möglich zu sammeln. Wenn keine Gefahr besteht, beruhigen wir uns wieder. Je nach Situation müssen wir jedoch aktiv werden und in die zweite Variante übergehen, in der wir uns kampf- oder fluchtbereit machen. Dies passiert glücklicherweise in der Regel nicht auf einer Cocktailparty, wohl aber, wenn wir auf einer Wanderung einem grossen, gefährlich aussehenden und aggressiven Hund begegnen. Die dritte natürliche Reaktionsvariante ist die passive Bewältigung. Das bedeutet, wir „stellen uns tot" und warten, bis die Gefahr vorübergeht. Dies wird auch als Erstarrung bezeichnet.

Sind wir jedoch über längere Zeit - sei es subjektiv oder objektiv - in belastenden Lebensumständen gefangen, denen wir nicht entkommen können, folgt oft eine weniger bekannte Reaktionsform: Wir ergeben uns im wahrsten Sinne des Wortes. Der Therapeut Pete Walker bezeichnet diese vierte Strategie als „Fawn Response" oder „Bambi-Reflex" – eine Anpassung, aus Sicherheits- oder Vernunftsgründen.

Der Preis dafür ist das Opfern unserer eigenen Bedürfnisse, Grenzen, Rechte und Vorlieben. Äusserlich wirken wir regungslos, vielleicht sogar apathisch. Innerlich aber befinden wir uns in einem grossen Konflikt: Auf der einen Seite unsere wahren Bedürfnisse, auf der anderen Seite die der anderen.

Die Fawn Response als intelligente Überlebensstrategie

Als Säugling und Kind sind wir auf Gedeih und Verderb von unseren Bindungspersonen abhängig, um zu überleben. Da wir noch nicht in der Lage sind, selbst für uns zu sorgen, müssen wir zunächst im Aussen nach Lösungen suchen, sobald sich Bedürfnisse wie Hunger, der Wunsch nach Geborgenheit, Antworten und Bestätigung melden. Von Anfang an lernen wir, mit unseren Sinnesorganen Wahrnehmungen zu deuten – das heisst, wir achten auf verbale und nonverbale Rückmeldungen unserer primären Bezugspersonen. Werden wir angenommen, versorgt und geliebt, so wie wir sind, fühlen wir uns sicher und geborgen. Dadurch kann sich Selbstvertrauen entwickeln, und wir lernen, auch anderen Menschen zu vertrauen. In diesem Zusammenhang spricht man vom Urvertrauen.

Erleben wir Unsicherheit in der Bindung - etwa durch Ablehnung, Zurückweisung, Trennung, Bestrafung oder sogar seelischen oder körperlichen Missbrauch - empfinden wir die Situation als bedrohlich. Gefühle von Angst, Hilflosigkeit und Ohnmacht graben sich tief in unser Inneres ein.

Doch auch in einer grundsätzlich liebevollen Umgebung können Verletzungen entstehen. Diese resultieren oft aus der Unmöglichkeit der Eltern oder anderen Bezugspersonen, uns jeden Wunsch zu erfüllen oder uns immer beizustehen. Sie müssen uns notwendigerweise Grenzen setzen. Zudem kann es sein, dass die primäre Bezugsperson, wie die Mutter, eine Zeitlang krankheitsbedingt ausfällt, wieder arbeiten geht oder ihre Aufmerksamkeit auf jüngere Geschwister richten muss. In solchen Momenten fühlen wir uns verlassen und bedroht.

Die bekannte Psychoanalytikerin Karen Horney (1885-1952) schrieb, dass Kinder, die nicht in ausreichendem Masse die Erfahrung machen, geliebt und geschätzt zu werden, mit einer sogenannten „Grundangst" reagieren. Diese äussert sich als quälendes Gefühl, „klein, unbedeutend, hilflos, verlassen und gefährdet" zu sein, als wären sie einer potenziell feindlichen Welt ausgeliefert. Aus diesem Grund muss das Kind alles daran setzen, die lebensnotwendige Beziehung zu seinen Bezugspersonen aufrechtzuerhalten.

Sensible Kinder spüren intuitiv die Erwartungen ihrer Eltern oder Bezugspersonen und übernehmen unbewusst die ihnen zugedachte Rolle. Sie entwickeln diese Fähigkeit weiter und schärfen ihr Gespür für unbewusste Signale. Typische Verhaltensweisen sind: Verantwortung für Geschwister zu übernehmen, gute Noten zu erzielen, in der Arbeitswelt erfolgreich zu sein, einen Beruf zu wählen, den die Eltern oder Bezugspersonen ausüben oder sich diesen gewünscht hätten, als Vertraute/r zu fungieren (als intellektueller Resonanzboden), sich stets lieb und artig zu verhalten und zu versuchen, in allen Bereichen des Lebens - sei es im Haushalt, in Beziehungen oder im Aussehen - perfekt zu sein.

Da solche Beziehungen nicht auf den eigenen Bedürfnissen basieren, sondern vor allem auf denen der Bezugspersonen, kann das wahre Selbst weder zum Ausdruck kommen noch sich entwickeln oder abgrenzen.

Ihre Biografie wird zu Ihrer Biologie

Wenn eine Person in einem früheren Lebensabschnitt eine echte oder vermeintliche Bedrohung übersteht, indem sie nicht für sich einsteht oder für ihre eigenen Interessen kämpft, werden falsche Erinnerungen festgeschrieben, die als Strategien ins Erwachsenenalter mitgenommen werden. Die Reaktionen, die ihr damals das Überleben ermöglichten, werden zu Verhaltensmustern, die ein Leben lang angewendet werden. So entsteht unsere Persönlichkeit. Der Psychologe und Philosoph John Bradshaw (1933-2016) popularisierte das Konzept des „Inneren Kindes".

Laut dem Kinderarzt und Psychoanalytiker Donald Winnicott (1896-1971) führt die Anpassung an elterliche Bedürfnisse oft zur Entstehung eines „falschen Selbst". Der Mensch entwickelt eine Haltung, in der er nicht nur das zeigt, was von ihm erwartet wird, sondern so stark mit diesem Bild verschmilzt, dass kaum noch erkennbar ist, was sich tatsächlich dahinter verbirgt.

Alfred Adler, Arzt und Psychotherapeut (1870-1937), fasst den Menschen in seinen inneren Abläufen folgendermassen zusammen: Der Mensch ist ein Kind in alternder Haut. Die Summe der Erfahrungen, Eindrücke und Emotionen verdichtet sich im Laufe der Zeit zu einem Set aus Zielen, Überzeugungen und eingeübten Verhaltensweisen. Dies beschrieb er mit den Begriffen „Lebenslinie" und „Bewegungslinie". 1929 prägte er den heute gebräuchlichen Begriff „Lebensstil". Dieser ist der Herzschlag unseres Lebens – und wir tun überwiegend unbewusst alles, um ihm gerecht zu werden.

Auch für Sigmund Freud, den Begründer der Psychoanalyse, und seinen Zeitgenossen C. G. Jung, den Begründer der analytischen Psychologie, gilt die frühe Kindheit als entscheidend für die eigene Lebensgestaltung und das Krisenmanagement.

Eine umfangreiche Übersichtsarbeit aus 2023 (28 Studien, 154.730 TeilnehmerInnen in 19 Ländern) zeigt, dass belastende Kindheitserfahrungen bedeutende Risikofaktoren für Kopfschmerzerkrankungen im Erwachsenenalter sind – darunter Migräne sowie Spannungs- und Clusterkopfschmerzen.

„Nicht zum Ausdruck gebrachte Emotionen werden niemals sterben. Sie werden lebendig begraben und tauchen zu einem späteren Zeitpunkt auf sehr unangenehme Weise wieder auf."
Sigmund Freud, Arzt und Begründer der Psychoanalyse (1856 - 1939)

Aber was könnte denn falsch daran sein, perfekt, pflichtbewusst, fleissig, strebsam und dazu noch lieb und artig zu sein? Freud hat hierzu bedeutende Einsichten geliefert.

Er brachte uns die Idee des Unbewussten nahe, eines schattenhaften Beglei-ters, der noch tiefer verborgen liegt als das Unterbewusstsein und auf den wir kaum Zugriff haben. In diesem Bereich können Menschen, für die das Ver-drängen prägender Erlebnisse und der damit verbundenen schwierigen Emotio-nen die einzige Möglichkeit der Bewältigung darstellt, schmerzhafte und unange-messene Gefühle ein Leben lang vergraben.

Das Unbewusste wurde von einigen Schriftstellern als eine Art „Hochsicher-heitsgefängnis" beschrieben, in dem asoziale Insassen wie verbotene Fantasien, Ängste, Traumata, Konflikte und andere inakzeptable Gefühle verwahrt werden, um uns vor seelischem, sozialem und körperlichem Schaden zu schützen. Diese Insassen müssen streng bewacht und hart kontrolliert werden, weil sie schwer zu bändigen sind und ständig versuchen, zu entkommen. In vielen Kulturen und Traditionen wird angenommen, dass Träume wichtige Botschaften oder Symbole aus diesem „unterirdischen Reich" enthalten, das oft einen schlechten Ruf hat.

Es ist wichtig, dies zu verstehen, da das, was im Unbewussten vor sich geht, oft unser Fühlen, Denken und Handeln beeinflusst. Zu beachten ist, dass emotio-nale Erregungen keineswegs verschwinden, nur weil sie nicht sichtbar sind. Wäh-rend unser Bewusstsein entscheidet, ob wir an positive oder glückliche Erinne-rungen denken möchten, funktioniert das Unbewusste anders. Es hat seinen eigenen „Kopf", denn es arbeitet mit Assoziationen.

Man denke an Pawlow und seine Hunde. Er zeigte, dass Tiere Assoziationen entwickeln können, die automatische und reproduzierbare körperliche Reaktio-nen auslösen. In seinem berühmten Experiment läutete der junge Wissenschaft-ler eine Glocke und gab den Hunden anschliessend Futter. Nach mehreren Wie-derholungen reichte es aus, die Glocke zu läuten, damit die Hunde erwartungs-voll zu sabbern begannen. Die automatisch ablaufende Reaktion wird als klassi-sche Konditionierung bezeichnet und veranschaulicht, warum Veränderungen für uns Menschen oft so schwierig sind.

Wenn Ihr siebenjähriges Ich spricht

Die in der Kindheit erlernten Verhaltensmuster begleiten uns oft durch das Erwachsenenleben. Unbewusst greifen wir auf Schutzmechanismen zurück, um frühere Kränkungen und Konflikte zu vermeiden. Gleichzeitig streben wir nach der Erfüllung unerfüllter Bedürfnisse nach Anerkennung und Sicherheit.

Jede scheinbar harmlose Reinszenierung von Situationen, die uns unbewusst an Momente erinnert, in denen wir uns als Kind abgelehnt, allein gelassen, ungeliebt, unverstanden oder bedroht fühlten, kann alte Empfindungen wieder wachrufen. Man spricht davon, von solchen Erlebnissen „getriggert" zu werden. Dies kann Emotionen wie Angst, Ärger, Enttäuschung, Frustration, Hilflosigkeit, Scham, Trauer, Traurigkeit, Verlegenheit oder Verletzlichkeit hervorrufen.

Emotionen sind jedoch nicht das Ende der Verarbeitung. Das vegetative Ner-vensystem entscheidet anschliessend darüber, wie wir reagieren – ob uns der Atem stockt, das Herz pocht, wir erröten, unser Körper sich verspannt, wir in

Schweiss ausbrechen oder unsere Gefühle nach aussen tragen. Die Reaktionen laufen automatisch ab – stets in derselben Weise, wie bei einem Computer. Deshalb fallen wir immer wieder in alte Muster zurück, selbst wenn wir diese bewusst ablehnen.

Studien zeigen, dass bei solchen Rückblenden dieselben Gehirnregionen reaktiviert werden. So holen uns die Gespenster der Vergangenheit wieder ein, selbst wenn wir glauben, sie längst hinter uns gelassen zu haben.

Aus dieser Perspektive betrachtet, sind unsere Emotionen das bewusste Erleben eines komplexen Zusammenspiels physiologischer Reaktionen, die die Aktivität der biologischen Systeme in unserem Körper kontinuierlich an die Anforderungen unserer inneren und äusseren Umgebung anpassen.

Die Tyrannei des Sollens

Wir alle verleugnen uns von Zeit zu Zeit selbst, weil wir eine tief verwurzelte Angst haben, unangenehm aufzufallen und gleichzeitig harmonische, liebevolle Beziehungen zu anderen Menschen benötigen – sei es im privaten oder beruflichen Bereich. Dieser Drang, den Erwartungen anderer zu entsprechen, ist weit verbreitet und fest in unserem sozialen Bedürfnis verankert.

Bei manchen Menschen ist dieser Mechanismus besonders stark ausgeprägt – man spricht dann von Repression oder Verdrängung. Studien zeigen, dass sogenannte „Represser" häufig angeben, keine Angst zu empfinden. In Wirklichkeit zeigen sie jedoch ein extrem defensives Verhalten. Sie gehen ungern Risiken ein und versuchen, kritische Situationen sowie ihre eigenen Gefühle ständig zu kontrollieren. Perfektionismus und ein starkes Bedürfnis nach Harmonie sind typische Merkmale dieser Menschen. Werden sie stärkerem Druck ausgesetzt, treten deutliche körperliche Angstreaktionen auf: Sie beginnen zu schwitzen, die Muskelspannung steigt, und ihr Puls beschleunigt sich. Der Stress wird also trotz Verdrängung unverkennbar.

„Die Mehrheit unserer Spannungen und Frustrationen ist eine Folge unseres zwanghaften Bedürfnisses, die Rolle von jemandem zu spielen, der wir nicht sind."
Hans Selye, Pionier der Stressforschung (1907 - 1982)

In der modernen Gesellschaft stehen wir immer häufiger unter Zeit- und Leistungsdruck. Dieser betrifft nicht nur Schule und Beruf, sondern auch unsere Freizeit, in der wir ebenfalls unsere Leistungsfähigkeit unter Beweis stellen wollen. Besonders bei Menschen, die ihre Leistung stark mit ihrem Selbstbild verbinden, führt dieser Druck zu noch mehr Anstrengung – in allen Lebensbereichen, einschliesslich des äusseren Erscheinungsbildes.

Obwohl diese Personen in ihrem familiären Leben und im Beruf meist erfolgreich sind, sind sie sich selbst gegenüber häufig kritisch. Sie haben das Gefühl, noch nicht genug erreicht und getan zu haben und schrauben weiter am eigenen Ich herum. Nur die Perfektion ist gut genug und bietet die nötige Sicherheit.

PerfektionistInnen zeichnen sich durch ein hohes Mass an Selbstbeherr-
schung, Verantwortungsbewusstsein und Pflichtgefühl aus – verbunden mit dem
Wunsch, andere nicht zu belasten. Häufig geht dieses Verhalten mit einem geringen Selbstwertgefühl einher. Für das Umfeld ist das bequem: PerfektionistInnen
stellen die Bedürfnisse anderer in den Vordergrund, setzen kaum Grenzen, sagen
selten Nein und bitten ungern um Hilfe. Ihre Zuverlässigkeit wird schnell zur
Selbstverständlichkeit.

Dieses nach aussen gerichtete Verhalten führt dazu, dass sie sich immer mehr
aufladen. Solange der Aufwand überschaubar bleibt und sie Anerkennung erhalten, fühlen sie sich sicher. Doch früher oder später geraten sie an ihre Grenzen. Je grösser der Stress, desto stärker wächst die innere Unruhe – begleitet
von der ständigen Sorge, dass etwas entgleiten und schieflaufen könnte. Die
unterschwellige Angst erzeugt ein Gefühl von Getrieben-Sein. Grübeleien nehmen überhand, das Gedankenkarussell dreht sich unaufhörlich. Das Gehirn bleibt
in einem Zustand ständiger Alarmbereitschaft, der Spiegel der Stresshormone
steigt, ebenso der Energiebedarf.

Chronischer Stress kann psychologisch betrachtet eine Vielzahl belastender
Emotionen hervorrufen – etwa Angst, Ärger, Frustration und Hilflosigkeit. Diese
fördern innere Anspannung und können aggressive Impulse wecken. Viele PerfektionistInnen tragen unterdrückte Wut in sich – auf sich selbst, weil sie über-
höhte Ansprüche an sich stellen, und auf die Welt, weil ihre Mühen nicht ausreichend gesehen oder gewürdigt werden. Sie fühlen sich für alles verantwortlich und kommen selbst ständig zu kurz – emotional wie auch im Alltag.

Wut ist im Grunde jene positive Kraft, die ein Kind von Natur aus erhält, um
für sich einzustehen und seine eigene Bedeutung zu behaupten. Da sie jedoch
oft mit Kontrollverlust in Verbindung gebracht wird - etwa durch körperliche
oder verbale Auseinandersetzungen oder das Zerstören von Gegenständen -,
unterdrücken PerfektionistInnen sie meist schon im Ansatz. Diese zurückgehal-
tene Wut geht häufig mit Schuldgefühlen einher – im Bewusstsein, dass die eigenen überhöhten Ansprüche sie überhaupt erst in diese Notlage geführt haben.

Eine bedeutende Quelle von Ärger und Groll, die uns oft nicht bewusst ist,
entsteht durch das Verantwortungsgefühl gegenüber nahestehenden Menschen
– etwa Partnern, Kindern, Eltern oder Schwiegereltern. So sehr wir sie lieben, so
sehr fühlen wir uns auch durch ihre Bedürfnisse belastet. Die Kombination aus
Liebe und Fürsorge für die Familienmitglieder sowie den inneren Widerständen
gegen diese Pflichten und Verantwortungen, die unserer Selbstverwirklichung im
Wege stehen, führt zu einem tiefen inneren Konflikt.

Für das Gehirn ist dies eine anspruchsvolle Situation, da es die natürliche
Stressreaktion ständig bewusst kontrollieren muss – ähnlich wie beim Ansehen
eines spannenden Films oder beim Spielen eines Videospiels. Ältere Gehirn-
strukturen wie das sogenannte „Reptiliengehirn" können virtuelle Gefahren nicht
von realen unterscheiden und reagieren mit Erregung. Der präfrontale Kortex,
der sich im Laufe der Evolution entwickelte und für höhere kognitive Prozesse

verantwortlich ist, dämpft diese Reaktion – sonst wären Horrorfilme oder virtuelle Kriegsspiele kaum auszuhalten. Das bedeutet aber auch, dass die für eine scheinbare Gefahr mobilisierte Energie, die letztlich nicht gebraucht wird, wieder storniert werden muss. Läuft das angeborene Stress-Energie-Programm immer wieder ins Leere, kann das langfristig die Energiebereitstellung schwächen und eine Abwärtsspirale in Gang setzen.

„In meinem Leben habe ich unvorstellbar viele Katastrophen erlitten. Die meisten davon sind nie eingetreten." Mark Twain, Schriftsteller (1835 - 1910)
PerfektionistInnen fühlen nicht in Echtzeit, sie halten den Blick immer auf die Zukunft gerichtet, um potenzielle Katastrophen zu verhindern. Sie sind ständig besorgt, bereiten sich auf das Schlimmste vor und befinden sich in ständiger Abwehrhaltung, da sie schon den nächsten Rückschlag erwarten.

Sorgen sind ein rein menschliches Phänomen und eng mit Angst verbunden. Sie sind jedoch viel komplexer, da sie oft auf Vorstellungen von Gefahr basieren. In vielen Fällen sind sich PerfektionistInnen dieser Sorgen nicht bewusst, da sie auf unbewussten Prägungen und zurückgehaltenen Gefühlen beruhen.

Diese Kopflastigkeit führt zu Muskelverspannungen. Der englische Begriff für Krankheit, „dis-ease" (wörtlich: „Un-Entspanntheit"), beschreibt diesen Zustand sehr treffend. Verspannungen im Bereich der Schultern, des Nackens und des Kiefers sind für viele MigränepatientInnen Alltag. Studien zeigen, dass mehr als 60 Prozent der MigränikerInnen eine angespanntere Muskulatur in diesen Bereichen aufweisen.

Es ist bekannt, dass bei Menschen, deren Stresssystem durch ungelöste Konflikte oder dauerhaften psychosozialen Druck belastet ist, die Anspannung der Rumpfmuskulatur zunimmt – was die Wirbelsäule stark beansprucht. Besonders betroffen sind der untere Rücken und der Nacken.

Auch bei mir waren Verspannungen im oberen Bereich der Halswirbelsäule viele Jahre lang ein ungeliebter Begleiter. Und noch heute meldet sich der Nacken als erster, wenn ich aus der Balance gerate.

Der Schatten weiss Bescheid
Der Versuch, ein Selbstbild von Stärke und Unverletzlichkeit aufrechtzuerhalten, entspringt dem tiefen Bedürfnis, dazuzugehören und gesehen zu werden. Deshalb neigen PerfektionistInnen dazu, still gegen gesellschaftliche oder familiäre Erwartungen zu rebellieren – ein innerer Konflikt, der häufig zu Spannungen und wachsender Disharmonie führt. Bleibt ein Ventil zur emotionalen Entlastung aus, staut sich die negative Energie zunehmend an.

TherapeutInnen verwenden dafür oft die Metapher eines mit Luft gefüllten Ballons, der unter Wasser gedrückt wird: Es ist zwar möglich, erfordert aber permanente Anstrengung und Kontrolle. Mit jedem neuen Konflikt oder belastenden Ereignis füllt sich der Ballon weiter – die aufgestaute Wut droht an die Oberfläche zu kommen.

Um zu verhindern, dass bedrohliche und überwältigende Emotionen, die das Selbstbild erschüttern oder gefährden könnten, ausbrechen, greift das Gehirn ein und sorgt geschickt für Ablenkung. Die Aufmerksamkeit wird mit aller Kraft von der Psyche abgezogen und auf den Körper gelenkt. Und was eignet sich besser dafür als unerträgliche Schmerzen? Schmerzen, die so viel Raum einnehmen, dass alles andere in den Hintergrund gedrängt wird?

> **„Denn dies ist der grosse Irrtum unserer Zeit bei der Behandlung des menschlichen Körpers, dass Ärzte die Seele vom Körper trennen."**
> **Platon, Philosoph (428 - 347 v. Chr.)**

Kommen wir zurück zu Dr. Sarno. Nach jahrzehntelanger klinischer Erfahrung mit strukturellen Lösungen wie Injektionen, Physiotherapie, Massage, Bewegung und Operationen bei Rücken-, Nacken-, Schulter- und Gesässschmerzen war er von den Ergebnissen ernüchtert. Die Befunde aus körperlichen Untersuchungen korrelierten oft nicht mit dem Schmerzverlauf, die Ergebnisse von Interventionen waren kaum zuverlässig vorherzusagen, und die Erfolgsquote dieser Massnahmen war eher gering. Selbst wenn es ihm gelang, ein Problem an einer Stelle zu beheben, traten die Schmerzen häufig an einer anderen Stelle auf.

Was Dr. Sarno aufhorchen liess, waren MRI-Scans, die zeigten, dass mehr als die Hälfte der Menschen, die Bandscheibenvorfälle oder eine Wirbelstenose aufwiesen, keinerlei Schmerzen verspürten.

Zudem stellte er fest, dass chronische Schmerzen in der Altersgruppe ab 60 Jahren abnahmen: Nur wenige seiner PatientInnen waren zwischen 60 und 70 Jahre alt, noch weniger zählten zur Gruppe der über 70-Jährigen. Dafür entfielen 77 Prozent seiner PatientInnen auf die Altersgruppe zwischen 30 und 60 Jahren – genau jene Lebensphase, in der Menschen die meiste Verantwortung tragen und besonders stark unter Erfolgs- und Leistungsdruck stehen.

Würden Schmerzen tatsächlich auf einen rein körperlichen Defekt zurückgehen, müssten dann nicht alle Betroffenen ähnliche Beschwerden aufweisen und die Schmerzintensität mit zunehmendem Alter steigen?

Den Emotionen auf der Spur

Dr. Sarno machte zwei weitere zentrale Beobachtungen: Erstens litten die meisten PatientInnen mit chronischen Körperschmerzen bereits früher an stress-assoziierten Beschwerden wie Kopfschmerzen, Magen-Darm-Problemen oder Hautreaktionen. Zweitens wiesen fast alle ähnliche Persönlichkeitsmerkmale auf: Sie waren fleissige, gewissenhafte, ehrgeizige, erfolgsorientierte, harmoniebedürftige und motivierte Menschen, die zu Perfektionismus neigten und grossen Druck auf sich selbst ausübten. Oft hatten sie das Gefühl, nicht genug getan zu haben. Aufgrund ihres Bedürfnisses, ein guter Mensch zu sein, anderen Menschen zu gefallen, gemocht zu werden („Was denken die anderen von mir?") und ihrer Überzeugung, stark sein zu müssen, waren sie häufig nicht in der Lage, ihre Emotionen zu zeigen.

Dr. Sarno glaubte, dass seine PatientInnen zu gut an die Bedürfnisse der Gesellschaft angepasst waren, jedoch nicht an ihre eigenen. Sie hatten den gesamten Stress, der ihre Lebenskräfte herausfordern und beleben könnte, nach innen gewendet und sich innerlich verbarrikadiert. Statt konstruktiv mit Stress umzugehen oder sich zur Wehr zu setzen, neigten sie dazu, alles mit sich allein auszumachen. Kein Wunder, dass es innen brodelte.

Schmerzen sind ein Geisteszustand

Aufgrund seiner Beobachtungen und gestützt auf die Theorie von Sigmund Freud vermutete Dr. Sarno, dass die Ursache der Schmerzen auf psychologischer Ebene zu finden sein könnte. Er wollte es genau wissen: Nachdem er seine PatientInnen gründlich untersucht und gefährliche Befunde wie Tumore ausgeschlossen hatte, begann er, mit ihnen über ihr Leben zu sprechen – über ihre Kindheit, ihre Familie, ihren Alltag und ihre Persönlichkeit („Wer bist du?"). Zudem wollte er erfahren, welche Situationen ihnen emotional zu schaffen machten.

Er schloss daraus - und dies sollte sich über die Jahre bei etwa 90 Prozent der Fälle bestätigen -, dass chronische oder wiederholt auftretende Schmerzen die Folge latenter innerer Anspannung sind.

Viele Gefühle sind unangenehm, peinlich oder schmerzhaft, und die PatientInnen und/oder die Gesellschaft können oder wollen diese nicht akzeptieren. In der Folge werden Groll, Sorgen oder ein geringes Selbstwertgefühl unterdrückt, was das Angst-Abwehrsystem im Gehirn aktiviert, innere Anspannung erzeugt und schliesslich ein Fass voller Wut und Zorn entstehen lässt.

Werden innere Konflikte nicht gelöst, entziehen sie sich einer therapeutischen Bearbeitung und können sich „somatisieren" – also körperlich manifestieren. Wenn der Seele die Worte fehlen, übernimmt der Körper häufig die Rolle des Ausdrucks für seelische Spannungen. Diese unverarbeiteten inneren Spannungszustände wirken dann wie Computerprogramme, die nicht aktiv genutzt werden, aber dennoch im Hintergrund weiterlaufen. Selbst im „Standby-Modus" beeinträchtigen sie andere Vorgänge – solange, bis der momentane Zustand gespeichert und das Programm beendet wird.

Oft erfolgt ein schrittweiser Aufbau von Druck, bis das sprichwörtliche Fass überzulaufen droht („Es steht mir bis zum Hals"). Ist keine bewusste Lösung in Sicht, greift das Gehirn ein – und findet eine „Lösung" auf seine Weise: über körperliche Symptome.

Obwohl Dr. Sarno mit seinen Büchern und Kursen einen fundamentalen Beitrag zur Schule der Psychosomatik - einer ganzheitlichen Krankheitslehre - leistete, lehnte er den Begriff „psychosomatisch" vehement ab, da dieser den Eindruck erwecken könnte, die Schmerzen seien nicht real. Er stellte von Anfang an klar: Psychosomatik hat nichts mit eingebildeten Krankheiten zu tun! Stattdessen bezeichnete er dieses Phänomen als „Mind-Body" oder „TMS" (Tension Myoneural Syndrome, zu Deutsch: neuromuskuläres Spannungssyndrom).

Die Pathophysiologie – leichter Sauerstoffmangel

Aber welcher Mechanismus führt dazu, dass solch starke Symptome entstehen? Laut Dr. Sarno werden die Schmerzen nicht durch strukturelle Probleme verursacht, sondern durch einen Zustand leichten Sauerstoffmangels, der vom Gehirn gesteuert wird. Es sendet das Signal zur Sauerstoffdrosselung an das vegetative Nervensystem, das das Signal dann an die entsprechenden Stellen im Körper weiterleitet. Dieser Zustand wird als „Ischämie" bezeichnet.

Das vegetative Nervensystem steuert viele lebenswichtige Körperfunktionen. Es regelt, ob sich die Blutgefässe weiten, wie viel Speichel produziert wird, wie schnell das Herz schlägt oder wie viel Magensäure für die Verdauung benötigt wird – all diese Prozesse entziehen sich unserem Willen und laufen automatisch ab. Übergeordnete Gehirnzentren regulieren den Hormonhaushalt und koordinieren das vegetative Nervensystem. Durch Nervenimpulse wird die Organfunktion schnell an wechselnde Anforderungen angepasst.

Nehmen wir die Kampf-oder-Flucht-Reaktion als Beispiel: Der Körper wird automatisch für einen Notfall vorbereitet – unabhängig davon, ob es sich um eine tatsächliche (z. B. ein wildes Tier) oder eine potenzielle Gefahrensituation (z. B. ein drohender Arbeitsplatzverlust) handelt. Sobald die Bedrohung wahrgenommen wird, folgen unmittelbare körperliche Reaktionen. Einige Körperfunktionen erhalten mehr Blut und Sauerstoff, um besser auf die Situation reagieren zu können, während andere Organe ihre Aktivität nahezu vollständig einstellen, um Energie zu sparen. Das vegetative Nervensystem steuert die Blutzirkulation mit höchster Präzision und kann den Blutfluss und somit die Sauerstoffzufuhr gezielt erhöhen oder drosseln – und es macht das aus guten Gründen.

Sauerstoff ist entscheidend für die normale Funktion von Geweben wie Muskeln, Nerven oder Sehnen. Wird die Sauerstoffversorgung unterbrochen, beginnen Zellen innerhalb von Minuten abzusterben. Ein leichter Sauerstoffmangel ist zwar harmlos, kann jedoch zur Ansammlung von Milchsäure (Laktat) im Körper führen. Dieses Stoffwechselprodukt kann Verkrampfungen, Schmerzen, Gefühllosigkeit oder Kribbeln in den betroffenen Geweben verursachen.

Auch Faszien - die langen, elastischen Bindegewebssträngen, die unseren Körper zusammenhalten - können durch leichten Sauerstoffmangel austrocknen und verkleben. Das kann zu Funktionsminderungen in der betroffenen sowie in angrenzenden Körperregionen führen. Zudem sind Faszien in der Lage, Schmerzen wahrzunehmen – Fachleute sprechen von Nozizeption. Tatsächlich enthält kein anderes Gewebe im Körper mehr Bewegungs- und Schmerzrezeptoren.

Studien haben ergeben, dass lokale Versteifungen des Faszienetzes nicht nur durch Fehlbelastungen und Verletzungen entstehen, sondern auch durch chronischen Stress. Massage, Wärme, Ultraschall sowie Bewegung und Dehnung haben klinisch gezeigt, dass sie körperliche Schmerzen vorübergehend lindern können. Gemeinsam ist ihnen, dass sie die lokale Durchblutung und somit den Sauerstoffgehalt erhöhen, was letztlich zu Entspannung führt.

Da jeder Schmerz vom Gehirn generiert wird - unabhängig davon, ob es auf eine Gewebeschädigung zurückzuführen ist oder nicht - kann er in nahezu jedem Körperbereich Symptome unterschiedlicher Schwere erzeugen. Laut Dr. Sarno zeigen sich die Schmerzen typischerweise in Form von Rücken-, Schulter- und Nackenschmerzen, treten aber auch nicht selten als Schmerzen in einem Oberschenkel, Knie, Fuss oder Handgelenk auf. Sie können sich darüber hinaus auch als Migräne, Fibromyalgie, Reizdarm, Trigeminusneuralgie, Tinnitus oder als erneuter Schmerz in einer schon vor Jahren verheilten Verletzung manifestieren.

Oft wandern die Schmerzen entlang der Wirbelsäule oder von einer Seite zur anderen. Das deutet darauf hin, dass die Schmerzen nicht durch organpathologische Faktoren verursacht werden, sondern eine List des Gehirns sind – eine Ablenkungsstrategie, damit Betroffene sich nicht mit traurigen oder gesellschaftlich inakzeptablen Gedanken befassen müssen.

Die Leidgeplagten sind mental vollkommen mit den unerträglichen Symptomen im betroffenen Körperteil absorbiert, sodass andere Gedanken während dieser Zeit kaum Platz haben. Oft hört man diese Menschen sagen, dass die Schmerzen das Erste sind, woran sie beim Aufstehen denken, und das Letzte, bevor sie schlafen gehen – wenn sie denn schlafen können. Sie sind besessen von den Schmerzen. Viele Menschen haben irgendwann in ihrem Leben derartige Symptome.

Das Timing der Auslösung

Migräneattacken treten häufig nicht während oder auf dem Höhepunkt eines Stresszustands auf, sondern in Ruhephasen – also dann, wenn der Stress, dem MigränepatientInnen aufgrund ihrer Prägung ausgesetzt sind, plötzlich vorbei ist. Dieses Phänomen wird als Wochenend-Migräne bezeichnet.

Ein anderer typischer Zeitpunkt ist die Erwartung eines Stresses. Ich bekam beispielsweise während der Rückfahrt oder dem Rückflug aus den Ferien regelmässig Migräne, weil ich an all die Arbeit dachte, die mich zu Hause erwartete: Koffer auspacken, Wäsche machen, kochen, administrative Aufgaben erledigen und allgemein den Haushalt führen.

„Wissen ist Macht." Francis Bacon, Philosoph (1561 - 1626)

Dr. Sarno berichtete, dass sich seine PatientInnen nicht annähernd bewusst waren, dass sie sich selbst immer wieder in andauernde Stresszustände brachten. Oft reagierten sie überrascht, wenn emotionale Verknüpfungen aufgedeckt wurden. Manche waren sogar enttäuscht, als sie erfuhren, dass sie „nur" unter einer psychophysiologischen Störung litten.

Dabei ist diese Diagnose eine gute Nachricht: Es handelt sich um eine reale Erkrankung, die ohne Medikamente oder Operationen wirksam behandelt werden kann. Die meisten von ihnen aber waren erleichtert und hätten sich lieber mit dem tief verborgenen, emotionalen Konflikt auseinandergesetzt als körperlich zu leiden.

Als Dr. Sarno seine Therapie änderte und begann, seine PatientInnen über die Wechselwirkung zwischen Psyche und Körper aufzuklären, stellte er über viele Jahrzehnte bei den meisten erstaunliche und dauerhafte Heilungsprozesse fest – selbst dann, wenn der „tiefe" Grund für die Schmerzen nicht gefunden wurde. Heilung setzte ein, sobald sich seine PatientInnen ihrer Unzufriedenheit, Frustration und Ohnmacht bewusst wurden, die durch ihre zwanghafte Gewissenhaftigkeit ausgelöst worden waren.

Entscheidend war, dass sie die Bedeutung der Symptome erkannten und ohne jeden Zweifel akzeptierten, dass es sich um eine harmlose List des Gehirns handelte, das sie schützen wollte. Je klarer sie die Diagnose verstanden und annahmen, desto stärker wirkte die kognitiv-behaviorale Therapie.

„Deine Vision wird erst dann klarer, wenn du in dein eigenes Herz schauen kannst. Wer nach aussen schaut, träumt; wer nach innen schaut, wacht auf."
C. G. Jung, Psychiater (1875 - 1961)

Psychosozialer Stress wird von Migränebetroffenen häufig als Hauptfaktor für das Auslösen oder Verschlimmern von Attacken genannt. Die gut gemeinten Ratschläge wie „Stress reduzieren", „entspannen", „loslassen", „sich keine Sorgen machen", „sich Hilfe holen" oder „Nein sagen" sind wenig hilfreich, weil sie nicht umgesetzt werden können, solange die Hauptquelle des Stresses nicht klar erkannt und angegangen wird: die Internalisierung von Wut.

Jeder Mensch bleibt in seinem Lebensstil gefangen, bis er sein eigenes Strickmuster erkennt.

„In jeder Kultur und jeder medizinischen Tradition wurde Heilung immer erst durch das Bewegen von Energie möglich."
Albert Szent-Györgyi, Arzt, Biochemiker und Nobelpreisträger (1893 - 1986)

Doch was passiert, wenn wir unsere Betrachtungsweise ändern und uns mit den Gefühlen auseinandersetzen, die wir lieber übersehen möchten?

So paradox es auch klingen mag: Es führt zu mehr Selbstvertrauen und psychischer Widerstandskraft. Die Bereitschaft, uns mächtigen Gefühlen wie Angst, Ärger, Enttäuschung, Frustration, Hilflosigkeit, Scham, Trauer, Verlegenheit und Verletzlichkeit zu stellen, fördert ein tiefes Verständnis für uns selbst und hilft, innere Wut und Zorn aufzulösen.

Spätere unangenehme Emotionen verlieren ihren Schrecken, weil wir lernen, ihre Energie und Sinneseindrücke zu regulieren und zu verändern. Durch den inneren Dialog lösen sich Konflikte im Selbstbild, und die Anspannung lässt nach. Wir verlassen den Stressmodus und erleben mehr Ruhe, Gelassenheit und Souveränität. Eine innere Harmonie stellt sich ein, und die Energie kann wieder frei fliessen.

Und das Beste daran ist: Wenn wir uns unangenehmen Gefühlen zuwenden, anstatt uns mit aller Macht von ihnen abzukoppeln, verliert der Schmerz seine ursprüngliche Funktion – nämlich uns von unbewussten Emotionen abzulenken, mit denen wir uns bisher nicht auseinandersetzen wollten oder konnten. Das Gehirn muss keinen Schutzmechanismus mehr gegen die Verdrängung aufrechterhalten. Der Schmerz wird überflüssig – und kann von selbst verschwinden.

Emotionen tragen eine Botschaft

Doch wie erkennen wir, was wir verdrängen, wenn dieser Vorgang unbewusst geschieht? Hier hilft ein philosophisches Paradoxon: Man kann nichts ignorieren, ohne es vorher selektiert zu haben. Um etwas erfolgreich zu verdrängen, muss man sich zumindest kurz damit befassen – selbst wenn das nur wenige Millisekunden dauert.

Auch Gefühle entstehen nicht im luftleeren Raum, sondern sind stets Reaktionen auf unsere Wahrnehmung. Selbst wenn wir sie unbewusst ausblenden, machen sie sich häufig über körperliche Empfindungen bemerkbar – etwa durch Erröten, ein Druckgefühl in der Brust oder innere Hitze. Unangenehme Gefühle spiegeln sich also im Körper – und dort fühlen sie sich spürbar unangenehm an. Über neuronale Verknüpfungen gelangen diese Signale dann ins Bewusstsein.

Der Harvard-Professor und Vater der amerikanischen Psychologie, William James (1842-1910), vertrat damals schon die Auffassung, dass Gefühle in erster Linie körperliche Zustände sind – und erst danach vom Gehirn wahrgenommen werden. Seine Schlussfolgerungen zog er aus der Beobachtung, wie wir Gefühle normalerweise erleben. Sagt man nicht beispielsweise: „Mir steckt die Angst in den Knochen", „Es geht mir an die Nieren", „Es sitzt mir im Nacken", „Es lastet auf meinen Schultern", „Es schlägt mir auf den Magen", „Es raubt mir den Atem" oder „Es wird mir leicht ums Herz"?

Diese Redewendungen sind erstaunlich präzise Beschreibungen dessen, was wir in verschiedenen Gemütsverfassungen körperlich verspüren.

„Der menschliche Körper ist das beste Bild der menschlichen Seele." Ludwig Wittgenstein, Philosoph (1889 - 1951)

Dass Körper und Seele untrennbar miteinander verbunden sind, zeigt sich auch im Alltag: Immer mehr Menschen erfahren im Laufe ihres Lebens, dass psychische Belastungen direkte Auswirkungen auf die körperliche Gesundheit haben. Dann stolpert das Herz, der Blutdruck schnellt in die Höhe, der Rücken schmerzt oder Hautausschläge senden ein SOS.

Doch bei ärztlichen Untersuchungen lassen sich oft keine organischen Ursachen feststellen – die Beschwerden treten ohne nachweisbare krankhafte Veränderungen der Organe auf.

Zahlreiche Forschungsarbeiten belegen inzwischen die enge Wechselwirkung zwischen Gefühlen, Hormonen, dem Nerven- und dem Immunsystem. So konnte beispielsweise gezeigt werden, dass chronischer Stress und anhaltend negative Gedanken den Stoffwechsel sowie die Ausschüttung von Stresshormonen aus dem Gleichgewicht bringen. In der Folge kann es zu vielfältigen körperlichen Auswirkungen kommen: Entzündungsprozesse werden gefördert, die Immunfunktion geschwächt, und das Risiko für stressbedingte Erkrankungen - wie Bluthochdruck, Magen-Darm-Beschwerden, Hautprobleme oder chronische Schmerzen - steigt deutlich.

Auffällig ist auch, dass Menschen, die Schwierigkeiten haben, ihre Gefühle zu verarbeiten und auszudrücken, oder dazu neigen, die Bedürfnisse anderer über die eigenen zu stellen, besonders häufig unter chronischen Erkrankungen leiden.

Die letzte Tür geht auf

Als ich meine Ernährung und auch die Elektrosmogbelastung in den Griff bekommen hatte, ging es mir körperlich sehr gut. Ich fühlte mich vital und energiegeladen. Dennoch meldete sich meine Migräne hin und wieder zurück.

Wie viele andere Migränebetroffene vermutete ich, dass Stress, insbesondere in Form von erhöhter Arbeitsbelastung, der Auslöser sein könnte. Ich konnte aber kein klares Muster erkennen. Es gab Tage, an denen ich an meine Belastungsgrenze kam, ohne dass sich die Migräne meldete – selbst nicht in der Erholungsphase.

Dann erzählte mir eine Kollegin von einem hervorragenden Buch des Arztes Dr. John Sarno, der eine plausible Erklärung für chronische Schmerzen lieferte, einschliesslich Migräne. Sein Konzept faszinierte mich vom ersten Moment an und schien die fehlende Erklärung für meine Beschwerden zu sein.

Also begann ich, alle Werke von ihm sowie von Dr. Marc Sopher und dem Gesundheitscoach Steve Ozanich zu lesen. Beide beschreiben die Arbeit von Dr. Sarno ausführlich und führen sie auch weiter.

Während ich mich mit ihren Konzepten auseinandersetzte, erkannte ich zum ersten Mal, dass es beim gefühlten Stress nicht um die Arbeitsbelastung ging. Vielmehr waren es die damit verbundenen, nicht ausgedrückten Emotionen, die in einer emotionalen Überlastung mündeten.

Ich erkannte mich in den Büchern wieder und fühlte während der Lektüre eine tiefe Erleichterung. Es war, als würde mir „ein Stein vom Herzen fallen". Dies war für mich der dritte Aha-Moment.

Schon das Wissen um diese Zusammenhänge war das letzte Puzzleteil auf meiner Reise zur Beschwerdefreiheit. Ich begann zu verstehen und zu akzeptieren, dass mein Körper aus guten Gründen so reagierte, wie er es tat – er wollte mich schützen.

Seitdem stehen für mich neben den rein physiologischen Problemen auch die Aspekte der emotionalen Ökonomie im Mittelpunkt.

Wie man sich vom Schmerz befreit

Wenn Ihre Persönlichkeit dem beschriebenen Profil entspricht, empfehle ich Ihnen, dieses Kapitel besonders aufmerksam - vielleicht sogar mehrfach - zu lesen. Bevor Sie jedoch fortfahren, lassen Sie Ihre Beschwerden medizinisch abklären, um schwerwiegende Erkrankungen auszuschliessen. Nur so können Sie sich ganz darauf konzentrieren, Ihren inneren Konflikt zu erforschen und zu verstehen.

Der letzte Teil dieses Buches befasst sich mit dem Leben in seiner Gesamtheit – damit, wie Sie es im Alltag wahrnehmen und gestalten. Sobald Sie erkennen, wie Sie auf die kleinen und grossen Herausforderungen des Lebens reagieren, kann diese Einsicht den Beginn eines heilsamen Weges markieren. Dr. Sarno spricht in diesem Zusammenhang von der „Wissenstherapie".

Der Schlüssel zur Überwindung von Schmerzen liegt darin, die Zusammenhänge zwischen Ihren Lebensumständen und Ihrer Persönlichkeit zu erkennen. Wenn daraus Gefühle wie Angst, Ärger, Enttäuschung, Frustration, Hilflosigkeit, Scham, Trauer, Traurigkeit, Verlegenheit oder Verletzlichkeit entstehen und diese intensiven Emotionen verdrängt werden, können sie sich unbewusst zu einem inneren Reservoir an Wut und Zorn entwickeln – mit langfristig schädlichen Folgen für Körper und Seele.

Ein Problem lässt sich am besten dort lösen, wo es ursächlich entstanden ist

Es ist wichtig zu betonen, dass die Überwindung solcher überwältigenden Emotionen kein feindseliges Ausleben erfordern, um sie auf ein gesundes Mass zu reduzieren. Zudem müssen laut Dr. Sarno die alten Wunden nicht zwingend analysiert werden, um Heilung zu erreichen. Für viele Betroffene reicht es aus, zu erkennen, dass innere Konflikte existieren, ihre Rolle in der Entstehung von Symptomen zu verstehen und dies vollständig zu akzeptieren, um sich von ihrem Leid zu befreien.

Diese Art der Akzeptanz ist kein theoretischer „Hokuspokus" oder blosses Wohlfühldenken. Glückliche Gedanken oder Optimismus allein sind wirkungslos, wenn sie im Widerspruch zu unseren tatsächlichen Gefühlen stehen.

Vielmehr ermöglicht diese Herangehensweise, verborgene Auslöser zu erkennen – jene, die uns körperlich anspannen, aufwühlen und Energie rauben. Sie ebnet den Weg zu einem inneren Gleichgewicht, zu mehr Kontrolle und Resilienz. Der Heilungsprozess beginnt in dem Moment, in dem wir unsere Gefühle bewusst wahrnehmen und uns ihnen zuwenden. Mit dieser Einsicht öffnet sich eine neue Tür.

Wie wirkungsvoll es ist, sich mit lange unterdrückten Gedanken und Gefühlen auseinanderzusetzen, zeigt eine Studie mit 61 stationären SchmerzpatientInnen, die viele Jahre unter chronischen Rückenschmerzen litten. Innerhalb einer Woche schrieben sie in einem ruhigen Therapieraum dreimal je 15 Minuten über das traumatischste Erlebnis ihres Lebens – und die Schmerzen gingen zurück.

Legen Sie die Karten auf den Tisch

Interozeption bezeichnet die Fähigkeit, innere Körpersignale bewusst wahrzunehmen. Unser emotionales Gehirn reagiert schneller als das kognitive – Gefühle machen sich daher oft zunächst körperlich bemerkbar, bevor wir sie benennen können. Diese Empfindungen sind wertvolle Hinweise, die wir bewusst nutzen sollten. Konkret bedeutet das: Wenn Migräneanfälle auftreten - oder besser noch - wenn Sie erste Anzeichen von Anspannung bemerken, etwa Verspannungen in Nacken, Schultern oder Kiefer, unangenehme körperliche Empfindungen oder flache Atmung, dann gehen Sie wie folgt vor:

1. **Denken Sie zu 100 % psychologisch**

   Verzichten Sie darauf, weiterhin nach rein körperlichen Ursachen zu suchen, wenn medizinische Untersuchungen ernsthafte Beeinträchtigungen bereits ausgeschlossen haben. Die Schmerzen sind real, doch sie entstehen nicht durch strukturelle Schäden. Vielmehr handelt es sich um eine Reaktion des Gehirns, das Sie durch eine reduzierte Sauerstoffzufuhr vor überwältigenden Emotionen schützen möchte.

2. **Halten Sie inne und widmen Sie sich belastenden Themen**

   Stellen Sie sich selbst die folgenden Fragen:

   - Was belastet mich derzeit am meisten – vor allem in zentralen Lebensbereichen wie Arbeit, Familie oder Freundeskreis?
   - Wo setze ich mich selbst unter Druck, perfekt zu sein, oder wo empfinde ich unerfüllbare Ansprüche?
   - Welche Situationen haben in letzter Zeit körperlich spürbaren Stress ausgelöst oder mich wütend gemacht („Mir platzt der Kragen")?

   Lassen Sie Ihre Antworten spontan und intuitiv aufkommen, ohne sie zu kontrollieren oder zu bewerten. Verwerfen Sie keine Gedanken, auch wenn sie Ihnen unangemessen oder albern erscheinen – jede Empfindung hat ihre Berechtigung.

3. **Bewusstsein für aktuelle Emotionen schaffen**

   Konzentrieren Sie sich auf die mächtigen Emotionen wie: Angst, Ärger, Enttäuschung, Frustration, Hilflosigkeit, Scham, Trauer, Traurigkeit, Verlegenheit und Verletzlichkeit. Benennen Sie die Gefühle, die in bestimmten Situationen aufkamen, und reflektieren Sie, warum sie sich zeigten und wie Sie darauf reagierten.

4. **Führen Sie ein Gespräch mit Ihrem Gehirn**

   Dies mag zunächst ungewohnt erscheinen, ist jedoch sehr wirkungsvoll. Sprechen Sie Ihr Gehirn direkt an und teilen Sie ihm mit, dass Sie das Problem erkannt haben. Beschreiben Sie die Situation und Ihre Gefühle. Wenn Sie beispielsweise Frustration oder Ärger verspürt haben, erklären Sie Ihrem Gehirn, warum Sie nicht anders handeln konnten, oder geben Sie eine klare Absicht für das nächste Mal an.

5. Übernehmen Sie die Verantwortung

Machen Sie Ihrem Gehirn - wenn nötig auf energische Weise - klar, dass Sie die Kontrolle über die Situation haben und keine Schutzsymptome mehr benötigen. Eine klare innere Haltung, vielleicht sogar ein bestimmter innerer Satz wie „Lass mich in Ruhe!", kann helfen, das Muster der Schmerzbewältigung zu durchbrechen.

6. Vertrauen in den Heilungsprozess

Zweifeln Sie nicht daran, dass Ihre Schmerzen das Ergebnis ungelöster Konflikte sind – oft in zwischenmenschlichen Beziehungen oder im Verhältnis zu sich selbst. Der emotionale Ausdruck hat nicht stattgefunden, wodurch sich unbewusst ein inneres Reservoir an Wut und Zorn angesammelt hat. Das Gehirn greift auf körperliche Symptome zurück, um Sie vor überwältigenden Emotionen zu schützen, indem es die Sauerstoffzufuhr leicht drosselt. Das Erkennen und Annehmen der emotionalen Ursache kann diesen Kreislauf durchbrechen und Ihnen helfen, die Kontrolle über Ihre Reaktionen zurückzugewinnen.

7. Aussagen mehrmals täglich wiederholen

Verinnerlichen Sie Ihre Erkenntnisse, indem Sie diese Schritte regelmässig wiederholen. Da das Bewusstsein das Unbewusste beeinflusst, Letzteres aber nur langsam auf Veränderungen reagiert, braucht es viele Wiederholungen, um alte Muster zu durchbrechen. Das hat auch eine positive Seite, denn ohne diesen langsamen Mechanismus wären wir, wie Dr. Sarno es beschreibt, „hochgradig labile Lebewesen". Manche Menschen finden es hilfreich, stressauslösende Situationen und ihre Gefühle schriftlich festzuhalten – etwa durch Journaling.

Ziel ist es also nicht, die Schmerzen direkt zu bekämpfen, sondern die Verbindung zwischen Emotionen und körperlichen Symptomen zu erkennen. Sobald der zugrunde liegende Mechanismus verstanden und angenommen wird, verliert der Schmerz seine Schutzfunktion. Das vegetative Nervensystem kommt zur Ruhe, die Alarmsignale flauen ab, und die Symptome klingen von selbst ab. Mit der Zeit wird auch deutlich, wie das Gehirn Symptome abhängig von unserem Umgang mit Emotionen ein- oder ausschaltet.

Ja zu sich selbst

Sie haben es wahrscheinlich bereits bemerkt: Es geht nicht darum, dass *Sie* sich ändern müssen. Im Gegenteil – genau das würde nur zusätzlichen Druck aufbauen, da Sie sich selbst signalisieren würden, dass Sie nicht „okay" sind.

Wenn Sie perfektionistisch veranlagt sind, werden Sie nie aufhören, nach Perfektion in den Dingen zu streben, die Ihnen wichtig sind. Und wenn Sie unangenehme Emotionen vermeiden, werden Sie das immer wieder tun. Das ist Teil Ihres Charakters – und den können, wollen und müssen Sie nicht ändern. Und das ist auch gut so, denn er bringt Ihnen auch viele Vorteile.

Ein Sinnbild dafür ist die Fabel „Der Skorpion und der Frosch": Ein Skorpion kommt an einen Fluss, den er überqueren möchte, und bittet den Frosch, ihn auf seinem Rücken über den Fluss zu tragen. Der Frosch lehnt ab, weil er befürchtet, vom Skorpion getötet zu werden. Dieser überzeugt ihn jedoch mit dem Argument, dass er selbst kein Interesse daran habe, zu sterben, da er nicht schwimmen könne. Der Frosch willigt ein. Doch mitten im Fluss sticht der Skorpion trotzdem zu. Sterbend fragt der Frosch nach einer Erklärung. Der Skorpion verweist auf seinen Charakter, der ihm keine andere Wahl lasse, als zu stechen.

Viele unserer Verhaltensweisen sind nicht nur ein Produkt der menschlichen Zivilisation, sondern haben tiefere, evolutionäre Wurzeln. Wir haben uns nicht dahin gehend entwickelt, explizit „altruistisch", „egoistisch" oder auf eine bestimmte Weise zu handeln – vielmehr hat die Evolution dafür gesorgt, dass wir uns in spezifischen Situationen entsprechend verhalten. Selbst unsere negativsten Verhaltensweisen, die wir verurteilen und zu unterdrücken versuchen, sind letztlich Ausdruck unserer Biologie. Doch wir sollten nicht vergessen, dass dasselbe auch für unsere besten Verhaltensweisen gilt.

Selbstlob stinkt nicht

Und das führt mich zum letzten Punkt: die eigene Wertschätzung. Im Bereich der Selbstkritik sind die meisten von uns wahre ExpertInnen. Wir finden jedes noch so kleine „Haar in der Suppe", wenn etwas nicht nach unseren Vorstellungen gelaufen ist. Aber wie sieht es mit der Fähigkeit aus, uns selbst zu loben, stolz auf uns zu sein und dies auch offen auszusprechen? Genau hier wird es für viele schwierig, denn diese Form der Selbstvalidierung gehört bei den meisten Menschen nicht zum alltäglichen Repertoire.

Dennoch weiss jede und jeder von uns, wie gut es tut, gelobt zu werden. Ein dickes Lob lässt den Tag heller erscheinen und stärkt unser Selbstvertrauen, sodass wir uns mehr zutrauen. Doch wenn wir Anerkennung nur von aussen erwarten, werden wir auf Dauer enttäuscht. Die Bestätigung von anderen verhält sich wie eine Droge: Wir wollen stets mehr davon und sind langfristig unzufrieden mit dem, was wir bekommen. Wir erfüllen ständig die Erwartungen und Wünsche anderer und verlieren dabei unsere eigenen Bedürfnisse aus dem Blick. So entsteht ein Teufelskreis, der uns nicht glücklich macht.

Ganz anders verhält es sich mit dem Eigenlob, das von innen kommt. Wenn wir stolz auf unsere Begabungen, Fähigkeiten und darauf sind, was wir im Leben für uns und andere erreicht haben und täglich leisten, wirkt das befreiend, erzeugt ein grossartiges Gefühl und stärkt das Selbstwertgefühl enorm.

Ein weiterer Vorteil: Wer sich selbst anerkennen kann, weiss zum einen, was er braucht und was ihm guttut – und ist zum anderen weniger auf Bestätigung von aussen angewiesen.

Eine aktuelle Studie zeigt, dass affirmative Selbstinstruktionen die Stressaktivierungen dämpfen und uns so widerstandsfähiger gegenüber verschiedenen Symptomen machen können.

Mit etwas gutem Willen und Übung können wir stets etwas finden, das bei einer Aufgabe lobenswert war – selbst, wenn es nur der Mut war, etwas gewagt zu haben. Eigenlob kann beispielsweise so aussehen: „Das habe ich gut gemacht.", „Super, dass ich mich um ... bemüht habe.", „Gut, dass ich das ... gewagt/durchgehalten habe.", „Prima, ich habe mein Versprechen für ... gehalten.". Oder - wie in der folgenden Geschichte - „Das ist mir gut gelungen."

Metapher – die perfekte Mauer

Ein Mönch hatte die Aufgabe, in seinem Kloster eine Mauer zu bauen. Er gab sich die grösste Mühe, alle 1.000 Steine gerade und gleichmässig aufeinanderzusetzen. Als die Mauer fertig war, trat er voller Stolz einen Schritt zurück, um sein Werk zu begutachten. Doch da sah er, dass zwei Steine schief in der Mauer sassen. Das durfte nicht wahr sein!

Einige Monate später wanderte ein Besucher des Klosters durch den Garten und erblickte die Mauer. „Das ist aber eine schöne Mauer!", bemerkte er. „Mein Herr", erwiderte der Mönch, „sind Ihnen denn nicht die beiden schiefen Mauersteine aufgefallen?" „Ja", sagte der Besucher, „ich sehe die beiden mangelhaft eingesetzten Backsteine, aber ich sehe auch 998 gleichmässig aufeinandergesetzte Steine." Der Mönch war überwältigt. Zum ersten Mal sah auch er die vielen anderen, perfekt eingesetzten Steine.

Stolpersteine

Es ist wichtig, sich bewusst zu machen, dass der Prozess, Migräne oder andere chronische Schmerzen nach dem Konzept von Dr. Sarno zu bewältigen, individuell verläuft und keinen festen Zeitrahmen hat.

Während manche Migränebetroffene relativ schnell eine deutliche Besserung verspüren, benötigen andere Monate oder durchlaufen schmerzfreie Intervalle, die von Rückfällen unterbrochen werden können. Das Entscheidende ist, die Zuversicht nicht zu verlieren und sich klarzumachen, dass Rückfälle selbst Teil des Heilungsprozesses sein können.

Wenn man die Migräne dann endlich los ist, kann es vorkommen, dass in einer zukünftigen ähnlichen Situation plötzlich Schmerzen an einem anderen Ort auftreten. Man sollte sich davon nicht verunsichern lassen, denn das Gehirn sucht nach Alternativen, um die Aufmerksamkeit darauf zu lenken.

Damit es glaubwürdig wirkt, wählt es oft Stellen, an denen früher eine Verletzung oder Operation stattgefunden hat. Besonders heimtückisch ist es, wenn bei einer Bewegung ein „Knacken" zu hören ist – und genau dort ein Schmerz entsteht. Das kann Angst auslösen, die das Gehirn wiederum darin bestärkt, den Schmerz an dieser Stelle aufrechtzuerhalten oder sogar zu intensivieren.

In meinem Fall folgte auf die Linderung der Migräne eine schmerzhafte „frozen shoulder" – ich hatte in meinem Leben noch nie so starke und anhaltende Schmerzen erlebt. Zudem war es mir nahezu unmöglich, meinen linken Arm zu bewegen. Da ich durch Dr. Sarno wusste, dass sich Schmerzen verlagern können, richtete ich meine ganze Aufmerksamkeit auf die Situation, die eine starke emotionale Anspannung ausgelöst und möglicherweise unterdrückte Wut hervorgerufen hatte. Bereits nach wenigen Tagen liessen die quälenden Symptome deutlich nach, und nach einer Woche konnte ich meinen Arm wieder ganz normal bewegen.

Nach einiger Zeit trat erneut eine „frozen shoulder" auf – diesmal auf der rechten Seite. Dieser Zyklus wiederholte sich mit verschiedenen Schmerzarten und -orten: Hexenschuss, Schmerzen im unteren Rücken, Knieschmerzen und Tennisarm. In jedem Fall verfolgte ich dieselbe Herangehensweise. Nach wenigen Tagen war der Spuk jedes Mal vorüber, was mir zeigte, wie entscheidend der Einfluss der emotionalen Komponente auf meine Beschwerden war.

HIER ENDET MEINE GESCHICHTE – UND IHRE BEGINNT

Wenn Sie dieses Buch lesen, leiden Sie wahrscheinlich schon länger unter Migräne und haben bereits Einiges versucht – ohne Erfolg. Ich hatte das Glück, dass ich durch Zufälle und die richtigen Experimente mein Leben zurückbekam. Anfangs verstand ich nicht genau, was da geschah. Heute ist es für mich logisch, warum ich so lange gelitten habe. Wie es scheint, haben wir eine Welt erschaffen, die zwar viele Annehmlichkeiten bietet, aber nicht immer förderlich für unsere Gesundheit ist.

Erkennen, was uns schadet

Dieser Ratgeber richtet sich an alle, die nicht nur nach vorübergehender Linderung suchen, sondern langfristige Lösungen anstreben, um Migräne nachhaltig zu überwinden. Mein Ansatz konzentriert sich daher in erster Linie auf die Ursachen der Erkrankung – nicht auf ihre Symptome. Der Fokus liegt auf drei Hauptfaktoren, die unsere Gesundheit negativ beeinflussen: schlechte **E**rnährung, **E**lektrosmogbelastung und unterdrückte **E**motionen. Diese Faktoren bilden einen Teufelskreis, der chronische Erkrankungen begünstigt.

„Gesundheit ist die erste Pflicht im Leben." Oscar Wilde, Schriftsteller (1854-1900)

Mein Programm bietet Ihnen die Möglichkeit, durch spezielle Ernährungs- und Supplementierungsstrategien - in Absprache mit Ihrer behandelnden Ärztin oder Ihrem behandelnden Arzt - sowie durch das Minimieren von Störfaktoren wie Elektrosmog und unterdrückten, unangenehmen Emotionen, Ihren Organismus wieder in die Funktionsweise zu bringen, für die er ursprünglich gedacht war. Indem Sie Ihre Zellen so umsorgen, wie es vorgesehen ist, können diese wieder optimal arbeiten. Gesunde Zellen bedeuten einen gesunden Organismus.

„Nach mehr als 60 Jahren in der Erforschung lebender Systeme bin ich überzeugt, dass unser Körper viel näher an der Vollkommenheit ist, als die endlose Liste seiner Leiden glauben lässt. Die Mängel sind nicht angeboren, sondern entstehen dadurch, dass wir ihn missbrauchen."
Albert Szent-Györgyi, Arzt, Biochemiker und Nobelpreisträger (1893 - 1986)

Die beiden wichtigsten Erkenntnisse, die Sie aus diesem Ratgeber mitnehmen sollten, lauten:

Erstens: Ihre Beschwerden haben ihren Ursprung in Ihren Zellen – und die Grundlage dafür wurde bereits vor längerer Zeit gelegt. Es geht dabei nicht um Ihre genetische Veranlagung, denn Gene können sowohl an- als auch abgeschaltet werden. Vielmehr haben Sie Ihren Organismus unbewusst durch zu viele negative oder unnatürliche Einflüsse geschwächt. Denken Sie stets daran: Ein Stressor bleibt ein Stressor.

Zweitens: Sie haben die Umweltbedingungen, die wie „Schalter" wirken, selbst in der Hand. Wenn Sie aufhören, Ihren Organismus zu belasten und ihm stattdessen das geben, was er wirklich braucht, kann er sich vollständig auf den Heilungsprozess konzentrieren. An diesem Punkt geschehen oft tiefgreifende Veränderungen, die wie kleine Wunder erscheinen.

Sie können Ihre Migränesituation also ab sofort spürbar verbessern. Schalten Sie um – und geben Sie einem migränefreien Leben eine echte Chance.

In diesem Sinne wünsche ich auch Ihnen viele Aha-Momente, Zuversicht, Geduld und von Herzen viel Erfolg mit dem **3E - Programm**. Sie schaffen das!

GEMEINSAM BEWIRKEN WIR MEHR

Liebe Leserinnen, liebe Leser

Herzlichen Dank, dass Sie dieses Buch gelesen haben. Das Thema liegt mir sehr am Herzen. Seit vielen Jahren widme ich mich mit Überzeugung Themen, die unsere Lebensqualität verbessern und sich gut in den Alltag integrieren lassen. Mein Ziel mit diesem Ratgeber ist es, Menschen mit Migräne nützliche Impulse zu geben.

Wenn Ihnen meine Arbeit gefallen hat, würde ich mich sehr freuen, wenn Sie das Buch weiterempfehlen. Ich möchte Sie zudem ermutigen, sich ein paar Minuten für eine Bewertung zu nehmen. Rezensionen sind für viele Menschen ein wichtiges Entscheidungskriterium, besonders für jene, die unter chronischen Beschwerden leiden und durch persönliche Erfahrungen anderer Betroffener dazu angeregt werden, alternative Wege zur Linderung in Betracht zu ziehen.

Eine kurze Buchbesprechung - vielleicht als persönliche Empfehlung - kann ebenso wertvoll sein wie eine ausführliche Rezension.

Vielen Dank für Ihre Unterstützung!

Herzliche Grüsse, Monica Schlatter

Produktquellen

[1] <u>Wildlachs geräuchert</u>
Im Supermarkt: „Sockeye" (Rotlachs aus Alaska)
Nach Hause geliefert (Schweiz): alachsa.ch

[2] <u>B-Vitamine</u>
Marke „Pure Encapsulations": B-Complex
Marke „Vimergy": Adapto B-Complex

[3] <u>Vitamin C</u>
Marke „Arktis BioPharma": vita C

[4] <u>Vitamin D*</u>
Marke „Arktis BioPharma": vita D3 liquid
Marke „Arktis BioPharma": vita D3K2

[5] <u>Magnesium</u>
Marke „Arktis BioPharma": Magnesiumtaurat
Marke „NatuGena": Magnesium Taurat
Marke „Vimergy": Magnesium Glycinate
Marke „kingnature": Magnesium Vida (4 Magnesiumformen: Carbonat, Chlorid,
Malat & Taurat)
Marke „BiOptimizers": Magnesium Breakthrough (7 Formen: Bisglycinat, Citrat,
Chelat, Malat, Orotat, Sucrosomial & Taurat)

[6] <u>Omega-3 (Fischöl / Algenöl)*</u>
Marke „Norsan": Omega-3 Fischölkapseln / Omega-3 Arktis Kapseln
Marke „Norsan": Omega-3 Premium Swiss Plus Öl** / Omega-3 Arktis Öl**
Marke „Norsan": Omega-3 Vegan Kapseln oder Omega-3 Vegan Öl**
Marke „Norsan": Fettsäure-Analyse

[7] <u>Coenzym Q10</u>
Marke „Pure Encapsulations": Ubiquinol-QH 100 mg

[8] <u>Geopathologie Schweiz AG</u>: geopathologie.ch

---

* Vitamin-D- und Omega-3-Präparate sollten <u>immer</u> mit einer fetthaltigen Mahlzeit eingenommen werden.

** Nach dem Öffnen sollte das Omega-3-Öl im Kühlschrank aufbewahrt werden. Die flüssige Darreichungs-
form hat den Vorteil, dass sich auch grössere Mengen problemlos einnehmen lassen – ganz ohne das
Schlucken vieler Kapseln.

Literaturverzeichnis

Bücher & Zeitschriften

Abbass, A., Schubiner, H. (2020): Psychophysiologische Störungen

Barkawi, C. (2014): Die Grissini-Falle. Endlich ohne Migräne!

Bürkle, S. (2019): Heimliche Entzündungen: Mit der richtigen Ernährung sanft vorbeugen und Beschwerden lindern

Bruker, M.O., (1991): Hilfe bei Kopfschmerzen

Buxton, J. (2022): The Great Plant-Based Con

Colombani, A. (2010): Fette Irrtümer - Ernährungsmythen entlarvt

Davis, W. (2013): Warum Weizen dick und krank macht

Elmadfa, I., Leitzmann, C. (2015): Ernährung des Menschen

Fasano, A. (2015): Die ganze Wahrheit über Gluten

Gonder, U., Heilmeyer, P. (2017): Essen! Nicht! Vergessen!

Gröber, U. (2019): Die wichtigsten Nahrungsergänzungsmittel: Das Plus für Ihre Gesundheit

Inchauspé, J. (2022): Der Glukose-Trick - Wie man der Achterbahn des Blutzuckerspiegels entkommt

Kast, B. (2022): Der Ernährungskompass - Das Fazit aller wissenschaftlichen Studien zum Thema Ernährung

Kummerow, F. A. (2014): Colesterol is Not the Culprit

Lustig, R. (2016): Die bittere Wahrheit über Zucker

Lustig, R., Yudkin, J. (2012): Pur, weiss, tödlich: Warum der Zucker uns umbringt

Mersch, P. (2016): Migräne: Heilung ist möglich.

Münzing-Ruef, I. (2013): Kursbuch gesunde Ernährung: Die Küche als Apotheke der Natur

Oehlschläger, A. (2017): Stabilität kann man essen?!

Ozanich, S.A. (2016): Back Pain Permanent Healing: Understanding the Myths, Lies, and Confusion

Ozanich, S.A. (2016): Dr. John Sarno's Top 10 Healing Discoveries

Ozanich, S.A. (2017): Die grosse Schmerzlüge: Falscher ärztlicher Rat macht uns noch kränker

Perlmutter, D. (2014): Dumm wie Brot: Wie Weizen schleichend Ihr Gehirn zerstört

Pfeiffer, R. (2017): Der Migräne-Detektiv: Den Ursachen und der Heilung von Migräne auf der Spur

Reinmann N. & Schlatter M. (2014): Kochen nach Paleo: Schlank und gesund mit ursprünglicher Ernährung

Sacks, O. (1994): Migräne

Saladino, P. (2020): Fleisch for Life! Warum Vegan krank macht und Fleisch uns heilt

Sarno, J. (2006): Befreit von Rückenschmerzen: Die Körper-Seele-Verbindung realisieren

Sarno, J. (2007): The Divided Mind: The Epidemic of Mindbody Disorders

Sarno, J. (2007): The Mindbody Prescription: Healing the Body, Healing the Pain

Sarno, J. (2018): Healing Back Pain: The Mind-Body Connection

Schlatter M., Reinmann N., Gonzalez C., (2018): Paleo nach Jahreszeiten

Schlatter M. (2020): Leber-Detox für einen Neustart: Auf revolutionäre Art den Körper entgiften

Schmidt, E. & N. (2016): Das Wasser-Geheimnis

Schmiedel, V. (2022): Nährstofftherapie

Schmiedel, V. (2023): Omega-3 – Öl des Lebens: für mehr Gesundheit

Strunz, U. (2014): Das neue Forever Young: Das Erfolgsprogramm

Strunz, U. (2013): Vitamine: Aus der Natur oder als Nahrungsergänzung - wie sie wirken, warum sie helfen

Strunz, U. (2015): Warum macht die Nudel dumm?

William, A. (2019): Selleriesaft: Der ultimative Superfood-Drink für deine Gesundheit

Thieme: Zeitschrift für Orthomolekulare Medizin

Studien & Fachartikel

Stress hat viele Gesichter

- Hsu, LK et al.: Early morning migraine. Nocturnal plasma levels of catecholamines, tryptophan, glucose, and free fatty acids and sleep encephalographs
- LeResche, L et al.: Relationship of pain and symptoms to pubertal development in adolescents
- Pahwa, R et al.: Chronic Inflammation
- Robbins, L: Precipitating factors in migraine: a retrospective review of 494 patients
- Scharff, L et al.: Triggers of headache episodes and coping responses of headache diagnostic groups
- Spierings, EL et al.: Precipitating and aggravating factors of migraine versus tension-type headache
- Zivadinov, R et al.: Migraine and tension-type headache in Croatia: a population-based survey of precipitating factors

Wie entsteht Migräne?

- aerzteblatt.de, 06/2016: 38 Gen-Loci liefern Hinweise zur Ursache der Migräne
- Aggarwal, M et al.: Serotonin and CGRP in migraine
- Ars Medici 14, 2007: Energiemangel im Gehirn – ein Schlüssel zur Migräne?
- Blumenfeld, A et al.: Hypervigilance, Allostatic Load, and Migraine Prevention: Antibodies to CGRP or Receptor
- Dodick, DW et al.: Ubrogepant for the treatment of migraine attacks during the prodrome: a phase 3, multicentre, randomised, double-blind, placebo-controlled, crossover trial in the USA
- Ducros, A: Genetics of migraine
- Ferrari, MD et al.: Serotonin metabolism in migraine
- Gormley, P et al.: Meta-analysis of 375,000 individuals identifies 38 susceptibility loci for migraine
- Gross, EC et al.: The metabolic face of migraine — from pathophysiology to treatment
- Kelman, L: The triggers or precipitants of the acute migraine attack
- Lindholm, ME et al.: An integrative analysis reveals coordinated reprogramming of the epigenome and the transcriptome in human skeletal muscle after training
- Migräne als neurogene Entzündung: www.medizinfo.de/schmerz/migraene/entzuendung.shtml
- NeuroDepesche: Migräne durch mitochondriales Energiedefizit?
- Onderwater, GLJ et al.: Alcoholic beverages as trigger factor and the effect on alcohol consumption behavior in patients with migraine
- Ratgeber alles-ueber-migraene.de: Migräne und Serotonin: Der Einfluss des Glückshormons auf unser Gehirn
- Dr. Riedl trifft Prof. Göbel: Kann die Ernährung bei Migräne eigentlich auch zur Therapie werden?
- Russell, MB et al.: Increased familial risk and evidence of genetic factor in migraine
- Scharff, L et al.: Triggers of headache episodes and coping responses of headache diagnostic groups
- Schmerzklinik Kiel: CGRP Impfung gegen Migräne
- Schmerzklinik Kiel: Mögliche Auslöser der Attacken

Alles beginnt mit dem Essen

- Bernecker, C et al.: Oxidative stress is associated with migraine and migraine-related metabolic risk in females
- Gazerani, P: A Bidirectional View of Migraine and Diet Relationship
- Gross, EC et al.: Mitochondrial function and oxidative stress markers in higher-frequency episodic migraine
- Spektrum.de, 09/2020: Ernährung und Erbgut
- The American Journal of Clinical Nutrition – Oxford University Press: Cordain, L et al.: Origins and evolution of the Western diet: health implications for the 21st century
- The Journal of Nutrition – Oxford University Press: Eaton, SB et al.: An Evolutionary Perspective Enhances Understanding of Human Nutritional Requirements
- The Migraine Miracle: Eating Your Way to Migraine Freedom
- Yilmaz, N et al.: Impaired oxidative balance and association of blood glucose, insulin and HOMA-IR index in migraine
- Yorns Jr, WR et al.: Mitochondrial dysfunction in migraine
- Wang, Y et al.: Energy metabolism disturbance in migraine: From a mitochondrial point of view

1. Blutzuckerschwankungen

- Barbanti, P et al.: Ketogenic diet in migraine: rationale, findings and perspectives
- Bongiovanni, D et al.: Effectiveness of ketogenic diet in treatment of patients with refractory chronic migraine
- Cavestro, C et al.: Insulin metabolism is altered in migraineurs: a new pathogenic mechanism for migraine?
- Cavestro, C et al.: Alpha-Lipoic Acid Shows Promise to Improve Migraine in Patients with Insulin Resistance: A 6-Month Exploratory Study
- Deutsches Ärzteblatt 04/2000, Moosmann, EB: Epilepsie und Migräne: Zusammenhang wird häufig unterschätzt
- Deutsches Gesundheitsportal: Mit Fett gegen Migräne
- Dexter, JD et al.: The Five Hour Glucose Tolerance Test and Effect of Low Sucrose Diet in Migraine
- Diabetes-Deutschland.de: Migräne-PatientInnen sind häufig insulinresistent
- Di Lorenzo, C et al.: Migraine improvement during short lasting ketogenesis: a proof-of-concept study
- Evcili, G et al.: Early and long period follow-up results of low glycemic index diet for migraine prophylaxis
- Fava, A et al.: Chronic migraine in women is associated with insulin resistance: a cross-sectional study
- Gangwisch, JE: High glycemic index and glycemic load diets as risk factors for insomnia: analyses from the Women's Health Initiative
- Goadsby, EJ et al.: Migraine--current understanding and treatment
- Gruber, JH et al.: Hyperinsulinaemia in migraineurs is associated with nitric oxide stress
- Guach, TT et al.: Glycogenolysis induced by serotonin in brain: identification of a new class of receptor
- Hansen, TF et al.: Comorbidity of migraine with ADHD in adults
- Hämmerli, L et al.: Migräne und mitochondriale Erkrankungen
- Hufnagl, KN et al.: Glucose regulation in headache: implications for dietary management
- Islam, R et al.: Glucose-Related Traits and Risk of Migraine—A Potential Mechanism and Treatment Consideration
- Jeong, EA et al.: Ketogenic diet-induced peroxisome proliferator-activated receptor-γ activation decreases neuroinflammation in the mouse hippocampus after kainic acid-induced seizures
- Kim, JH et al.: Interictal metabolic changes in episodic migraine: a voxel-based FDG-PET study
- Kokavec, A: Migraine: A disorder of metabolism?
- Lantéri-Minet, M et al.: Migraine and mitochondrial dysfunction
- Lodi, R et al.: Energy metabolism in migraine
- Martin, PR et al.: Effects of food deprivation and a stressor on head pain
- Paoli, A et al.: Beyond weight loss: a review of the therapeutic uses of very-low-carbohydrate (ketogenic) diets
- Peres, MFP et al.: Hypothalamic involvement in chronic migraine
- Ragab, AH et al.: Changes in migraine characteristics over 30 days of Ramadan fasting: A prospective study
- Rainero, I et al.: Insulin sensitivity is impaired in patients with migraine
- Rainero, I et al.: Is Migraine Primarily a Metaboloendocrine Disorder?
- Roberts, HJ: Migraine and related vascular headaches due to diabetogenic hyperinsulinism
- Siva, ZO et al.: Determinants of glucose metabolism and the role of NPY in the progression of insulin resistance in chronic migraine
- Split, W et al.: Headaches in non insulin-dependent diabetes mellitus
- Terrin, A et al.: The relevance of migraine in the clinical spectrum of mitochondrial disorders

2. Nährstoffmangel

- Gaul, C et al.: Improvement of migraine symptoms with a proprietary supplement containing riboflavin, magnesium and Q10: a randomized, placebo-controlled, double-blind, multicenter trial
- Hershey, AD et al.: Coenzyme Q10 deficiency and response to supplementation in pediatric and adolescent migraine
- Lea, R et al.: The effects of vitamin supplementation and MTHFR (C677T) genotype on homocysteine-lowering and migraine disability
- Mauskop, A et al.: Role of magnesium in the pathogenesis and treatment of migraines
- Menon, S et al.: Genotypes of the MTHFR C677T and MTRR A66G genes act independently to reduce migraine disability in response to vitamin supplementation
- Montagna, P et al.: Mitochondrial Abnormalities in Migraine. Preliminary Findings
- Nattagh-Eshtivani, E et al.: The role of nutrients in the pathogenesis and treatment of migraine headaches: Review
- Tardy, AL et al.: Vitamins and Minerals for Energy, Fatigue and Cognition: A Narrative Review of the Biochemical and Clinical Evidence

3. Unverträglichkeiten

- Aamodt, AH et al.: Comorbidity of headache and gastrointestinal complaints. The Head-HUNT Study
- aerzteblatt.de, 04/2013: Infantile Koliken als erstes Zeichen der Migräne
- Altstadhaug, KB: Histamine in migraine and brain
- Alpai, K et al.: Diet restriction in migraine, based on IgG against foods: A clinical double-blind, randomised, cross-over trial
- Aydinlar, EI et al.: IgG-based elimination diet in migraine plus irritable bowel syndrome
- Ayurvedische Naturheilpraxis, Heilpraktiker Peter Koch: Migräne – die grosse Schwester der Allergie
- Bektas, H et al.: Allergens might trigger migraine attacks
- Chen, J et al.: Irritable bowel syndrome and migraine: evidence from Mendelian randomization analysis in the UK Biobank
- Cole, AJ et al.: Migraine, fibromyalgia, and depression among people with IBS: a prevalence study
- Cryan, JF et al.: Mind-altering microorganisms: the impact of the gut microbiota on brain and behaviour
- Di Bernardo, F et al.: Gluten sensitivity in Meniere's disease
- Doulberis, M et al.: Is there an Association between Migraine and Gastrointestinal Disorders?
- Egger, J et al.: Is migraine food allergy? A double-blind controlled trial of oligoantigenic diet treatment
- Egger, J et al.: Oligoantigenic diet treatment of children with epilepsy and migraine
- Fernandez, E et al.: Descriptive features and causal attributions of headache in an Australian community
- Finocchi, C et al.: Food as trigger and aggravating factor of migraine
- Grant, EC: Food allergies and migraine
- Holmes, G: Co-morbidities associated with non-coeliac gluten sensitivity
- Isasi, C et al.: Fibromyalgia and non-celiac gluten sensitivity: a description with remission of fibromyalgia
- Jarisch, R et al.: Wine and headache
- Karceski, S et al.: Infant colic and migraine. Is there a connection?
- Martin, VT et al.: Diet and Headache: Part 1
- Millichap, JG et al.: The diet factor in pediatric and adolescent migraine
- Özön, AÖ et al.: Efficacy of Diet Restriction on Migraines
- Peatfield, RC: Relationships between food, wine, and beer-precipitated migrainous headaches
- Perrier, C et al.: Gut permeability and food allergies
- Romanello, S et al.: Association between childhood migraine and history of infantile colic
- Savi, L et al.: Food and headache attacks. A comparison of patients with migraine and tension-type headache
- Sensenig, J et al.: Treatment of migraine with targeted nutrition focused on improved assimilation and elimination
- Straube, A et al.: Migräne und der Gastrointestinaltrakt. Eine wechselseitige Beziehung
- van Hemert, S et al.: Migraine Associated with Gastrointestinal Disorders: Review of the Literature and Clinical Implications
- Wang, Y et al.: The role of microbiome in central nervous system disorders
- wissenschaft.de, 02/2001: Gluten im Weizenmehl kann Migräne auslösen

Migränebewältigung Teil 1: Ernährung

- JS Vander Wal et al.: Egg breakfast enhances weight loss

Übeltäter

- Agrawal, R et al.: Metabolic Effect in the brain (fructose)
- Albers, L et al.: Headache in school children: is the prevalence increasing?
- Alsene, K et al.: Association between A2a receptor gene polymorphisms and caffeine-induced anxiety
- Aufiero, VR et al.: Non-Celiac Gluten Sensitivity: How Its Gut Immune Activation and Potential Dietary Management Differ from Celiac Disease
- Bischoff-Ferrari, HA et al.: Calcium intake and hip fracture risk in men and women: a meta-analysis of prospective cohort studies and randomized controlled trials
- Blomstrand, R et al.: Observations on lipid composition with particular reference to cardiolipin of rat heart after feeding rapeseed oil
- Borg, K: Physiopathological effects of rapeseed oil: a review
- Bowman, GL et al.: Nutrient biomarker patterns, cognitive function, and MRI measures of brain aging

- Catassi, C et al.: Non-Celiac Gluten Sensitivity: The New Frontier of Gluten Related Disorders
- Choudhary, AK et al.: Neurophysiological symptoms and aspartame: What is the connection?
- Corti, R et al.: Coffee acutely increases sympathetic nerve activity and blood pressure independently of caffeine content: role of habitual versus nonhabitual drinking
- Couturier, EG et al.: Weekend attacks in migraine patients: caused by caffeine withdrawal?
- Cybulska, B et al.: The influence of fructose and glucose in diet on VLDL apolipoproteins in hypertriglyceridemia
- De Carvalho, JF et al.: Migraine Successfully Treated with a Milk-Gluten-Sugar-Free Diet: A Case Report
- Deutsche Gesellschaft für Ernährung e.V.: trans-Fettsäuren und die Gesundheit
- Deutschlandfunk, 05/2023: Migräne-Risiko steigt ab drei Tassen Kaffee am Tag
- Dewailly, P et al.: Changes in rat heart phospholipid composition after rapeseed oil feeding
- Dimitrova, AK et al.: Prevalence of migraine in patients with celiac disease and inflammatory bowel disease
- Elli, L et al.: Evidence for the Presence of Non-Celiac Gluten Sensitivity in Patients with Functional Gastrointestinal Symptoms: Results from a Multicenter Randomized Double-Blind Placebo-Controlled Gluten Challenge
- ETH Life: Zu viele ungesunde Transfettsäuren
- ETH Zürich, Rüegg, P: Fruktose treibt Teufelskreis an
- Finocchi, C et al.: Food as trigger and aggravating factor of migraine
- Fukui, PT et al.: Trigger factors in migraine patients
- Gabrielli, M et al.: Association between migraine and Celiac disease: results from a preliminary case-control and therapeutic study
- Gadoth, N et al.: Caffeine as a risk factor for chronic daily headache: a population-based study
- Gazerani, P et al.: A Correlation Between Migraine, Histamine and Immunoglobulin E
- Geidel-Flueck, B et al.: Fructose- and sucrose- but not glucose-sweetened beverages promote hepatic de novo lipogenesis: A randomized controlled trial
- Grant, EC: Food allergies and migraine
- Griauzdaitė, K et al.: Associations between migraine, celiac disease, non-celiac gluten sensitivity and activity of diamine oxidase
- Hadjivassiliou, M et al.: Headache and CNS white matter abnormalities associated with gluten sensitivity
- Hering-Harit, R et al.: Caffeine-induced headache in children and adolescents
- Holmes, G: Co-morbidities associated with non-coeliac gluten sensitivity
- Humphries, P et al.: Direct and indirect cellular effects of aspartame on the brain
- Izquierdo-Casas, J et al.: Low serum diamine oxidase (DAO) activity levels in patients with migraine
- Izquierdo-Casas, J et al.: Diamine oxidase (DAO) supplement reduces headache in episodic migraine patients with DAO deficiency: A randomized double-blind trial
- Jarisch, R et al.: Wine and headache
- Johns Hopkins Medicine, 09/2004: CAFFEINE WITHDRAWAL RECOGNIZED AS A DISORDER
- Johnson, RJ et al.: Potential role of sugar (fructose) in the epidemic of hypertension, obesity and the metabolic syndrome, diabetes, kidney disease, and cardiovascular disease
- Juliano, LM et al.: A critical review of caffeine withdrawal: empirical validation of symptoms and signs, incidence, severity, and associated features
- Kaliner, M et al.: Effects of infused histamine: correlation of plasma histamine levels and symptoms
- Kim, SA et al.: Fruit and vegetable consumption and non-alcoholic fatty liver disease among Korean adults: a prospective cohort study
- Kohrt, WM et al.: Physical Activity and Bone Health
- Kopishinskaya, SV et al.: Gluten migraine
- Lanou, AJ: Should dairy be recommended as part of a healthy vegetarian diet? Counterpoint
- Lee, MJ et al.: Caffeine discontinuation improves acute migraine treatment: a prospective clinic-based study
- Liao, YP et al.: Fruit, vegetable, and fruit juice consumption and risk of gestational diabetes mellitus: a systematic review and meta-analysis
- Lim, JS et al.: The role of fructose in the pathogenesis of NAFLD and the metabolic syndrome
- Lipton, RB et al.: Aspartame as a dietary trigger of headache
- Madjd, A et al.: Effects of replacing diet beverages with water on weight loss and weight maintenance: 18-month follow-up, randomized clinical trial

- Maher, TJ et al.: Possible neurologic effects of aspartame, a widely used food additive
- Mayo Clinik: Trans fat is double trouble for heart health
- Michaëlsson, K et al.: Milk intake and risk of mortality and fractures in women and men: cohort studies
- Mobarakeh, JI et al.: Interaction of histamine and calcitonin gene-related peptide in the formalin induced pain perception in rats
- Mostofsky, E et al.: Prospective Cohort Study of Caffeinated Beverage Intake as a Potential Trigger of Headaches among Migraineurs
- Muraki, I et al.: Fruit consumption and risk of type 2 diabetes: results from three prospective longitudinal cohort studies
- Nenna, R et al.: Celiac disease in a large cohort of children and adolescents with recurrent headache: A retrospective study
- Newman, LC et al.: Migraine MLT-down: an unusual presentation of migraine in patients with aspartame-triggered headaches
- NIH National Institutes of Health, 09/2020: How high fructose intake may trigger fatty liver disease
- Nowaczewska, M et al.: The Ambiguous Role of Caffeine in Migraine Headache: From Trigger to Treatment
- Ramsden, CE et al.: Dietary alteration of n-3 and n-6 fatty acids for headache reduction in adults with migraine: randomized controlled trial
- Rej, A et al.: Gluten-Free Diet and Its 'Cousins' in Irritable Bowel Syndrome
- RéteY, JV et al.: A genetic variation in the adenosine A2A receptor gene (ADORA2A) contributes to individual sensitivity to caffeine effects on sleep
- Riksen, NP et al.: Acute and long-term cardiovascular effects of coffee: implications for coronary heart disease
- Rodrigo, L: Neurogluten
- Rogers, PJ et al.: Faster but not smarter: effects of caffeine and caffeine withdrawal on alertness and performance
- Scher, AI et al.: Caffeine as a risk factor for chronic daily headache. A population-based study
- Schink, M et al.: Microbial patterns in patients with histamine intolerance
- Schmerzklinik Kiel: Warum Kaffee-Entzug Kopfweh bereitet
- Schnedl, WJ et al.: Non-responsive celiac disease may coincide with additional food intolerance/malabsorption, including histamine intolerance
- Schroll Bjoernsbo, K et al.: Quantifying benefits of the Danish transfat ban for coronary heart disease mortality 1991–2007: Socioeconomic analysis using the IMPACTsec model
- Shapiro, RE: Caffeine and headaches
- Shirlow, MJ et al.: A study of caffeine consumption and symptoms; indigestion, palpitations, tremor, headache and insomnia
- Silverman, K et al.: Withdrawal syndrome after the double-blind cessation of caffeine consumption
- Spektrum.de, 11/2005: Veränderte Blutwerte durch Genuss von koffeinfreiem Kaffee
- Straube, A et al.: Headache in school children: prevalence and risk factors
- Sun, Y et al.: Gluten-free Diet Reduces the Risk of Irritable Bowel Syndrome: A Mendelian Randomization Analysis
- Superko, HR et al.: Caffeinated and decaffeinated coffee effects on plasma lipoprotein cholesterol, apolipoproteins, and lipase activity: a controlled, randomized trial
- Swithers, SE et al.: Adverse effects of high-intensity sweeteners on energy intake and weight control in male and obesity-prone female rats
- Tani, E et al.: Histamine Acts Directly on Calcitonin Gene-Related Peptide- and Substance P-Containing Trigeminal Ganglion Neurons as Assessed by Calcium Influx and Immunocytochemistry
- Treem, WR: Emerging concepts in celiac disease
- Tucker, LA et al.: Dairy consumption and insulin resistance: the role of body fat, physical activity, and energy intake
- Universität Basel: Regelmässiger Koffeinkonsum verändert Hirnstrukturen
- Van den Eeden, SK et al.: Aspartame ingestion and headaches: a randomized crossover trial
- wissenschaft.de, 02/2001: Gluten im Weizenmehl kann Migräne auslösen
- World Health Organization, 01/2023: Five billion people unprotected from trans fat leading to heart disease
- World Health Organization, 05/2023: WHO advises not to use non-sugar sweeteners for weight control in newly released guideline
- Yu, Z et al.: Nonnutritive sweeteners can promote the dissemination of antibiotic resistance through conjugative gene transfer
- Yuan, H et al.: Histamine and Migraine
- zentrum-der-gesundheit.de: Kaffee ist ungesund
- Zhang, YH et al.: Very high fructose intake increases serum LDL-cholesterol and total cholesterol: a meta-analysis of controlled feeding trials
- Zis, P et al.: Headache Associated with Coeliac Disease: A Systematic Review and Meta-Analysis

Neue Wege zur Gesundheit: Was Migränebetroffene wirklich brauchen

- aerzteblatt.de, 2021: Ernährung: Gesättigte Fette nicht verteufeln
- aerzteblatt.de, 2024: Ernährung: Gewichtsabnahme bei Adipositas: Die Rolle von Proteinen
- BfS Bundesamt für Strahlenschutz: Natürliche Radioaktivität in der Nahrung
- Blau, JN: Water-deprivation headache: a new headache with two variants
- Bundesamt für Lebensmittelsicherheit und Veterinärwesen: Bedarf an Närstoffen
- Burr, G.O. et al.: A new deficiency disease produced by the rigid exclusion of fat from the diet
- Chowdhury, R et al.: Association of dietary, circulating, and supplement fatty acids with coronary risk
- Dehghan, M et al.: Associations of fats and carbohydrate intake with cardiovascular disease and mortality in 18 countries from five continents (PURE): a prospective cohort study
- Donma, O et al.: Association of headaches and the metals
- Estruch, R et al.: Primary Prevention of Cardiovascular Disease with a Mediterranean Diet
- European Food Safety Authority EFSA: Scientific Opinion on Dietary Reference Values for protein
- Foran, JA et al.: Risk-based consumption advice for farmed Atlantic and wild Pacific salmon contaminated with dioxins and dioxin-like compounds
- Gaul, C et al.: Improvement of migraine symptoms with a proprietary supplement containing riboflavin, magnesium and Q10: a randomized, placebo-controlled, double-blind, multicenter trial
- Gosby, AK et al.: Testing protein leverage in lean humans: a randomised controlled experimental study
- Hershey, AD et al.: Coenzyme Q10 deficiency and response to supplementation in pediatric and adolescent migraine
- Howard, BV et al.: Low-fat dietary pattern and risk of cardiovascular disease: the Women's Health Initiative Randomized Controlled Dietary Modification Trial
- Huang, S et al.: Review: Amino acid concentration of high protein food products and an overview of the current methods used to determine protein quality
- Isobe, C et al.: A remarkable increase in total homocysteine concentrations in the CSF of migraine patients with aura
- Jakobsen, MU et al.: Intake of carbohydrates compared with intake of saturated fatty acids and risk of myocardial infarction: importance of the glycemic index
- Lea, R et al.: The effects of vitamin supplementation and MTHFR (C677T) genotype on homocysteine-lowering and migraine disability
- MacIntosh, BA et al.: Methodology for altering omega-3 EPA+DHA and omega-6 linoleic acid as controlled variables in a dietary trial
- Mauskop, A et al.: Role of magnesium in the pathogenesis and treatment of migraines
- MedLexi.de: Lithiumtherapie
- Medscape, 05/2023: Bitte nicht pökeln – EPIC-Studie warnt vor verarbeitetem Fleisch
- Menon, S et al.: Genotypes of the MTHFR C677T and MTRR A66G genes act independently to reduce migraine disability in response to vitamin supplementation
- Micha, R et al.: Red and processed meat consumption and risk of incident coronary heart disease, stroke, and diabetes mellitus: a systematic review and meta-analysis
- NetDoktor: Migräne - Auf die richtigen Fettsäuren kommt es an
- Olaniyan, ET et al.: Dietary protein considerations for muscle protein synthesis and muscle mass preservation in older adults
- Page, KA et al.: Medium-Chain Fatty Acids Improve Cognitive Function in Intensively Treated Type 1 Diabetic Patients and Support In Vitro Synaptic Transmission During Acute Hypoglycemia
- Park, S et al.: Metabolic Evaluation of the Dietary Guidelines' Ounce Equivalents of Protein Food Sources in Young Adults: A Randomized Controlled Trial
- Peatfield, RC: Lithium in migraine and cluster headache: a review.
- Ramsden, CE et al.: Dietary alteration of n-3 and n-6 fatty acids for headache reduction in adults with migraine: randomized controlled trial
- Razak, MA et al.: Multifarious Beneficial Effect of Nonessential Amino Acid, Glycine: A Review
- Report of an FAO Expert Consultation: Dietary protein quality evaluation in human nutrition
- Rohrmann, S et al.: Meat consumption and mortality--results from the European Prospective Investigation into Cancer and Nutrition
- Sadeghi, O et al.: The relationship between different fatty acids intake and frequency of migraine attacks
- Sadeghi, O et al.: Assessment of pyridoxine and folate intake in migraine patients
- Shimy, KJ et al.: Effects of Dietary Carbohydrate Content on Circulating Metabolic Fuel Availability in the Postprandial State

- Shukla, AP et al.: Food Order Has a Significant Impact on Postprandial Glucose and Insulin Levels
- Simpson, SJ et al.: Obesity: the protein leverage hypothesis
- Siri-Tarino, PW et al.: Meta-analysis of prospective cohort studies evaluating the association of saturated fat with cardiovascular disease
- Spigt, MG et al.: Increasing the daily water intake for the prophylactic treatment of headache: a pilot trial
- Tricò, D et al.: Manipulating the sequence of food ingestion improves glycemic control in type 2 diabetic patients under free-living conditions
- Volpi, E et al.: Essential amino acids are primarily responsible for the amino acid stimulation of muscle protein anabolism in healthy elderly adults
- West, SG et al.: Effects of diets high in walnuts and flax oil on hemodynamic responses to stress and vascular endothelial function
- WHO, International Agency for Research on Cancer, 10/2015: IARC Monographs evaluate consumption of red meat and processed meat
- Witard, O et al.: Protein Considerations for Optimising Skeletal Muscle Mass in Healthy Young and Older Adults
- Yuan, JYF et al.: The effects of functional fiber on postprandial glycemia, energy intake, satiety, palatability and gastrointestinal wellbeing: a randomized crossover trial
- Zhao, G et al.: Dietary alpha-linolenic acid reduces inflammatory and lipid cardiovascular risk factors in hypercholesterolemic men and women

Nährstoffergänzungen bei Migräne – wir brauchen sie doch

- Agrawal, R et al.: Metabolic syndrome in the brain: deficiency in omega-3 fatty acid exacerbates dysfunctions in insulin receptor signalling and cognition
- Aggarwal, M et al.: Serotonin and CGRP in Migraine
- Buse, DC et al.: Comorbid and co-occurring conditions in migraine and associated risk of increasing headache pain intensity and headache frequency: results of the migraine in America symptoms and treatment (MAST) study
- Chayasirisobhon, S: Efficacy of Pinus radiata bark extract and vitamin C combination product as a prophylactic therapy for recalcitrant migraine and long-term results
- Comings DE: Serotonin: a key to migraine disorders?
- de Almeida Soares, A et al.: A double- blind, randomized, and placebo-controlled clinical trial with omega-3 polyunsaturated fatty acids (OPFA ω-3) for the prevention of migraine in chronic migraine patients using amitriptyline
- Dolati, S et al.: The Role of Magnesium in Pathophysiology and Migraine Treatment
- Ferrari, MD et al.: Serotonin metabolism in migraine
- Ferrari, MD et al.: Oral triptans (serotonin 5-HT(1B/1D) agonists) in acute migraine treatment: a meta-analysis of 53 trials
- Fila, M et al.: Nutrients to Improve Mitochondrial Function to Reduce Brain Energy Deficit and Oxidative Stress in Migraine
- Gaul, C et al.: Improvement of migraine symptoms with a proprietary supplement containing riboflavin, magnesium and Q10: a randomized, placebo-controlled, double-blind, multicenter trial
- Hershey, AD et al.: Coenzyme Q10 deficiency and response to supplementation in pediatric and adolescent migraine
- Isobe, C et al.: A remarkable increase in total homocysteine concentrations in the CSF of migraine patients with aura
- Johnston, CS: The Antihistamine Action of Ascorbic Acid
- Kapoor, S: Vitamin C and Its Emerging Role in Pain Management: Beneficial Effects in Pain Conditions Besides Post Herpetic Neuralgia
- Lea, R et al.: The effects of vitamin supplementation and MTHFR (C677T) genotype on homocysteine-lowering and migraine disability
- lifeline, Das Gesundheitsportal: Homocystein im Blut zu hoch: Das bedeutet der Blutwert
- Mauskop, A et al.: Role of magnesium in the pathogenesis and treatment of migraines
- Menon, S et al.: Effects of dietary folate intake on migraine disability and frequency
- Menon, S et al.: Genotypes of the MTHFR C677T and MTRR A66G genes act independently to reduce migraine disability in response to vitamin supplementation
- Moskowitz, MA: Neurogenic inflammation in the pathophysiology and treatment of migraine
- Nattagh-Eshtivani, E et al.: The role of nutrients in the pathogenesis and treatment of migraine headaches: Review
- Oterino, A et al.: The relationship between homocysteine and genes of folate-related enzymes in migraine patients
- Peikert, A et al.: Prophylaxis of migraine with oral magnesium: results from a prospective, multi-center, placebo-controlled and double-blind randomized study

- Shaik, MM et al.: Do folate, vitamins B$_6$ and B$_{12}$ play a role in the pathogenesis of migraine? The role of pharmacoepigenomics
- Sharma, SC et al.: The cellular interaction of ascorbic acid with histamine, cyclic nucleotides and prostaglandins in the immediate hypersensitivity reaction
- Tardy, AL et al.: Vitamins and Minerals for Energy, Fatigue and Cognition: A Narrative Review of the Biochemical and Clinical Evidence
- Visser, EJ et al.: Reduction in Migraine and Headache Frequency and Intensity With Combined Antioxidant Prophylaxis (N-acetylcysteine, Vitamin E, and Vitamin C): A Randomized Sham-Controlled Pilot Study
- Yang, YT et al.: Calcitonin gene-related peptide (CGRP) exerts membrane, cellular and synaptic actions on serotonergic dorsal raphe neurons ex vivo: Functional implications for a role in dorsal raphe-controlled functions

Die Praktische Anwendung

- David, LA et al.: Diet rapidly and reproducibly alters the human gut microbiome
- Stern: Tim Spector über darmgesunde Ernährung: Wir sollten essen wie ein Gärtner
- The Indipendent: Tim Spector with Julia Platt Leonard: From 30 vegetables a week to faecal transplants: Keeping your gut microbiome happy is the key to healthy eating

Migränebewältigung Teil 2 Elektrosmog: Gesundheitsrisiko und Therapiebremse

- Adams, JA et al.: Effect of mobile telephones on sperm quality: a systematic review and meta-analysis
- Ärzte und Mobilfunk: REFLEX-Studie 2004
- aerzteblatt.de 2017: Multimorbidität: Wenn Krankheiten interagieren
- Blank, M et al.: DNA is a fractal antenna in electromagnetic fields
- Choi, J et al.: Continuous Exposure to 1.7 GHz LTE Electromagnetic Fields Increases Intracellular Reactive Oxygen Species to Decrease Human Cell Proliferation and Induce Senescence
- diagnose:funk, Stellung von Wissenschaftlern und Ärzten: Schädigungen weit unter den Grenzwerten
- Hu, C et al.: Effects of Radiofrequency Electromagnetic Radiation on Neurotransmitters in the Brain
- Jains, JR: Sleep and Migraine: Assessment and Treatment of Comorbid Sleep Disorders
- Johansson, O et al.: A theoretical model based upon mast cells and histamine to explain the recently proclaimed sensitivity to electric and/or magnetic fields in humans
- Kim, JH et al.: Possible Effects of Radiofrequency Electromagnetic Field Exposure on Central Nerve System
- Kıvrak, EG et al.: Effects of electromagnetic fields exposure on the antioxidant defense system
- Kompetenzinitiative zum Schutz von Mensch, Umwelt und Demokratie e. V., Heft 12: 5g als ernste globale herausforderung
- Lai, H: Neurological Effects of Radiofrequency Electromagnetic Radiation
- Lai, H: An Update on Neurological Effects of Nonionizing Electromagnetic Fields
- Marshall, TG et al.: Electrosmog and autoimmune disease
- Milham, S et al.: Dirty electricity, chronic stress, neurotransmitters and disease
- Mohammadianinejad, SE et al.: The Effects of Exposure to Low Frequency Electromagnetic Fields in the Treatment of Migraine Headache: A Cohort Study
- Mustafa Nazıroğlu, M et al.: Effects of Cellular Phone- and Wi-Fi-Induced Electromagnetic Radiation on Oxidative Stress and Molecular Pathways in Brain
- Paul, ML: Microwave frequency electromagnetic fields (EMFs) produce widespread neuropsychiatric effects including depression
- Paul, ML: Wi-Fi is an important threat to human health
- Research Gate: Summary of known effects of electromagnetic fields EMFs on mast cells
- Rosen, LA et al.: A 0.5 G, 60 Hz magnetic field suppresses melatonin production in pinealocytes
- Stanyer, EC et al.: Subjective Sleep Quality and Sleep Architecture in Patients With Migraine
- Ullrich, V et al.: Electromagnetic Fields and Calcium Signaling by the Voltage Dependent Anion Channel
- Yakimenko, I et al.: Oxidative mechanisms of biological activity of low-intensity radiofrequency radiation
- Warille, AA et al.: Skeptical approaches concerning the effect of exposure to electromagnetic fields on brain hormones and enzyme activities

Migränebewältigung Teil 3 Emotionen: Die Mind-Body-Verbindung erkennen

- Alaiti, RK et al.: Shoulder pain across more movements is not related to more rotator cuff tendon findings in people with chronic shoulder pain diagnosed with subacromial pain syndrome
- Anda, R et al. Adverse childhood experiences and frequent headaches in adults
- ÄrzteZeitung, 08.02.2008: Rückenschmerz von der Seele geschrieben
- Ashar, YK et al.: Effect of Pain Reprocessing Therapy vs Placebo and Usual Care for Patients With Chronic Back Pain
- Battaglia, M et al.: Enhanced harm detection following maternal separation: Transgenerational transmission and reversibility by inhaled amiloride
- Boden, SD et al.: Abnormal magnetic-resonance scans of the lumbar spine in asymptomatic subjects. A prospective investigation
- Boscardin, C et al.: Paternal transmission of behavioural and metabolic traits induced by postnatal stress to the 5th generation in mice
- Burger, AJ et al.: The effects of a novel psychological attribution and emotional awareness and expression therapy for chronic musculoskeletal pain: A preliminary, uncontrolled trial
- Chou, R et al.: Epidural Corticosteroid Injections for Radiculopathy and Spinal Stenosis
- Donnino, MW et al.: Psychophysiologic symptom relief therapy for chronic back pain: a pilot randomized controlled trial
- Falk, EB et al.: Self-affirmation alters the brain's response to health messages and subsequent behavior change
- Fernandez, E et al.: Descriptive features and causal attributions of headache in an Australian community
- Goldberg, RT et al.: Relationship between traumatic events in childhood and chronic pain
- Huffpost: Doctors have been treating lower back pain all wrong: New guidelines champion alternative treatments over drugs
- Jensen, MC et al.: Magnetic resonance imaging of the lumbar spine in people without back pain
- Kabat-Zinn, J: An outpatient program in behavioral medicine for chronic pain patients based on the practice of mindfulness meditation: theoretical considerations and preliminary results
- Kaplan, LD et al.: Magnetic resonance imaging of the knee in asymptomatic professional basketball players
- Karppinen, J et al.: Severity of symptoms and signs in relation to magnetic resonance imaging findings among sciatic patients
- Kim, SJ et al.: Prevalence of disc degeneration in asymptomatic korean subjects. Part 1 : lumbar spine
- Kivimäki, M et al.: Work stress and incidence of newly diagnosed fibromyalgia: prospective cohort study
- Kröner-Herwig, B.: Die Schmerzpersönlichkeit — Eine Fiktion?
- Lumley, LA et al.: Emotional awareness and expression therapy, cognitive behavioral therapy, and education for fibromyalgia: a cluster-randomized controlled trial
- Matsumuto, M et al.: Tandem age-related lumbar and cervical intervertebral disc changes in asymptomatic subjects
- Medical News Today: Lower back pain may all be in the mind, study suggests
- Mollaoğlu, M: Trigger factors in migraine patients
- New York Times: Lower back ache? Be active and wait it out , new guidelines say
- Psychology Today: Chronic Pain: It Is All in Your Head, and It's Real
- Qasseem, A et al.: Noninvasive Treatments for Acute, Subacute, and Chronic Low Back Pain: A Clinical Practice Guideline From the American College of Physicians
- Robert Koch Institut: Migräne und Spannungskopfschmerz in Deutschland. Prävalenz und Erkrankungsschwere im Rahmen der Krankheitslast-Studie BURDEN 2020 - Journal of Health Monitoring S6/2020
- Schleip, R et al.: Faszien als sensorisches und emotionales Organ: Faszien als Sinnesorgan
- Silvis, ML et al.: Am J Sports Med. 2011 Apr;39(4):715-21.
- Siqueira, JLD et al.: Psychological assessment of chronic pain patients: when, how and why refer?
- Sikorski, C et al.: Adverse Childhood Experiences and Primary Headache Disorders: A Systematic Review, Meta-analysis, and Application of a Biological Theory
- Springer Link, 2019: Gibt es einen Zusammenhang zwischen schwerer Migräne und Persönlichkeitsstörung?
- Stanton, TR et al.: Feeling stiffness in the back: a protective perceptual inference in chronic back pain
- Steffens, D et al.: Prevention of Low Back Pain: A Systematic Review and Meta-analysis
- The Guardian: Everything you ever wanted to know about back pain (but were afraid to ask)
- Verkuil, B et al.: Effects of momentary assessed stressful events and worry episodes on somatic health complaints.
- Vox Science: America's most famous back pain doctor said pain is in your head. Thousands think he's right.
- Weston EB et al.: Cognitive dissonance increases spine loading in the neck and low back
- WebMD: This as Good as Painkillers for Low Back Pain
- Zeidan, F et al.: Brain mechanisms supporting the modulation of pain by mindfulness meditation